Yakup Kadri

FLAMME UND FALTER

Ein Derwischroman

Aus dem Türkischen
übersetzt und herausgegeben
von Annemarie Schimmel

Eugen Diederichs Verlag

Dieses Buch enthält zwei Werke Yakup Kadris:
den Roman *Nur Baba* (»Flamme und Falter«)
und die Betrachtung *Erenlerin Bağından* (»Aus dem Garten des Weisen«).
Mit 12 Abbildungen

CIP-Kurztitelaufnahme der Deutschen Bibliothek

Karaosmanoğlu, Yakub Kadri:
Flamme und Falter: e. Derwischroman./ [Yakub Kadri].
Aus d. Türk. übers. u. hrsg. von Annemarie Schimmel.
1. Aufl. – Köln: Diederichs, 1986.
Orig.-Ausg. gesondert u. d. T.:
Karaosmanoğlu, Yakub Kadri: Nur baba.
u. Karaosmanoğlu, Yakub Kadri: Erenlerin bağından.
ISBN 3-424-00904-0
NE: Schimmel, Annemarie [Hrsg.]; HST
Vw: Kadri, Yakub [Pseud.] – Karaosmanoğlu, Yakub Kadri

Erste Auflage

Umschlaggestaltung: Tilman Michalski, München
Satz: Fotosatz Harten, Köln
Druck und Bindung: Buch- und Offsetdruckerei Wagner GmbH, Nördlingen
ISBN 3-424-00904-0

Inhalt

Einleitung

»Ganz Istanbul war vom Wein *Nur Babas* trunken« – so schrieb ein Kritiker, kurz nachdem dieses Aufsehen erregende Buch 1922 zunächst als Fortsetzungsroman in der Zeitung *Akscham*, dann als Einzelwerk veröffentlicht wurde.

Woher war dieses Entzücken der Istanbuler Leser zu erklären? In einer Zeit, da die Türkei nach der Niederlage der Mittelmächte im Ersten Weltkrieg zerstückelt worden war, da Atatürk einen Freiheitskampf gegen scheinbar unüberwindliche Gegner führte, reflektierte Yakup Kadris Bektaschi-Roman noch einmal das Istanbul der Jahrhundertwende – jene Stadt, an deren lieblichen Wassern sich die aristokratischen Familien ihre weiträumigen Villen erbaut hatten, wo man die Zeit mit geistvoller Unterhaltung, mit Musik und in gelassener Heiterkeit verbrachte. Es war eine dem Untergang geweihte Welt, deren Zauber sich auch die Kritiker nicht entziehen konnten, eine Welt, in der Religion und volkstümliche Frömmigkeit das Leben bis zu einem gewissen Grade beherrschten, in der alteingewurzelte Traditionen und die immer stärker werdende Neigung zur westlichen, und hier vor allem der französischen Zivilisation, eine seltsam hybride Kultur schufen.

Yakup Kadri hatte diese Stimmung eingefangen, und Istanbul sah seine von Nostalgie verklärte Vergangenheit noch einmal, seltsam gebrochen, in dem großen Roman des führenden Schriftstellers dieser Epoche. Yakup Kadri, geboren 1889, war schon 1914 mit einer Novellensammlung, *Bir Serencam*, »Ein Abenteuer«, hervorgetreten, aber erst der in dem Bektaschi-Milieu spielende Roman *Nur Baba* begründete seinen Ruhm. Der Verfasser hatte, wie J. K. Birge in seiner wichtigen Studie über die Bektaschi zeigt, selbst einmal dem Orden angehört, kannte also die Sitten und Gebräuche aus eigener Anschauung.

Er hat sich freilich dagegen verwahrt, diesen Roman als Schlüsselroman anzusehen, obgleich er manche der Unsitten in einem Konvent in Istanbul mit beißender Schärfe schildert – vielleicht in der Hoffnung, zu den notwendigen Reformen beizutragen. Man hat ihm vorgeworfen, das Bektaschi-Geheimnis verraten zu haben; aber er selbst wollte, zu Recht, sein Buch als psychologischen Roman angesehen wissen, der mit genauer Zeichnung die Wandlung einer jungen Frau darstellt, die am Ende zu einer vollkommenen Vertreterin der Derwisch-Ideale geworden ist, so sehr ihr Verhalten aller Logik zu entbehren scheint.
Yakup Kadri wandte sich dem politischen Leben zu, als er diesen Roman veröffentlicht hatte; 1924 wurde er Abgeordneter des neuen türkischen Parlaments. Als Atatürk 1931 Familiennamen einführte, nannte Yakup Kadri sich *Karaosmanoğlu,* wird aber, wie viele Dichter, Schriftsteller und andere Künstler und Intellektuelle, in der Regel mit seinem ›Vornamen‹ zitiert. Er wurde 1934 Botschafter in Tirana, dann in Prag; er ging nach Den Haag und schließlich 1942 nach Bern. Die Schriftstellerei gab er währenddessen nicht auf; doch werden seine Romane stärker politisch geprägt. Unter ihnen ist die auch ins Deutsche übersetzte Geschichte »Der Fremdling« besonders zu erwähnen, welche die Verhältnisse in Anatolien während des Befreiungskrieges in den frühen zwanziger Jahren schildert und zeigt, wie tief die Kluft zwischen dem gebildeten Istanbuler und der anatolischen Landbevölkerung war. Auch hier überzeugt Yakup Kadris feine psychologische Analyse. 1946 verfaßte er ein Buch über Atatürk. Der Dichter starb in Istanbul 1972.
Wer aber waren diese Bektaschis, deren scheinbar so liederliches Leben der Autor in diesem Roman darstellt? Ein Derwisch-Orden wie viele andere im islamischen Bereich, scheint er sich in Anatolien im 13. Jahrhundert herausgebildet zu haben. Die Bektaschis selbst geben das Geburtsjahr ihres Stifters, Hadschi Bektasch, durch den Zahlwert des Wortes *müruwwet,* Mannestugend, an, das 646 der islamischen, das ist 1248 der christlichen Zeitrechnung, ergibt. Der Meister soll – was unwahrscheinlich

ist – 738/1337 gestorben sein, wahrscheinlich aber früher. Er war, wie die Überlieferung weiß, ein *sayyid*, ein Nachkomme des Propheten Muhammad durch seinen Enkel Husain, doch wenig faßbar Historisches ist über ihn bekannt. Einer seiner Anhänger im 15. Jahrhundert, Kaygusuz Sultan, soll dann ein Bektaschi-Kloster in Kairo gegründet haben; die Gedichte dieses wie viele Bektaschis aus der europäischen Türkei, Rumeli, stammenden Derwischs sind teilweise höchst grotesk, aber mit ihren Paradoxen ebenso erstaunlich wie lesenswert. Eine festere Organisation scheint dem Orden von dem 1516 verstorbenen Balim Sultan gegeben worden zu sein, der unter anderem eine besondere Gruppe von ehelos bleibenden Derwischen gründete; sie trugen zum Zeichen ihres Zölibats einen großen hufeisenförmigen Ohrring, der an das Hufeisen des Maultiers von Ali erinnern soll.

Der Orden wurde für die osmanische Türkei besonders durch seine Verbindung mit den Janitscharen, den Elitetruppen, wichtig, die seit 1591 sicher belegt ist; in allen Garnisonen befanden sich Sitze von Bektaschiführern, *baba* genannt. So kam es, daß der Orden auch betroffen wurde, als das Janitscharenkorps 1826 wegen Unbotmäßigkeit und überhandnehmender Unregelmäßigkeiten aufgelöst wurde; der Orden schien für eine Weile in den Untergrund zu gehen. Das »Bektaschi-Geheimnis« wurde immer mehr gehütet, aber trotzdem gab es in Istanbul, und noch mehr in den Balkanländern, weiterhin zahlreiche Bektaschi-Klöster (um 1900 waren es vierzehn allein in Istanbul), und der Orden ist bis zum heutigen Tage in Albanien, Bulgarien und anderen Ländern Südosteuropas verbreitet, während er in der Türkei, wie alle anderen Derwischorden, 1925 von Atatürk aufgelöst wurde. Wie weit Yakup Kadris Roman mit seiner Kritik des Ordenslebens Atatürk zu diesem Schritt bewogen hat, wird sich wohl nie feststellen lassen.

Weshalb aber war der Orden so ungewöhnlich in der religiösen und kulturellen Landschaft der osmanischen Türkei, wo es zahlreiche mystische Bruderschaften gab, unter denen die Mevlevis, im Westen als »Tanzende Derwische« bekannt, die kulturell aktivsten waren, und wo Gedanken und Ausdrücke aus dem Sufismus, der islamischen Mystik, das ganze Leben durchdrangen und bei alt und jung, hoch und niedrig bekannt waren?

Der Durchschnittstürke wird bei dem Wort »Bektaschi« zunächst an die zahlreichen Witze denken, die Angehörigen dieses Ordens in den Mund gelegt werden – Witze, die geschickt mit religiösen Begriffen spielen und den Bektaschi als ziemlichen Freigeist erscheinen lassen. Aber der Orden hat andere, wichtigere Besonderheiten. Er ist schiitisch ausgerichtet, und einer der großen Dichter, deren Hymnen in den Gottesdiensten gesungen werden, ist Chata'i, das ist Schah Ismail I von Iran, der 1501 die Schia zur Staatsreligion Irans machte, wie sie es bis heute geblieben ist. Die Verehrung, die Ali, dem Vetter und Schwiegersohn des Propheten Muhammad, gezollt wird, ist gewaltig; sein Name wird angerufen, er bildet mit Gott und Muhammad eine Art Trinität, und seine Söhne, Hasan und Husain, sowie Husains Nachkommen, die Imame, werden in hunderten von Versen beschworen. Daß sich eine so ausgesprochen schiitische Bruderschaft in der osmanischen Türkei, deren Sultane sich als Verteidiger des sunnitischen Islam fühlten, halten, ja sogar eine durch die Beziehung zu den Janitscharen politisch wichtige Stellung einnehmen konnten, ist eine der merkwürdigen Entwicklungen in der islamischen Geschichte.

Die Bektaschis nahmen auch die Buchstabenmystik auf, wie sie um 1400 von Fadlullah Hurufi entwickelt worden war. Schon immer hatten die Sufis sich an Buchstabenspielen erfreut, aber eine vollständige theoretische Ausbildung der Buchstabenmystik, eine Interpretation des mystischen Sinnes jedes einzelnen Buchstabens im arabischen Alphabet, wurde erst von den Hurufis durchgeführt. Daher die Neigung, Schrifttafeln aus sinnreichen Sprüchen, aus Versen, aus Anrufungen Alis und seiner Nachkommen in den Versammlungsräumen der Klöster anzubringen – Tafeln, die oftmals eine Vermischung kalligraphischer, menschlicher und animalischer Formen zeigen.

Der mystische Pfad, der Männern und Frauen offensteht, hat nach Bektaschi-Lehre vier Tore: *schari'at,* das göttliche Gesetz, *tarikat,* den mystischen Pfad, *ma'rifat,* die Gotteserkenntnis, und *hakikat,* die Göttliche Wahrheit. Jedes dieser vier Tore hat zehn Verpflichtungen, die derjenige, der sich auf dem Pfade befindet, einzuhalten hat. So wird die heilige Zahl Vierzig, die Zahl der Ausdauer und Geduld, die Zahl der Stufen der Emanationen und der Rückkehr der Seele zum göttlichen Ursprung, wieder erreicht. Denn die Bektaschis glauben an Zyklen der Existenz; sie folgen der Lehre von der »Einheit des Seins«, wie sie im 13. Jahrhundert durch den hispano-arabischen mystischen Meister Ibn 'Arabi formuliert worden war, und sehen in allem Geschaffenen nur die verschiedenen Manifestationen der Einen Realität. Daher sprechen ihre Lieder auch immer wieder davon, daß der Liebende bald Moses, bald Pharao, bald der Märtyrer-Mystiker Halladsch und bald der ihn zum Tode verurteilende Richter ist.

Um in den Orden eingeweiht zu werden (*nasib almak,* »seinen Anteil erhalten«), brauchte es einer gewissen Vorbereitungszeit; dann wurde in dem großen *Ayin-i dschem* (ein Begriff, dessen Etymologie nicht ganz klar ist) die Einweihung vollzogen, und der Jünger wurde dann als *muhibb,* »Liebender« bezeichnet. Wer sich dem Orden ganz weihen wollte, konnte den Rang des *Derwisch* erreichen, wobei den Zölibatären eine besonders hohe Stellung zukam, obgleich der Islam sich gegen Ehelosigkeit ausgesprochen hat. Der Derwisch wie der geistige Führer, *baba,* trug die zwölfzwicklige Mütze, deren Zwölfzahl auf die Anzahl der schiitischen Imame deutete; er trug auch den sogenannten *teslim taschi,* den Stein der völligen Hingebung, der zwölfeckig und entweder aus Alabaster oder Kristall war. Ältere verdiente weibliche Angehörige des Ordens werden als *Badschi,* etwa »ältere Schwester«, bezeichnet. Allgemein aber nennt man alle Eingeweihten *dschan,* »Seele«, und sie alle gelten als »Kinder« des Scheichs.

Der Sitz des Baba und derer, die eingeweiht waren, war ein

Schafsfell, *post;* und im *meydan,* dem großen Versammlungsraum, waren diese Felle in genau vorgeschriebener Ordnung gelegt; einige Felle waren den unsichtbar anwesenden früheren Ordensmeistern zugeteilt; so das *Chorassan postu,* das »Chorassan-Fell« dem Hadschi Bektasch selbst, der, wie so viele Ordensmänner des 13. Jahrhunderts, aus Ost-Iran nach Anatolien gekommen sein soll, das *Aschdschi postu,* das »Kochs-Fell«, war dem Meister Sayyid 'Ali Sultan geweiht, der im 16. Jahrhundert in Bulgarien lebte. Allen diesen Fellen, ebenso wie dem großen Stein am Ende des Versammlungsraums, mußte der Eintretende seine Ehrerbietung erweisen. Dem Meister selbst wurde die Ehrerbietung (*niyaz,* wörtlich »Flehen«) erwiesen, indem man ihm die Knie küßte, dann die Brust, und dann den Boden vor ihm; doch gab es verkürzte Formen.
Neben der Einweihungszeremonie, dem *ayin-i dschem,* gab es zwei wichtige Feste im Orden: das Gedenken an den Tod Husains in Kerbela am 10. Muharram (10. Oktober) 680, das ist das große Trauerfest; und dann das *nauruz,* »Neujahr«, das mit dem Frühlingsanfang zusammenfällt, in der osmanischen Türkei aber am 9. März gefeiert wurde, weil es dem griechischen Kalender vor der gregorianischen Reform folgte. Das *Nauruz,* überall in persisch beeinflußten Kreisen bekannt, wird bei den Schiiten zusätzlich als Geburtstag Alis, des ersten Imams, gefeiert.
Wie in anderen Orden, ist auch im Bektaschitum der geistige Leiter, *mürschid,* die wichtigste Persönlichkeit, und schon einer der Vorläufer der türkischen Orden, der zentralasiatische Meister Ahmad Yesewi im 12. Jahrhundert, hatte gefordert, daß der Jünger bereit sein müsse, sein Leben und seinen Kopf für den Meister zu opfern. Der Meister ist, nach dem Bektaschi-Wort, »das Licht der Rechtleitung«, *nur-i hidayet,* und von hier erhält der Name des Helden unseres Romans, *Nur Baba,* einen zusätzlichen Sinn. Der geistige Führer, so empfindet man, ist ein Mensch, in dem sich der Gottesglanz, die göttliche Schönheit manifestiert – daher die vollkommene und fraglose Hingabe an ihn.

Unter den Gestalten, die in der Bektaschi-Literatur den wichtigsten Platz einnehmen und deren Name in den ungezählten Bektaschi-Liedern immer wieder auftaucht, ist Halladsch, der Märtyrer der Liebe, meist mit seinem Vatersnamen *Mansur* genannt, und der zentrale Raum im Meydan, wo sich die Einweihung des Novizen vollzieht, heißt *dar-i Mansur*, »Mansurs Galgen«, weil sich der Novize hier, gleich dem großen Märtyrer, völlig Gott und der Gottesliebe hingibt, gewissermaßen »gehängt« wird, sein bisheriges Leben verliert und in einem höheren Leben erwacht. Halladsch war es auch, der erstmals das Gleichnis von Flamme und Falter verwendet hat, das später zum Standardmotiv der persisch-türkischen Lyrik geworden ist und bis in Goethes *Selige Sehnsucht* gewirkt hat: Nur Baba in diesem Roman verkörpert die Flamme, in die sich der weiße, unschuldige Falter Nigar stürzt, um in absoluter Liebe sich völlig zu verlieren, zu verbrennen.

Derjenige Aspekt des Bektaschitums, der die meiste Kritik hervorgerufen hat, ist in der Tat, daß Frauen unverschleiert an den Festlichkeiten teilnehmen konnten, bei den gemeinschaftlichen »Liebesmahlen« frei mit den Männern sitzen, mit ihnen trinken konnten. Aus diesem Grunde ist der Bektaschi-Orden immer des gefährlichen Libertinismus angeklagt worden; vor allem im 19. Jahrhundert, als nach dem Sturz der Janitscharen die Bektaschis sich im Untergrund hielten, gibt es zahlreiche Angriffe auf ihr unmoralisches Leben – daß sie ihre Zeremonien so geheim hielten, führte natürlich zu der Vermutung, daß viele ungesetzliche, sündhafte Handlungen in jenen Festnächten stattfanden, und daß, wenn einmal die Lichter gelöscht waren, alle Arten von Unmoral praktiziert werden konnten – ganz abgesehen davon, daß der reichliche Genuß des starken Anisschnapses, Raki, den Orthodoxen ein Dorn im Auge war.

Yakup Kadris Roman führt in das Leben eines Bektaschi-Klosters zu Beginn des 20. Jahrhunderts. Die Zeit ist gegeben mit der Bemerkung, daß Safa Efendi, Vater der ersten, Großvater der zweiten Heldin, unter Sultan Abdulʿasis einen wichtigen

Posten inne hatte; Abdul'asis regierte von 1861–1876. Wie der Gegenspieler Nur Babas im Roman, Madschid Bey, gehört auch Yakup Kadri zu denen, die sehr stark von der französichen Literatur beeinflußt sind und daher versuchen, ein solches Phänomen wie ein Bektaschi-Kloster mit westlichen Kategorien zu untersuchen, zu analysieren und daher unerwartete Vergleiche aus dem klassischen Alterum oder europäischer Geschichte bringen. Wie in früheren Zeiten die Gebildeten des osmanischen Reiches ihre literarischen Vorbilder in der klassischen persischen Dichtung suchten und der türkischen Muttersprache kaum Wichtigkeit beimaßen, so sieht Madschid die Ereignisse durch die Augen von Pierre Loti und anderen, und das »Türkische« im Bektaschitum erscheint ihm gewöhnlich und unfein. Dabei ist die Rolle der Bektaschis für die Entwicklung der einfachen türkischen Poesie ganz außerordentlich wichtig, und ihre Verse gehören zu den liebenswertesten Teilen der türkischen Literatur.

Während es aber für Madschid schwierig ist, die Entwicklung und Verwandlung seiner von ferne verehrten Nigar zu verstehen, hat Yakup Kadri, vor allem in den letzten Kapiteln des Romans, gezeigt, wie vertraut ihm die Welt der islamischen Mystik trotz aller Kritik ist. Der Brief Nur Babas an Nigar (S. 115) ist ein Musterbeispiel traditioneller Standardredensarten, die man aus tausenden von Gedichten kennt; seine Gedichte sind Parodien auf die großen Werke der klassischen Literatur. Aber psychologisch gesehen, ist die Verwandlung Nigars vergleichbar mit den großen mystischen Gedichten, wie sie im islamischen Osten, vor allem in Indo-Pakistan bekannt sind: sie verkörpert die Liebende, die in völliger Erniedrigung lieben will, so, wie es die Dichter in Iran und der Türkei seit Jahrhunderten besungen hatten; sie ist völlig willenlos geworden, lebt nur aus dem Willen des Geliebten, sagt zu allem nur *eywallah,* »Ja, bei Gott«, jenen typischen Bektaschi-Ausdruck für Gehorsam und Annahme jedweden Schicksals. Diese hoffnungslose Liebe macht sie, wie der Dichter sagt, zu einer Verwandten der großen

Märtyrer: des Prophetenenkels Husain und Halladschs, und wenn die Dichter im fernen Industal die Heldinnen ihrer herzzerreißenden Liebesgedichte behaupten lassen, daß sie schon seit dem Tage des Urvertrags vom Wein der Liebe zum Geliebten berauscht waren, so gilt das auch für Nigar.

Ein wenig von ihrer Resignation, gemischt mit einem merkwürdigen Europäismus, klingt auch in Yakup Kadris zwölf Kapiteln der kleinen Sammlung *Erenlerin Bağından* »Aus dem Garten des Weisen« an, in dem einige der positiven Inhalte des Derwischtums deutlicher werden als in dem eigentlichen Roman.

Es mag für den modernen westlichen Leser zunächst schwierig scheinen, sich in diese Welt der absoluten Liebe einzufühlen und sich in den von einem religiösen Orden ausgeübten nicht gerade sehr religiösen Sitten und Gebräuchen zu Hause zu fühlen. Yakup Kadris Sprache ist oft preziös, sehr schwingend und, für heutige Begriffe, klassisch. Es scheint mir aber, als sei der Roman durchaus nicht veraltet; im Gegenteil, man mag die psychologischen Feinheiten der Erzählung vielleicht jetzt noch mehr schätzen als zu der Zeit, als das Buch erschien und als das Bektaschitum noch eine bedeutende Kraft in der Türkei darstellte.

Nur Baba »Flamme und Falter« wurde, ebenso wie »Aus dem Garten des Weisen«, erstmals am Ende des Zweiten Weltkrieges nach der ersten Auflage (noch in arabischen Buchstaben) von mir übertragen; die Übersetzung des Romans mit einem Vorwort von Otto Spies erschien im Sommer 1948 in einem Verlag, der gleich darauf von der Bildfläche verschwand; die andere Sammlung wurde damals in der Anthologie »Das Geisterhaus«, herausgegeben von Otto Spies, veröffentlicht. Für die vorliegende Ausgabe wurde die Übersetzung vollständig überarbeitet. Die beigefügten Bilder sollen einen gewissen Eindruck von der Bektaschi-Kunst, aber auch vom Istanbul um die Jahrhundertwende geben und den Leser ein wenig die Stimmung jener Tage verspüren lassen.

FLAMME UND FALTER

Nur Baba

I.

Wie die Kerzen in einem Bektaschi-Konvent verlöschen*

Ist kein Raki mehr da? ... Ich hab noch Durst! ... Gibt's keinen Raki mehr?«
»Dem Ordensmeister zuliebe – gib uns Raki, gib uns Raki!«
»Denen zuliebe, die in Kerbela ohne Wasser waren ...«*
»Unser Tisch ist trocken wie eine Wüste – ein Tropfen würde unser Herz beleben ...«
»Falsch – würde das Herzlieb an das Herz fesseln.«

* Der Titel des ersten Kapitels spielt auf die Zeremonie des *mum söndürmek,* »Kerzen löschen« an, die den Mittelpunkt zahlreicher Beschuldigungen gegen die Bektaschis bildet. Im Verlaufe des Abends werden angeblich die Kerzen gelöscht, und man gibt sich allgemeiner Promiskuität hin. Daß dies eine grobe Übertreibung der Tatsachen war, steht fest, und Yakup Kadri nimmt den Gedanken in eleganter Form auf und verteidigt so gewissermaßen die Bektaschis.

»Ist doch dasselbe ... ›Herz‹ zu sagen, heißt doch ohnehin, ›Herzlieb‹ zu sagen ...«

»Ach, du Schlingel!«

»Hahaha ....!«

»Schenke – zu dir nehmen wir unsere Zuflucht – tu, was du willst, aber hilf uns ...«

»Er ist doch selber ein Greis, der sich nicht zu helfen weiß ...«

»Na schön ..., also: Raki her, sage ich dir!«

»Da ist er ja ...«

»An die Flasche ...«

»Nein! Das kann ich nicht. Ich will anderswohin.«

»An meinen Mund ...«

»Das möchte ich nicht! Meister ...«

»An mein Herz!«

»Welche Huld! Gott meint es gut mit mir ...!«

So redeten in einem alten Derwischkloster auf einem der sieben Hügel Istanbuls gegen Morgen Männer und Frauen durcheinander, eine trunkene Gruppe von »Liebenden«. Die einzige, die ihre Stimme nicht vernehmen ließ, war die Frau des Vorstehers, Badschi Dschelile. Sie schien diese Worte mit einem gewissen Zorn zu hören; denn sie war dafür, in allem Maß zu halten. Es waren – mehr noch als die weißen Fäden in ihrem Haar – eine Menge bitterer Lebenserfahrungen, die sie gelehrt hatten, wie richtig dieser Grundsatz war. Aber um an einer solchen Tafel einzusehen, was für üble Folgen derartig lang währende Liebesmahle hatten, dazu brauchte man nicht unbedingt schon ergraut zu sein. Diese Folgen waren in nur Babas Konvent sofort zu spüren; denn der junge sinnliche Ordensmeister war nicht mehr dazu fähig, gleich anderen Klostervorstehern die durch Hymnen, Flötenspiel, Lieder und Reden angespannten Nerven zu zügeln; und ein Tisch, an dem er präsidierte, war meist dazu verurteilt, am Schluß entweder mit einem Fußtritt umgestoßen zu werden oder aber durch einen allzu geräuschvollen Kuß ins Schleudern zu geraten. Deswegen nun spürte Dschelile Badschi, schweigend in grollendem Zorn, der durch die Zügellosigkeit

der Versammlung hervorgerufen war, daß es wirklich notwendig war, alle barsch zum Schweigen aufzufordern.
»Kinder!« sagte sie, »bei Gott, ihr wißt nicht mehr, was ihr da redet und was ihr tut! So viel Raki-Rausch reicht! Jetzt haben wir acht Stunden lang getrunken. Jeden Augenblick kann der Morgen dämmern. Seht, die Scheiben werden schon etwas heller!« Und zum Scheich gewandt, der mit seiner Geliebten Siba in eine hitzige Diskussion vertieft war, sagte sie: »Meister, befehlt Ihr, daß noch ein Imbiß gereicht werden soll?«
Nur Baba antwortete mit einem halb zornigen, halb trunkenen Lächeln:
»Nein, Dschelile! Du siehst doch, wir haben unser Hühnchen mit Siba zu rupfen und sind damit noch nicht ganz fertig. Wenn jemand will ...«
Die letzten Worte des Scheichs gingen in einem neuen Strudel von Verlangen und von Widerspruch unter. Jeder wollte, das Liebesmahl solle weitergehen.
Nasib Hanim und Rauf Bey, die sich vorher gegenübergesessen hatten, waren jetzt nebeneinander gerückt. Der zwischen Nesimi und Nedschati Bey im Türkensitz hockende Udi (Lautenspieler) Niyasi begann mit sich langsam immer mehr steigerndem Vergnügen, ungefähr zum zwanzigsten Male einen Akkord für ein neues Musikstück auf seiner Laute zu wiederholen. Oberst Hamdi Bey aber, der seit dem Abend durch tausenderlei komische Dinge die Schwesterkinder der Badschi sich in innerlichem Kichern winden ließ, hatte ihnen jetzt sein Gesicht ganz zugewandt und war dabei, mit seinen Witzchen und Wortspielen und den satanischen Grimassen seines Gesichtes die perfekteste aller Spottfiguren abzugeben.
Die Unterhaltung zwischen Nur Baba und Siba jedoch war zu einem hitzigen, heftigen Streit geworden, der mit jedem Glas noch mehr aufflammte.
Die Badschi, die aufgestanden war, setzte sich wieder hin, ihren Zorn nur mit Mühe beherrschend, und wandte sich zu der Schenkin, die, seit die Raki-Flasche leer war, ständig damit

beschäftigt war, ein Glas zu säubern, das sie in der Hand hielt: »Meine gute Nuriye, laß mich nicht aufstehen! Geh zu Derwisch Tschinari, er soll die Flasche nochmals ganz füllen!« sagte sie und sah jeden der dort Sitzenden scharf an, wobei sie vor sich hin murmelte: »Um Himmelswillen! Was für ein Kloster! Was für Ordensregeln ...!«

Das hörte nur Nesimi, der unmittelbar neben der Badschi saß; er beugte sich vorsichtig vor und sagte: »Worüber haben Sie sich wieder einmal geärgert, gnädige Frau?«

»Um Gotteswillen! Sagen wenigstens Sie nicht so etwas, mein Herr – Sie, der weiß, was ein Kloster ist, der die Regeln des Ordens besser kennt als ich. Sagen Sie – wo haben Sie je einen solchen Meydan, ein solches Liebesmahl gesehen? Der Meister ist völlig außer sich; die Jünger machen, was sie wollen. Keine Zucht, keine Ordnung! Die Essenszeit wird nicht eingehalten. Wohin soll das noch führen?«

»Sie haben recht, Mutter! Ich finde auch, daß das Liebesmahl heute nacht reichlich aus den Fugen geraten ist!«

Die Badschi näherte ihren Mund dem Ohr ihres Gesprächspartners und deutete verstohlen auf Siba: »Ach, immer diese Frau, immer diese Frau!«

Nesimi wiegte den Kopf, halb bestätigend, halb widersprechend:

»Nein aber – Mutter!« sagte er. »Man darf doch nicht ihr alle Schuld geben! Sehen Sie mal da gegenüber – Rauf Bey und Nasib nämlich: Die sind ja schon fast Brust an Brust, Lippe an Lippe!«

»Die kann ich entschuldigen, wo der Meister ein so schlechtes Beispiel gibt!«

Nesimi fühlte die Zeit gekommen, sich von den jungen Mädchen und besonders von Hamdi Bey zu befreien, die seit einigen Stunden mit ihrem unaufhörlichen Geflüster, ihrem Gelächter und ihren Zankereien die Harmonie jedes Musikstückes für sein Ohr verdarben. Er sagte:

»Oder was sagen Sie zu diesem Hamdi? Gehört sich das etwa für einen Mann wie ihn, so ununterbrochen mit diesen Mädchen zusammenzustecken? Das sind ja immerhin noch Kinder; die haben noch keinen ausgewachsenen Verstand. Wenn Sie die ab und zu mal ermahnen wollten, täten Sie ein gutes Werk. Denn Sie wissen ja nicht, was für einer dieser Hamdi Bey ist!«

Die Worte Nesimis gaben Dschelile Gelegenheit, mit einem Mal die Stimmen der Wut und des Abscheus, die sich seit vorhin in ihrer Kehle verknotet hatten, lösen zu können. Infolgedessen schrie sie mit ihrer lautesten Stimme die jungen Mädchen an: »Meine Lieben, was hat das zu bedeuten, daß ihr immer noch hier seid? Ich will doch mal sehen! Zu keiner Arbeit seid ihr nütze – ihr habt nicht auf den Tisch geschaut, noch habt ihr euch in die Musik eingefügt; obendrein reißt ihr den armen Hamdi Bey völlig in Stücke. Wie ungezogen! Wie gemein!«

Dschelile schrie immer lauter und lauter, so daß sogar der Scheich und Siba ihren Streit zu beenden schienen. Er rief sie herrisch und scharf zur Ruhe, sie aber, geschminkt und stattlich, ließ ihre hellblauen Augen mit verächtlich hochmütigem Blick über Dscheliles weiße Haare gleiten.

Nasib kniff unterm Tisch Rauf ins Knie und beugte sich sachte zu seinem Ohr: »Sind denn die alle so wütend? Gleich gibt's Lärm und Streit. Steh auf; wir wollen uns eine ruhige Ecke aussuchen!«

Rauf beantwortete diese Aufforderung seiner Liebsten mit einem leichtfertigen, aber gezwungenen Lächeln:

»Was kümmert uns der Streit anderer Leute, Schätzchen? Ist das denn so übel? Während die aneinander geraten, lieben wir uns!« Und er drückte lange die Hand der jungen Frau in seiner Hand.

Nedschati wendete die Blätter der Liedersammlung um, und Niyasi ließ das Plektrum ganz sacht über die Saiten gleiten.

Die von dem achtstündigen ununterbrochenen Trinkgelage verbrauchten Nerven hatten begonnen, sich durch die Zuckungen trunkener Bösartigkeit nach und nach wieder anzuspannen; dennoch sprach starke Erschlaffung aus aller Augen.

In diesem Augenblick stellte Nuriye eine volle Flasche mitten auf den Tisch, und hinter ihr begann Derwisch Tschinari neue Appetithappen zu bringen. Das entfachte die gerade verlöschende Heiterkeit der Tischgesellschaft. Vor allem schien nach dem ersten Glas, das wie eine leblose weiße Flamme von Hand zu Hand und von Mund zu Mund ging, die frühere Heiterkeit des Gelages wieder zurückzukehren und sich zu verfestigen, und ein Lied, dessen Hauptvers von der Stimme des Scheichs begonnen wurde, ließ die aufgelöste Fröhlichkeit der Versammlung wieder harmonisch zusammenklingen.

Eh' noch das 'Sei!' gesprochen ward – O Er!
All dieser Wesen Anbeginn sind wir.
Eh' einer noch Sein Antlitz schaut' – O Er!
»Zwei Bogen und noch näher hin« sind wir.
Als Adam nicht noch Eva war – O Er!
Da waren wahrer Gott wir schon in Gott.
Wir waren bei Maria Gast – O Er!
Des Jesuskindes Vatersinn sind wir.*

Aber das Lied konnte nicht zu Ende gesungen werden; mitten in der Musik vernahm man plötzlich eine Stimme:
»Erbarmung doch! Ich halt's nicht mehr aus! Ich kann mir das doch weiß Gott nicht die ganze Nacht über anhören! Wenn ich mir erst mal was über den Kof gezogen habe, dann, zum Teufel noch mal, gehe ich sofort!«
Das war die Stimme Sibas. So lange das Musikstück dauerte,

* Das Gedicht faßt die mystische und speziell die Bektaschi-Gedenkwelt gut zusammen: der Mensch stammt aus der göttlichen Welt, existierte in gewisser Weise schon, bevor noch das göttliche Schöpfungswort »Sei« gesprochen war. »Zwei Bogen« ist ein Zitat aus Sura 53/9, in der von der Vision des Propheten während seiner Himmelsreise gesprochen wird, da er Gott »zwei Bogenlängen weit oder noch näher« erblickte. Anspielungen auf Maria, die auch nach islamischer Lehre jungfräuliche Mutter Jesu, und Jesus selbst sind häufig in der islamischen Mystik, besonders aber bei den Bektaschis, die enge Beziehungen zu christlichen Gruppen Anatoliens hatten.

hatte Nur Baba ihr weiterhin heimlich zugesetzt. Aber als sich auf diesen Hilferuf hin plötzlich aller Augen auf ihn richteten, wußte er nicht mehr, was er machen sollte, und zog die Sache gleich ins Lächerliche, um sein Ansehen nicht noch mehr zu schädigen.

»Alles liegt in Ihrer Hand, ganz gewiß! Aber ich glaube nicht, daß Sie das wagen könnten ...« sagte er.

Siba, welche die ganze Last eines fünfzigjährigen, leidenschaftlich erregten Lebens zu tragen schien, stand von ihrem Platz mit einer Gewandtheit auf, wie sie zarten fünfundzwanzigjährigen Frauen eigen ist, und tat einen so entschiedenen Schritt zum Fortgehen, daß Nur Baba sie am Saum festhalten mußte.

»Ich bitte Sie, gnädige Frau«, sagte er, »zunächst wollen wir unseren Streit vor allen Brüdern und Schwestern schlichten. Und dann ...«

Diesen Vorschlag nahmen alle begeistert an. Nur die Badschi blickte schweigend vor sich hin. Siba konnte sich der entschiedenen Haltung der Menge offenbar nicht widersetzen und ließ sich auf ihrem Platz nieder. Dann begann Nur Baba:

»Geliebte! Ihr habt natürlich gemerkt, wie hitzig, vielleicht sogar nervös ich vorhin mit der gnädigen Frau gesprochen habe. Ohnehin haben wir gar nicht heimlich miteinander gesprochen. Auf jeden Fall möchte ich euch über das Problem informieren; dazu bin ich absolut gezwungen. Denkt aber nicht, daß ich den Mund nur auftue, weil die gnädige Frau aufgestanden ist und gehen wollte! Nein ... zwischen uns gibt es nichts, das geheimgehalten werden müßte. An unseren Streitigkeiten könnt auch ihr teilnehmen. Denn das Problem geht auch das Kloster, geht die Gemeinschaft an, auch euch. Seht, wieso! Diese Dame – und er deutete auf Siba – ist seit einiger Zeit nicht mehr zu uns gekommen, obgleich sie eine der ältesten Jüngerinnen des Klosters ist, und obgleich wir aufrichtig unsere gegenseitigen Rechte bewahren. Wir fühlten uns deshalb zunächst gekränkt. Aber wir konnten nichts sagen. Zu kommen oder nicht, das war ja ganz und gar ihre Sache. Aber dabei blieb die Dame nicht. Ganz langsam fing sie an, auch die zu hindern, die hierher kommen wollten, und sie möchte ihr eigenes Haus in ein Kloster verwandeln und so das Licht des Mutterklosters auslöschen. So höre ich, ja weiß ich seit einiger Zeit, daß es da eine junge Frau gibt, die ich seit ihrer Kindheit kenne ... Sie möchte hierher kommen, hier eingeweiht werden. Siba jedoch nutzt ihre verwandtschaftlichen Beziehungen zu dieser Dame aus, um deren Absicht zu vereiteln. Dazu benutzt sie jedes Mittel und müht sich ab, die Arme von diesem Gedanken abzubringen.«

Nur Baba sagte das im Ton bitteren Spottes. Auf seinem beweglichen, feinlippigen Mund, den der ungleichmäßige schwarze Schnurrbart nicht ganz verdecken konnte, lag ein satanisches Lächeln. Er runzelte die ohnehin schon in einem feinen Strich miteinander verbundenen Brauen noch mehr; seine Augen aber behielten ihren unveränderlich schmachtenden, lüsternen Ausdruck und ihren stets rätselvollen Blick.

Alle sahen einander an. Siba richtete sich auf ihrem Platz auf beiden Knien auf und rief: »Der Meister verleumdet mich; glaubt es nicht! Es gibt keine Frau, die hierherkommen will – es gibt lediglich eine junge Frau, von der man will, daß sie hierherkommt, hierher gebracht wird!«

Dann stand sie mit so entschlossener Schnelligkeit auf, daß niemand sie zu hindern wagte, und ging hinaus. Nur Baba folgte ihr eine Weile mit den Augen. Dann neigte er sich zu seiner Frau und flüsterte ihr ein paar Worte ins Ohr. Die Badschi ging sofort hinter der Hinausgehenden her.

Die Umhersitzenden fragten einander verstohlen: »Wer ist denn die Dame, von der die Rede ist?« Nedschati fragte Nuriye, Udi Niyasi fragte Nesimi, Oberst Hamdi fragte die jungen Mädchen, die sich jetzt, die letzten Ereignisse in der Gesellschaft ausnutzend, wieder an ihn schlängelten. Jeder fragte, mit Mund und Augen allerlei Zeichen machend; jeder wollte es erfahren.

Nur Nasibs kecker verlockender Mund vertraute Raufs Ohr das Geheimnis an:

»Eschref Paschas Frau Nigar ...«

Nur Baba sagte – zweifellos, um überhaupt etwas zu sagen – mehrmals zur Schenkin:
»Füll die Gläser noch mal, Nuriye! Schenk ein!«
Aber niemand konnte mehr trinken. Es wurde Morgen. Das erste bleiche Morgenlicht, das kurz zuvor noch wie erstarrt in den Scheiben gestanden hatte, bedeckte jetzt langsam den ganzen Meydan als leuchtender, strömender weißer Glanz. Die Dinge, die im Lichte der Kerzen zitternden, verworrenen Schatten geähnelt hatten, begannen nach und nach eine feste, eine reale Form anzunehmen. So wurden auch die Schriftzeilen in Thuluth- und Kufi-Charakteren* auf den vor kurzem noch wie längliche kleine Fenster wirkenden Tafeln an der Wand jetzt völlig lesbar. Auch die bei dem Balim-Sultan-Stein** aufgehängten Spruchtafeln wirkten nicht mehr wie eine Gruppe von seltsamen, sich ausbreitenden Zweigen. Die Kerzen auf dem Tisch aber ähnelten nutzlosem Schmuck, ihre Flammen zitterten wie zarte weiße Silberblätter in blassem, metallischem Funkeln, leuchteten in den Augen der Umhersitzenden auf und verloschen, verloschen und leuchteten wieder auf.
Nein, keiner konnte noch trinken. Jetzt sah man ringsum an den Tischen Gesichter, die den Bildern von alten Druckstöcken ähnelten; über Nesimis von einem roten Bart umgebenes Gesicht hatte sich die Blässe schneeweißen Papiers gelegt; neben ihm, das Kinn auf den Rücken seiner Laute gestützt, Udi Niyasi, dessen Augen über den vollen Wangen immer kleiner geworden und schließlich ganz verschwunden waren; auf seinen jungen, frischen Mund hatte sich die Schwere eines zahnlosen Greisenmundes gesenkt. Ein wenig abseits von ihm trug Nedschati

* *Thuluth* ist eine elegante Kursivschrift, *Kufi* eine in der Frühzeit verwendete eckige Schrift, die in späterer Zeit vor allem als Auszeichnungsschrift oder für dekorative Zwecke in arabischen Texten verwendet wurde.

** Balim Sultan, der aus Rumeli, der europäischen Türkei stammende »zweite Meister« des Ordens, auf den ein Großteil der jetzigen Organisation zurückgeht, starb 1516; der an der wichtigsten Stelle des Versammlungsraumes stehende Stein trägt seinen Namen.

mit seinem breiten, ungepflegten Schnurrbart, der das Kinn halb verdeckte, ein zerfließendes Gesicht, so als liefen gewissermaßen alle Linien seinem Halse zu.
Oberst Hamdi aber hatte sich von der Tafel entfernt, seit die jungen Mädchen ihn zum zweiten Male allein gelassen hatten; er lehnte seinen Rücken an die Marmorsäule des Kamins, hielt seinen blanken Kopf, der über der halbnackten Brust einmal nach rechts, einmal nach links, einmal nach vorn, einmal nach hinten rollte, nur mit Mühe zwischen den Schultern und schien nur zwischendurch einmal auf den Scheich zustürzen zu wollen, der in müßiger Nervosität mit geschlossenen Augen und starrem Gesicht sich mit den Fingerspitzen über die Augenbrauen strich; dann nahm er sich, die Augen plötzlich öffnend, aufgeregt wieder zusammen.
Nasib mit ihrem rosigen, molligen Körper aber zeigte eine befriedigte Bestialität, die dem Mann neben ihr Tropfen um Tropfen das Mark der Jugend aussaugte. An ihrer Seite saß eine Frau, die, ihre Augen mit einem geradezu erschreckend harten, merkwürdigen Blick auf den ihr gegenübersitzenden Nur Baba gerichtet, bewegungslos verharrte. Das war Nuriye, eine seiner alten Anhängerinnen, die Schenkin der Tafel.
Lange Zeit lastete ein schweres Schweigen, ähnlich dem Dampf in den Bädern, über dem Gelage. Die Kerzen schmolzen langsam, langsam, tropfend, tropfend. In diesem Augenblick trat Dschelile ein, gefolgt von Derwisch Tschinari. Auf ihrem Gesicht lag das stolze Lächeln von jemand, der ein überaus wichtiges und schwieriges Problem gelöst hat. Sie kam in ernster Haltung und setzte sich neben ihren Mann. Jetzt wandte jeder den Kopf und blickte auf sie. Nur Baba beugte sich, die Augen noch halb geschlossen, ganz langsam zu seiner Frau und fragte mit kaum vernehmbarer Stimme: »Was hast du gemacht?«
Sie fing an, noch leiser, aber aufgeregt und konfus, zu erzählen: »Frag' nicht, Meister, frag' nicht, was ich durchgemacht habe! Bis ich von hier hinter ihr hergekommen war und sie erreicht hatte, hatte sie schon ihren Überwurf angezogen ... Sie kam ungestüm

und heftig in das Zimmer der Mädchen, weckte ihre Dienerin mit so 'nem Fußtritt... Sie zitterte und bebte am ganzen Körper. Keinem meiner Worte lieh sie ihr Ohr. Was ich auch sagen mochte, es nützte nichts. Vor Aufregung wollte sie beinah' anfangen, ihre Dienerin eigenhändig anzuziehen, weil die gar nicht wußte, was sie tun sollte, wo sie noch so verschlafen war. Ich sah zu, so ging das auch nicht ... ›Mich schickt der Meister, ich soll in seinem Namen bitten‹, sagte ich. Da war es, als würde sie ein bißchen ruhiger. Sie sank auf die Matratze und fing an zu weinen. Dann fiel sie herunter; ihre Hände, ihre Zähne schlossen sich fest zusammen. Eau de Cologne, Äther – nichts half. Ich ließ ihre Dienerin und die Mädchen Korsett und Mieder lösen, fing an, sie zu massieren. Da schien sie zu sich zu kommen ...«

»Na und – Ergebnis? Mach's kurz? Was kam dabei heraus?«

»Könnt Ihr denn gar nichts vollständig anhören ...? Ergebnis? Was soll denn dabei herausgekommen sein? Jetzt liegt sie im Bett; und die Mädchen und die Dienerin massieren sie noch.«

Nur Baba versank in tiefes Nachdenken. Er bereute es sehr, Siba erzürnt zu haben. Nervös stand er auf:

»Ich will nichts essen. Ich gehe und lege mich hin. Wenn ihr wollt, bedient euch!« sagte er und ging fort. Dschelile eilte verwirrt hinter ihm her. Dann stand auch Rauf auf. Er zog es ebenfalls vor, sogleich zu gehen und sich hinzulegen. Nasib rannte, bis sie ihn im Korridor traf; die junge Frau sagte zu ihrem Geliebten: »Was ist, Rauf? Bleib doch noch ein bißchen! Noch ein Weilchen unter dem Vorwand, daß es Essen gibt. Was ist denn?« Aber Rauf entschuldigte sich so, daß alle Kühnheit der Frau zerbrach, und ging auf die Tür des Herrenzimmers zu. Nasib blieb, den Rücken an die Glasscheibe gelehnt, eine Weile allein im Korridor.

Drinnen machte Derwisch Tschinari komische Sachen; alle lachten.

2.

Wie wird man Bektaschi-Scheich?

Nur Baba bereute es wirklich, daß er Siba erzürnt hatte. Während er in seinem Zimmer auf dem Bettrand, die Füße ausgestreckt, sich von seiner Frau die Strümpfe ausziehen ließ, erschienen ihm in seinem schlaftrunkenen Kopf alle Ereignisse der Nacht wie ein böser Traum. Er streckte sich auf sein Bett, schloß die Augen und flüsterte seiner Frau zu, die sich abmühte, seinen aus übermäßiger Erschlaffung eingeschlummerten Körper mit aller erdenklichen Sorgfalt zu massieren und zuzudecken:
»Dschelile, weck mich aber bestimmt, wenn sie geht!«
Ach was ... wer weiß, der wievielte Streit mit Siba das war! Wie schon manches Mal würde alles morgen wieder vergessen sein, würde alles auf den Alkoholgenuß geschoben werden, und die

nervöse, aufsässige, großsprecherische Siba vom Abend vorher würde sich beim Fortgehen wie jedermann verneigen und ihm den Gruß entbieten. Was war denn bei dem heutigen Streit so wichtig und ungewöhnlich, daß eine Aussöhnung unwahrscheinlich erschien? Seit er mit Siba bekannt war, also seit etwa zehn Jahren, war dies vielleicht noch die geringfügigste ihrer immer häufiger werdenden Streitigkeiten. Es hatte sogar Zeiten gegeben, daß sie sich halb im Ernst, halb im Scherz geprügelt hatten. Jedoch eines Morgens – es war auch nach einem solchen Gelage gewesen – waren sie auf einmal nach langer Abwesenheit in einem einsamen Winkel des Gartens vor allen Klosterinsassen müde und verwirrt aufgetaucht, sein Nachtgewand zerfetzt, ihr Spitzenhemd zerrissen ...

Dies war eine Liebe, die gewissermaßen Kraft und Frische daraus zog, sich zu zerfleischen und sich zu zerstoßen, eine Liebe, die sozusagen aus Jähzorn und Haß lebte. Jede Krise führte dazu, sie in gewisser Weise noch fester aneinander zu fesseln, einander noch mehr zu verpflichten. So war es vor allem für Nur Baba; denn in Sibas Herzen blieb von all diesen Vorfällen immer ein böses Fieber nach, das ihren Haß weiterglimmen ließ und geheime Rachepläne vorbereitete.

Nur Baba sah zwar den Widerschein dieses inneren Feuers in den Augen seiner Geliebten, aber er hatte das Geschick, jede Besorgnis unter einem geringschätzigen Lächeln zu verstecken. War für diesen Derwisch mit dem schmachtenden Blick, dem gierigen Mund, nicht überhaupt jedes Ereignis im Leben nur eines solchen Lächelns wert? Er, der gesehen hatte, daß jede Schwierigkeit, die vor ihm auftauchte, ja jeder Schicksalsschlag, in einer Atmosphäre von Wein und Flötenklang zwischen ein paar Hymnen und einigen Wortspielen und koketten Blicken schließlich gelöst und geschlichtet wurde, hatte vor jedem Anstieg seines Lebensweges immer Hände gefunden, die sich ihm entgegenstreckten, Arme, die zu seiner Unterstützung kamen, Körper, die sich gewissermaßen wie leichte, bei jedem Schritt ein wenig ansteigende Stufen unter seinen Füßen hingestreckt hatten. Seit seinem achtzehnten Jahr von einem aus Jungen und Alten, Frauen und Männern zusammengesetzten Gefolge gläubiger und ihm zu Füßen liegender Menschen umgeben, geliebt und beweint und manchmal auch so gefürchtet, daß man ihm alles geopfert hatte – so war er zwischen den Stimmen von Verehrung und Gier glücklich und sicher auf die letzten Befriedigungen zugegangen, die er als Ziel kannte. Trotzdem konnte Nur Baba aus diesem riesigen Gefolge, das ihn zu einer Gottheit machte, deren Kult ständig andauerte, nur zwei Persönlichkeiten herausheben, die in seiner Erinnerung unauslöschliche Spuren hinterlassen hatten: jene zwei einflußreichen Persönlichkeiten, die ihn zu den beiden wichtigsten Abschnitten seines Lebens geführt hatten und denen Nur Baba sich deswegen gelegentlich sogar ein wenig zu Dank verpflichtet fühlte. Sein Leben war wirklich wie ein wildes, leidenschaftliches Fest verrauscht, mit einer appetitlichen Tafel voll Wein im Vordergrund, einer harmonischen Trommel- und Flötenkapelle im Hintergrund; aber wäre dieses Fest plötzlich auch nur einen Augenblick lang der beiden gütigen Fackelträger beraubt worden, die mit unverdrossener frommer Sorge abwechselnd seinen Weg erleuchteten – wer weiß, am Rande welchen Abgrundes Nur Baba jetzt ohne irgendeinen Menschen, ohne irgendwelche Hilfe stehen würde!

Denn Nur Baba war nicht als Nur Baba geboren. Er war vor 25 Jahren ein unbekannter, winziger Schützling dieses Klosters, auf dessen Scheichs-Fell er jetzt saß, und wurde unter den Brüdern einfach Nuri gerufen. Sein verstorbener Vorgänger Afif Baba war ein Mann, der, obwohl viermal verheiratet, nicht mit Kindern gesegnet war. Als er die Mitte seines Lebens erreicht hatte, begann dieser Mangel ihn so zu bedrücken, und seine letzte Frau fing an, ihn so ärgerlich anzusehen, daß der arme Scheich schließlich seinen einzigen Trost darin fand, zu entfliehen und auf lange Reisen zu gehen. Er wanderte durch ganz Asien, durch Iran und Turan. Etwa zwei Jahre blieb er im Herzen Anatoliens, und eben daher brachte er Nuri mit. Das Kind mochte damals

sieben, acht Jahre alt sein; es war schwach und krank, aber sehr liebenswürdig und klug. Jeder, der ihm in die Augen blickte, war überrascht. Afif Baba ließ ihn sogar bei den Zusammenkünften, bei den Liebesmahlen nicht von der Seite seines Ehrenplatzes weichen. Das war häufig ein Grund für Klagen der Klosterinsassen, der Gäste, vor allem aber der Badschi, und auf dem Kind wurde, obgleich es sehr heißblütig war, in Abwesenheit des Scheichs tüchtig herumgehackt. Und eines Nachts – in einer Dschem-Festnacht –, im erregtesten Augenblick der Tafelrunde ließ das Kind unter dem Vorwand, schlafen zu wollen, den Meister aufstehen und zwang ihn, sich zu ihm zu legen, und als Widerspruch gegen diesen Wunsch laut wurde, begann es mit aller Kraft zu trampeln und zu schreien. Dieser Vorfall ärgerte die Gäste derartig, daß danach ein großer Teil von ihnen anfing, sich von den Liebesmahlen in Afif Babas Kloster fernzuhalten, und diejenigen, die ihm dennoch die Treue hielten, dachten mit Sehnsucht an die alten Liebesmahle.
So war, als der Junge sein sechzehntes Lebensjahr vollendet hatte und sich dem siebzehnten näherte, nach und nach niemand mehr im Kloster geblieben; denn Nuri, gestern noch einfach quälend und naseweis, hatte begonnen, nun auch noch tyrannisch und offensiv zu werden, weil er von Jünglingsgefühlen geplagt wurde. Unter den Freundinnen – jugendfrisch oder in reiferem Alter – gab es keine, die nicht, sei es auch nur einmal, gespürt hatte, wie seine Hand gleich einem beißenden, stechenden, kneifenden fünffüßigen Tier unter dem Tisch über ihr Knie geglitten war, oder die nicht erlebt hätte, wie der blutjunge magere Jüngling sich ihr wild wie ein Bock an die Brust warf. Merkwürdig war, daß der Junge dazu noch überaus störrisch und dickköpfig war. Weder die Ohrfeigen, die er bekam, noch Afif Babas Ermahnungen, weder die Drohungen einiger Brüder noch die Tatsache, daß jede seiner Bemühungen stets mit absoluter bitterer Deprivation endete – nichts, gar nichts konnte seine gefahrvolle Aktivität auch nur für einen Augenblick unterbrechen.

Ja, Nuri ähnelte im wahrsten Sinne des Wortes einem jungen Bock. Unter den Lämmern in Hadschi Bektaschs Stall, deren Sitten und Bewegungen alle in den Händen von seelenkundigen Hirten schön geformt, deren Gespräche alle in eine süße Ordnung eingebunden waren – unter diesen war er ein Quell unerträglicher Aufregung. Deshalb zerstreuten sich die Lämmer eines nach dem anderen. So war, als Nuri zwanzig wurde, der Alte ganz allein im Kloster geblieben, und er selbst war dazu verurteilt, zwischen dem Wimmern Afif Babas, der auf dem Bett hingestreckt sein letztes Stündlein erwartete, und den Grimassen der Badschi, die sich damit beschäftigte, täglich mindestens fünf, sechs weiße Haare aus ihrem vollen dunkelblonden Haar zu reißen, die Strafe für die Unerfahrenheit seiner ersten Jugend zu erleiden.

Aber das dauerte nicht lange. In ein, zwei Jahren fand der kecke eigensinnige Bursche wieder einen Weg, sich seinen guten Stern zu unterwerfen – und dieser Weg war das Bett der Badschi, das seit dem Tage, da sich Afif Baba aufs Totenbett gelegt hatte, in einer Ecke des Zimmers ausgebreitet war. Tatsächlich war der jugendliche feurige Nuri weit davon entfernt, in diesem trübseligen Bett einen seinen Begierden angemessenen Genuß zu empfinden – in diesem Bett, das er nur mit viel Mühe und Gefahr hatte erreichen können. Aber das war ein Ereignis, als dessen Ergebnis sich ihm zumindest das Glück sein Angesicht wieder zuwandte. Denn dieses Verhältnis, das drei Monate nach Afif Babas letztem Atemzug offizielle, feste Formen annahm, erregte jedermanns Neugier und Interesse derart, daß sich das Kloster von neuem zu füllen begann. Die Gäste, die sich ein paar Jahre zuvor einer nach dem anderen sachte zurückgezogen hatten, strömten jetzt in Scharen zurück, als eilten sie zu einem aufregenden Schauspiel, und brachten dem Kloster in kürzester Zeit ungeahnten Überfluß und Segen.

Neugier ist die stärkste Kraft, die den Menschen bewegt. Ganz besonders dieses Ereignis war so wichtig, so merkwürdig, so interessant, daß es alle Absichten derer, die den jungen Ehemann und seine Frau kannten, völlig über den Haufen warf. Eine Frau wie Dschelile, die bei allen Freunden wegen ihrer Würde und Strenge, ihrer übergroßen Ordnungsliebe, ja sogar ein wenig wegen ihrer Sittenstrenge bekannt war, eine Frau von fast vierzig – wie konnte sie so plötzlich an die Brust eines an ihrer Hand herangewachsenen närrischen, sinnlichen Burschen von noch nicht dreiundzwanzig stürzen? Wie konnte sie sich erkühnen, diesem Sturz eine gesetzliche Form zu geben? Das hätte niemand für möglich gehalten; und mit völlig verständnislosen Augen blickte man auf das junge Paar.

Jedoch gab das neue Paar an und für sich gar keinen allzu merkwürdigen Anblick ab. Denn mit seinem Gesicht, das von dem starken schwarzen Bart umgeben war, der ihm seit einiger Zeit gewachsen war, und mit seinen schmachtenden, wissenden Augen, die den Ausdruck überschäumender Sinnlichkeit trugen, hatte der junge Nachfolger Afif Babas schon seit einiger Zeit die Würde eines gereiften Mannes. Dschelile aber hatte wie in Fieberglut ihre Würde seit einiger Zeit verloren; in ihre Stimme war die Schwingung einer Jungmädchenstimme, auf ihre Wangen die Röte einer Braut gekommen, und ihr ergrauendes Haar war in einer leuchtenden Tönung gefärbt. So sah es aus, als paßten die beiden ausgezeichnet zusammen. Aber die alten Bekannten, die unter dem schwarzen Bart des Mannes von heute noch immer das aggressive und freche Kinn des Jungen von gestern sahen, und die noch immer nicht die weißen Strähnen von neulich im Goldhaar der jungen Frau von heute vergessen konnten – diese Bekannten konnten sich nicht genug wundern, wenn sie die beiden so nebeneinander sitzen sahen. Der junge Scheich wurde von den Freunden geradezu als Naturwunder betrachtet; alle seine Gesten, seine Bewegungen, bis hin zu den unbedeutendsten, einfachsten Haltungen während der Kulthandlungen schienen ihnen außergewöhnlich; ein einziger Blick von ihm gab Anlaß zu zahllosen Kommentaren, Kritiken, zu mannigfaltigem Geflüster. Jedoch gab es nichts, was Nuri Baba als Scheich irgendwie von seinem Vorgänger unterschied;

auch er schien, wie Afif Baba, alle Regeln des Ordens, alle Überlieferungsketten des Klosters zu kennen. Man konnte sogar hören, er sei in dieser Hinsicht wie eine Kopie von Afif Baba. So vertrat er die offizielle Persönlichkeit des Verstorbenen. Trotzdem hätte er infolge seiner Jugend, seiner Unerfahrenheit und auch ein wenig wegen seiner Unwissenheit möglicherweise unüberlegte Dinge tun können. Aber die gütige Hand Dschelilеs neben ihm, die sich nicht vom Saum seines Gewandes trennte, schützte ihn vor jedem, auch dem geringsten Fehler. Seit sie ihren eigenen Willen verloren hatte, konnte diese Frau ihren Sinn für Ordnungsliebe dadurch befriedigen, über den Willen anderer, insbesondere den ihres jungen Gatten, zu herrschen. Von Zeit zu Zeit trieb sie diese Beherrschung so weit und hielt Nuri Baba in so engen Banden und Fesseln, daß der arme junge Mann ungefähr so zu zappeln begann, als sei er in ein Netz geraten. Aber jedesmal, wenn er zappelte, machte sich Dschelile mit dem Lächeln einer liebevollen Mutter an ihn heran und sagte: »Um des Wohles des Klosters willen ... wenn der Hirte seinem Vergnügen nachgeht, gerät die Herde in Unordnung ...«
Um des Wohles des Klosters willen ... dieses Wort beugte gewissermaßen Nuri Babas Nacken, beschnitt ihm Hände und Füße. Denn vor seinen Augen nahm dann die Katastrophe eines leeren Klosters Gestalt an: aus dem Schluchzen seines Vorgängers in dessen letzten Augenblicken hatte er genug gemerkt und begriffen, was das heißt: ein leer bleibendes Kloster. Aber was half's, wenn dieser Ernst, der bei Nuri Baba ohnehin nur vorübergehend war, nicht lange anhielt und die äußere Ordnung des Klosters ebenso?
Eines Tages wehte eine Dame namens Siba aus Kanlidscha mitten in die Versammlung wie ein Düfte und Farbe bringender Wind und stellte alles auf den Kopf.
Siba gehörte einer alten, bekannten Istanbuler Familie an. Ihr Vater war ein humorvoller, weitherziger, eleganter Hofbeamter zur Zeit von Sultan Abdul 'asis gewesen, ein liebenswürdiger,

reicher Herr namens Safa Efendi. Ebenso wie sein Herz für jedes hübsche Gesicht, sein Magen für jedes gute Mahl offen war, so stand auch sein Haus stets einem jeden offen, insbesondere aber Menschen mit schöner Stimme, mit schönen Worten. Die große erkerverzierte Villa in der Bucht von Kanlidscha, die noch heute von alten Istanbulern in Erinnerung an den Namen des Verstorbenen Safa-Abad genannt wird, war eine Zeitlang der reizendste und anziehendste Punkt am Bosporus. Aus den Fenstern dieser prächtigen Villa, die im Sommer jede Nacht bis zum Morgen geöffnet und erleuchtet waren, strömte unaufhörliches Lachen, unaufhörlicher Saitenklang, lang anhaltende, nie ermattende *Hey-Hey*-Rufe bis hin an das gegenüberliegende Ufer. Die Bucht war immer mit Licht und Musik erfüllt, als sei es eine Festillumination. Von beiden Ufern des Bosporus, die, beginnend bei Bebek und Kandilli, sich bis Sariyer und Tschubuklu dehnen, strömten alle auf Vergnügungsjagd gehenden Boote flink und schwankend haufenweise dort zusammen, hielten dort an. Unter diesen Booten waren sogar manchmal welche, die ganz von Beschiktasch und Üsküdar kamen.
Selbst solche, deren Absichten an sich auf ernstere Dinge gerichtet waren, konnten, wenn sie dort vorüberfuhren, dem Wunsch nicht widerstehen, fünf oder zehn Minuten zu verweilen. Auch Liebespaare, die einander ihre Bitten um Treffen und Zusammenkunft aus den benachbarten Villen in feurigen Gedichten zurufen konnten, kamen, um bei dem Fest, das die Menschen der Bucht in Harmonie vereinte, leise miteinander zu plaudern. Für Safa Efendi, der sich vor allem in Mondscheinnächten nicht von den großen Fenstern des Erkers trennen mochte, war das Schauspiel solcher Wassergesellschaften ein Anblick, an dem er sich nie satt sehen konnte. Die Gewänder der Damen nahmen im Mondlicht noch nie gesehene glitzernde Farben an; sie erschienen Safa Efendi auf dem schimmernden Wasser, in den Booten, die in einer blauen Leere zu hängen schienen, wie fantastische, zarte Geschöpfe, aus Luft und Licht gewoben. Die schwarzen Gruppen der Männer aber, die jede Nacht in der

Minderzahl waren, wanderten wie vom Wege abgekommene Wölkchen zitternd vor dieser leuchtenden Fläche einher. Manchmal – in den Vollmond-Nächten vom dreizehnten zum sechzehnten des Monats – drängte sich die Menge derart zusammen, daß es ein schwieriges Problem wurde, Frauen von Männern, Männer von Frauen zu unterscheiden. Manchmal geschah es auch, daß die Besucher der Bucht mit den Bewohnern der Villa in einer Harmonie zusammenkamen; dann folgte z. B. auf ein in der Villa beendetes Musikstück noch ein anderes von draußen, oder einer der Zuhörer und Zuschauer in der Bucht vollendete das halbfertige Gedicht eines beim Mahle Sitzenden. Manchmal vernahm man auch, wie dasselbe Lied auf beiden Seiten im gleichen Augenblick gesungen wurde.

In solchen rauschenden Nächten ließ Safa Efendi das große Nachtfernrohr nicht aus der Hand, das er von seiner berühmten Reise nach Paris mitgebracht hatte – angeblich, um die auf dem Meere Singenden deutlich zu erkennen, in Wirklichkeit aber, um die Gesichter der schönen Frauen betrachten zu können. Den fülligen Körper in weiche Kissen gelehnt, die Ellbogen auf die Fensterbank gestützt, die Augen am Glas des Fernrohres, so schaute, suchte, dämmerte er stundenlang und sprach gleichzeitig mit den neben ihm Sitzenden etwa so:

»Ach ja, das Fernrohr ...! Da ist Hüsna Hanim genau vor mir; mir ist, als könnte ich sie fassen, wenn ich die Hand ausstrecke ... In dem Boot neben ihr ist ein Herr, der sich nicht von ihr trennt. Sie bleiben zusammen wie aneinandergeklebt! Ach, die vom Schloß haben bei der Biegung umgedreht. Was für Haarbänder! Was für Haarbänder! Mein Gott, was für Haarbänder ... Alte Sachen ... Hakki Paschas Leute entfernen sich langsam ... Oh, sieh mal Zirekli Nacire! Die hat sich ganz bis an unser Kap herangemacht, und wir haben es gar nicht gemerkt; sie hat das Boot gewechselt. Was für eine Pracht! ... Sieh mal an, da sind jetzt auch Faik Beys Töchter ... Mein Gott, was sind das doch für Schlingel! Von morgens bis abends im Boot! Mir kommt's bald so vor, als ob da zwischen den Bootsleuten und diesen

Mädels was los wäre! So unbekümmert und vertraulich wie die zusammen lachen und reden … Komisch! Heute abend kann ich Misirli Rakisnas Hanim gar nicht sehen … ach, paß mal auf, sollte sie heute etwa nicht umhergefahren sein …?«

Safa Efendis Tochter war zu jener Zeit noch sehr klein, noch fast ein Kind. Im Frauengemach an der Rückseite der Villa, zwischen ihrer Mutter, die nicht viel Gefallen an dem Lärm fand, und ihrem Bruder, der nicht von der Mutter zu trennen war, obgleich er in einem Alter war, wo er schon nettere Sachen hätte machen können – zwischen diesen beiden vernahm sie die Stimmen der Festlichkeiten, deren Widerhall ganz von weitem kam, und wiederholte mit junger, spröder Stimme Lieder, die sie deutlich gehört hatte, freilich ohne ihre einfachen Worte und deren Bedeutung zu verstehen. Manchmal, wenn Safa Efendi besonders vergnügt war, kam es vor, daß sie ins Herrenzimmer ging, die Sänger aus der Nähe hörte und auf den Knien des Vaters die Heiterkeit der Bucht aus dem großen offenen Fenster des Erkers betrachtete.

Das Kind verstand natürlich nicht viel von diesem Lärm, von diesem Gedränge, obwohl es einen unbestimmten Genuß dabei verspürte; aber als es ein Alter erreicht hatte, wo es dies alles verstehen konnte, entdeckte es, daß die Sänger leider verstummt, die Bucht vereinsamt, die breiten Fenster des Erkers verhüllt waren. Denn in Istanbul war die Zeit von Sultan Abdul'asis zu Ende gegangen; eine völlig neue Periode hatte begonnen, und Safa Efendi war in die Reihe der Abgesetzten, Pensionierten, in Ungnade Gefallenen geraten. Trotzdem aber hatte Safa-Abad noch nicht ganz die Ehre verloren, der Anziehungspunkt am Bosporus zu sein. Die Tochter des Hausherrn, Siba mit den hellblauen Augen, fand einen Weg, die Abendunterhaltungen ihres Vaters in anderer Weise fortzusetzen und die vorüberfahrenden Boote in die Bucht zu locken. Ihre Stimme lauerte ihnen ebenso auf wie ihre Augen, ihre Finger waren ebenso bezaubernd und geschickt wie ihr Lächeln. Wenn sie nach dem Abendessen am Klavier saß, klang aus den großen Fenstern des Erkers wiederum der Schall lieblicher Musik zu den gegenüberliegenden Ufern; wieder versammelten sich Scharen von Booten in der Bucht – nur mit dem Unterschied, daß die jetzigen Boote Safa Efendi ganz des Genusses beraubten, sein Fernrohr zu benutzen; denn jetzt brachten sie nichts als eine im Mondlicht ebenso wie in der Finsternis schwarz bleibende, farb- und bedeutungslose Schar von Männern, an denen einzig die Glut der Zigaretten leuchtete. Nun, die Bedeutung dieser farblosen Schar von Männern war sehr groß und sehr klar für die junge Siba, die im Nebenzimmer, die Hände auf dem Klavier, ihre Augen in der Bucht umherschweifen ließ, – so groß, daß diese wogende Schar sie eines Tages wie ein verhexter Strudel von den Fenstern der Villa zu sich zog und die junge Siba dann ganz in diesem Strudel versank.

Die von einem Ufer ans andere schlagenden Wellen des Meeres, das sich von Kavak bis zum Marmarameer dehnt, haben dreißig Jahre lang den Bewohnern von Istanbul immer wieder diese Geschichte und was auf sie folgte erzählt. Tag und Nacht riefen sie den Namen Sibas mit den hellblauen Augen, so daß es während dieser dreißig Jahre keine dreißig Menschen gab, die diesen Namen nicht gehört hatten. Safa Efendis Tochter hatte diese Berühmtheit in jeder Weise zu Recht erworben. Denn sie tat alles, was nötig war, um einen kleinen Vorfall in eine Riesentragödie zu verwandeln. Sie opferte alles – das Leben, die Ehre ihrer Mutter, ihres Vaters, ihres Bruders, ihrer Familie, ihre eigene Jugend, ihre Schönheit, ihren Reichtum, alles, alles Erdenkliche.

Aber als sie mit Nur Baba zusammentraf, war noch nicht alles abgeschlossen. Ihr Bruder, Sadschid Bey, wohnte in der Villa in Kanlidscha, noch mit der Ausbildung und Erziehung seiner Tochter Nigar beschäftigt. Sie selbst trug noch eine Fülle dunkelblonden Haares auf dem Kopf; ihr Lächeln, ihr Blick hatten noch ihre Jugendfrische, ihr Feuer bewahrt, und in ihrem Gartenhaus in Tschamlidscha mit den großen Hallen, dem weiten Park führte sie ein Leben mit einem Pomp, der noch immer eine

Menge Leute neidisch werden lassen konnte ... Ihr Platz in den Klöstern war direkt neben dem Vorsteher. Aber bei keinem Vorsteher war der Ehrenplatz für Siba so erhaben, so angenehm, so glückbringend gewesen wie bei Nur Baba, so, daß gewissermaßen ihr ganzes Dasein von der ersten Nacht an geblendet war und daß sie gegen Ende des Liebesmahles, als empfange sie eine göttliche Offenbarung, sich auf beiden Knien hochrichtete, sich zu Nur Baba hinwandte, ihre Hände wie im Gebet zum Himmel hob und mit wahnsinniger Stimme schrie: »Du bist Licht, *Nur!* Du bist göttliches Licht! Nur Baba! Licht, Licht!«
Mit einer Bewegung, die noch irrer, noch wahnsinniger war als ihre Stimme, zerrte sie sich die Ringe von den Fingern, die Ohrgehänge aus den Ohren. Sie riß ihre goldene Uhr und ihre goldgewebte Geldbörse herunter, die an einer feinen Kette um ihren Hals hingen, und warf alles dem Scheich in den Schoß.
»Von diesem Augenblick an sollen meine Seele und mein Vermögen diesem Ort geopfert sein!« sprach sie, verneigte sich und erwies ihm den Gruß in vollkommener Demut.
Nur Baba – denn von dieser Nacht an wurde Nuri Baba allgemein unter dem Namen Nur Baba bekannt – nahm diese in seinen Schoß fallenden funkelnden Kostbarkeiten in die Hand und legte sie mit einem außerordentlich eigenen Lächeln in eine der Imbißschalen, die leer auf dem Tisch standen. Neben ihm zupfte Dscheliles nervöse, aufgeregte Hand an seinem Saum; sie stieß mit ihrem Ellbogen an den seinen und mahnte ihn mit allen Bewegungen ihres Gesichtes, daß dieses unerhörte Geschenk zurückgegeben werden müsse. Aber Nur Baba schloß wie in religiöse Kontemplation versunken, schweigend die Augen, als habe er nichts gesehen und gemerkt, und murmelte, so daß es nur die Badschi verstehen konnte:
»Für das Wohl und ... die Bequemlichkeit des Klosters!«
Mit dieser Antwort war Dschelile geschlagen. Nur Baba brachte mit einem einzigen Wort seine schwerfällige Frau dazu, allen Überschwang in seinen von dieser Nacht an volle zehn Jahre währenden Beziehungen zu Siba als ganz natürlich und not-

wendig anzusehen. Allerdings fanden eine ganze Reihe unter den Freunden es weder natürlich noch richtig, und die einen zogen sich aus Eifersucht, die anderen aus übermäßiger Frömmigkeit zurück. Denn von aufrichtigen alten Bektaschis wurde es als Neuerung aufgefaßt, wenn der Scheich sich auf eine einzige Person beschränkte, und Liebesverhältnisse, deren Feuer nach außen schlug, waren zu schmähen und zu tadeln. Jedoch wurde Nur Babas Kloster weder durch Schmähung noch durch Tadel irgendwie gestraft. Es füllte sich in kurzer Zeit mit einer freigeistigen Gesellschaft, ähnlich der, die Sibas Hallen von Liedern, Klängen und Gelächter widerhallen ließ. Nur Baba war es sogar eine gewisse Zeit gar nicht bewußt geworden, wer fortgegangen und wer neu hinzugekommen war.

Sibas Liebe hatte ihn wie ein Meer bedeckt. Seine Augen waren nur von ihrer Farbe, seine Ohren nur von ihrer Stimme erfüllt. Beim letzten Becher des Liebesmahles, den seine reife Geliebte ihm reichte, trank dieser bleiche junge Klostervorsteher den ganzen Extrakt seines Lebens und empfing – wie schon den Sinn seines Namens – auch die Vollendung seines Geschlechtes von ihr. Die Geheimnisse der Liebe erfuhr er durch sie, den unwiderstehlichen Zauber seiner Blicke, die jetzt jede Frau mohnrot werden ließen, lernte er von ihren Augen. Die Befriedigung, die Gold schenken konnte, begriff er bei ihrem Beutel. Was wäre Nur Baba gewesen, wenn er Siba nicht begegnet wäre? Ein Klumpen Begierde, ein Haufen Gelüste ... Safa Efendis Tochter, Siba mit den hellblauen Augen, sie hatte dieses ungeschliffene Juwel im Feuer ihrer Brust geschmolzen, hatte es gesiebt, filtriert, hatte aus ihm ein feingemeißeltes, gepflegtes Götzenbild, einen Götzen der Liebe und Begierde gemacht. So kam es, daß Siba noch immer auf Nur Baba eifersüchtig war – Siba, die doch schließlich so wie jede alternde Frau, die mit der Last von fünfzig Jahren beschwert ist und ihr Leben der Liebe geopfert hat, Vergnügen und Trost in dem Schauspiel finden muß, wie andere sich lieben. Sie wollte, entgegen aller Wahrscheinlichkeit, dieses ihr letztes Meisterwerk bei sich hüten.

3.
Wie wird ein Außenstehender geleitet?

(Erster Teil)

Siba kam erst am Morgen nach der Nacht, in der sie sich mit Nur Baba gestritten hatte, bei Nigar dazu, Luft zu holen, stellte sich, von Erregung und Verwirrung schäumend, vor die junge Frau und fragte sie unvermittelt:
»Nigar, mein Liebling, wolltest du nicht Bektaschi werden?«
Nigar war die Tochter ihres verstorbenen Bruders Sadschid Bey. Seit ihr Mann zum Gesandten in Madrid ernannt worden war, hielt sie sich mit ihren beiden Kindern bei ihrer Mutter in der Villa in Kanlidscha auf. Erst zum zweiten Mal nach dem Tode ihres Bruders hatte Siba heute durch die Tür dieser Villa eintreten dürfen, die ihr für die letzten fünfundzwanzig, dreißig Jahre fest verschlossen gewesen war. Allerdings sah sie die Tochter ihres Bruders nicht erst zum zweiten Mal seit dreißig Jahren.

Nigar hatte, auch als sie noch ganz und gar dem Worte ihres Vaters unterstand, ihre verworfene Tante schon heimlich gesehen; als sie dann in ihr eigenes Haus gezogen war, begann sie auch öffentlich, mit der Tante zu sprechen. Die Kräfte, die Nigar – Sitte und Brauch ihrer gesamten Familie völlig entgegengesetzt – zu einer solchen Tante zogen, stammten nicht etwa aus Verwandtenliebe oder aus Blutsbanden. Vielmehr zog Siba ihre empfindsame, phantasievolle Nichte durch das Geheimnisvolle ihres Lebens immer wieder zu sich. Nigar war von diesem merkwürdigen Leben verzaubert, einem Leben, dessen Ereignisse seit ihrer Kindheit in dem stillen Hause ihres Vaters mit dem Pathos einer Tragödie widergehallt hatten. Als sie älter wurde, entdeckte sie nach und nach enge Beziehungen und Ähnlichkeiten zwischen ihrer Tante und den Liebeshelden in den Romanen, die sie las, und immer mehr füllte sich ihr Herz mit überströmender Bewunderung und Anerkennung für sie. Da sich Nigar daran gewöhnt hatte, in jeder, auch der natürlichsten Bewegung ihrer Tante etwas Außergewöhnliches zu sehen, erstarrte sie deshalb fast, als diese mit einem derartigen Ausdruck hellster Aufregung eines Tages plötzlich zu ihr kam und, nachdem sie die Zimmertür geschlossen hatte, auf einmal eine so unbegreifliche Frage wie:
»Nigar, mein Liebling, wolltest du nicht Bektaschi werden?« an sie richtete. Siba schleuderte ihre Handtasche auf einen Tisch, warf sich in einen Lehnstuhl und fuhr fort, während sie sich, den Schleier noch immer um den Kopf, damit beschäftigte, ihre Handschuhe auszuziehen:
»Sei doch nicht so stumm und still! Antworte mir! Die Frage ist sehr wichtig ... Gestern nacht ist gegen Morgen deinetwegen die Hölle losgewesen. Das Kloster war völlig durcheinander. Keiner, der nicht gegen mich war! Du hast seit einiger Zeit gern eingeweiht werden wollen, und ich habe dich daran gehindert, stimmt's?«
Nigar fiel von einem Erstaunen ins andere: »Tante, was heißt ›eingeweiht werden‹? Ich schwöre, ich habe keine Ahnung!«

Sibas Aufregung und Nervosität verwandelte sich langsam in bitteren Zorn. Als spräche sie zu sich selbst, fuhr sie fort:
»Aha, noch eine Verleumdung! Es sind ja schon viele Verleumdungen über mich aufgebracht worden, bis ich so alt geworden bin. Und grade in diesem Hause ... und grade in diesem Hause ... Da werden ja ganz unglaubliche, unvorstellbar merkwürdige, lächerliche, katastrophale, fürchterliche Sachen erfunden. Aber nichts davon ist mir so auf die Nerven gegangen wie dieses letzte: ›Nigar hat eingeweiht werden wollen, und ihre Tante Siba hat sie daran gehindert!‹ und das schließt ein: ›Siba liebt einen Bektaschi-Scheich und ist wegen ihrer Nichte eifersüchtig auf ihn ...!‹ Eine so versteckte Verleumdung kann einem ja geradezu Abscheu einflößen ...«
Die letzten Worte Sibas waren voll von nadelspitzen Anspielungen. Nigar bat sie, sich zu beruhigen. Aber da brauste Siba noch mehr auf: »Nein, leugne das nicht, Nigar! All dieses Gerede muß doch irgendeinen Grund haben. Von nichts kommen solche Worte nicht auf!«
Ein merkwürdiges Schamgefühl überkam Nigar. Sie fühlte sich fast wie ein bei einer bösen Tat ertapptes Kind. Sie suchte und suchte nach den Ursachen, die dieses erste aufregende Ereignis in ihrem glatten, ruhigen Leben bewirkt hatten. Nach einer Weile lachte sie beruhigt auf:
»Ach, ich hab's, Tante!« sagte sie. »Eben als du ›eingeweiht werden‹, *nasib almak*, sagst, fällt mir es ein. Ich meine, das ist alles von Nasib ausgegangen. Sie war neulich hier. Zuerst sprach sie natürlich sehr viel von Rauf; dann, ich weiß nicht wie, kam die Rede auf eure Klosterwelt. Sie erzählte stundenlang. Ich hörte zu und meinte schließlich, um überhaupt etwas zu sagen: ›Ach, wie gern möchte ich bei euch sein, unter euch sein ... diese ganze Welt aus der Nähe sehen und verstehen ...‹. Paß auf, all diese verwickelten Probleme dürften wohl aus dieser harmlosen Bemerkung entstanden sein!«
Siba holte tief Luft, und während ihre Hände damit beschäftigt waren, den Schleier zu lösen, sagte sie:

»Daran besteht kein Zweifel, Kind.« Ihre Stimme war sehr sanft geworden.

»Daran besteht kein Zweifel, Kind«, wiederholte sie. »Ja, aus dieser harmlosen Bemerkung ... Ja, von Nasib aus ... Natürlich hat diese verrückte Person das Bektaschitum zu einem Kinderspiel und -spaß gemacht. Wenn es ein Vergnügen für Kinder wäre, gut ... Sie hält nämlich Klöster für einen geeigneten Platz für Rendezvous. Natürlich soll wieder ich an allem Schuld haben. Ohnehin kommt die Strafe für all meine Sünden auf mich, kommt über mein Haupt. Aber wegen dieser Nasib sage ich nichts, mit der ist was los! Ich habe sie als Mensch angesehen und sie zu dem Sitz eines alten Klostervorstehers gebracht. Aber wo ist das Sitz-Fell des Meisters, und wo sind sie? ... Schon in der ersten Nacht haben sie angefangen, Lieder zu singen und wie die kleinen Kinder zu spielen. Wenn sie mehr als zwei Gläser trinken, verlieren sie den Verstand. Hat der Meister sie auch nur einmal angesehen? Wenn du das je bemerkt hast, dann schreib's auf! Der Blick unseres Seelenführers jedoch leitet recht und verführt nicht. Man trinkt wohl Raki – aber nichts von Bauchtanz und lärmenden Spielen ...! Raki ist der Prüfstein der Klöster. Wenn wenigstens alles, was sie zusammen getan, was sie gesehen und gehört haben, da bliebe, wo es war. Aber nein! ›Ist man heute abend ins Kloster gekommen?‹ ›Wer ist gekommen?‹ ›Was war los?‹ – das wird man am nächsten Tag bestimmt von irgendeiner Seite hören und wissen, und es wird von Mund zu Mund gehen. Aber so etwas ist den Regeln und dem Geist des Ordens absolut zuwider. Warum hat man denn gesagt ›Bektaschi-Geheimnis‹? Weil den Außenstehenden von den eingeweihten ›Liebenden‹ nichts erklärt werden soll und die Regeln ganz geheim bleiben sollen ... Liegt nicht überhaupt die ganze Erhabenheit, der ganze Sinn des Ordens eben darin? Sie halten das Bektaschitum für leicht. Ich, die ich seit zwanzig Jahren das Knie vor den Meistern gebeugt, den Kopf vor ihnen geneigt habe – wenn du mich jetzt fragtest, was Bektaschitum ist, bei Gott! ich könnte dir keine Antwort geben. Es ist etwas,

das den Geist reinigt, etwas, das das innere Wesen im Menschen klärt, etwas Filtrierendes … so tief, so erhaben … so …«
Sibas Stimme nahm nach und nach eine melancholische, angenehm klingende, eindrucksvolle Melodik an:
»Die jetzigen Frauen halten die Klöster einfach für Stätten der Liebe. Gegenseitige Liebe … wenn sie nur wüßten, was das heißt! Wenn man Rauf und Nasib sieht, wie die sich lieben – dann ekelt es einen vor Freundschaft und Liebe. Gott bewahre – richtig tierisch … Sei nicht böse, aber dieses Geschlecht, eure Generation, hat von Liebe, ja überhaupt von all solchen Dingen keine Ahnung … man macht das auch nicht ordentlich; man beschmutzt sich nur den Mund, das Gesicht.«
Nigar lächelte und sah aus dem Fenster auf das Meer. Das Meer war ruhig und heiter. Siba setzte ihre Rede mit häufigem langem, langem Gähnen noch eine Weile fort; dann lehnte sie langsam den Kopf an die Sessellehne, die Augen fielen ihr zu; noch ein paarmal hintereinander sagte sie:
»Ach, wie unausgeschlafen ich bin, mein Gott, wie unausgeschlafen ich bin.« Dann wurde sie still …
Siba war eingeschlafen. Nigar wollte sie aufheben und ins Bett tragen. Aber sie war in einen so angenehmen tiefen Schlaf versunken, daß Nigar sie nicht von der Stelle rühren mochte. Safa Efendis Enkelin betrachtete im Stehen lange Zeit dieses ruhige Schlafen ihrer eben noch so erregten Besucherin. Dieser Kopf mit seiner wirren, leuchtenden Haarflut, auf dem Sessel ruhend, ähnelte einem von vielen Linien durchzogenen verknüllten, verschossenen bunten Schleier, der zu lange im Wasser gelegen hat. Die Augen waren eingesunken und mit einem schmutzigbräunlichen Hof umgeben. Zwei tiefe Linien, die, an der Nase beginnend, zum Kinn hinführten, zogen die Mundwinkel nach unten und gaben dem ganzen Gesicht eine unsympathische Verzerrung. Die junge Frau, die, erfüllt von einer unerklärlich bebenden Trauer, diesem Anblick gegenüberstand, ließ vorsichtig die Fenstervorhänge herab und ging, ein weißer Schatten im matten Dunkel des Zimmers, schweigend hinaus.

Siba erwachte erst gegen Abend und sprang verwirrt auf, als sie, plötzlich die Augen aufschlagend, das eben noch von Sonne, von Stimmen erfüllte Zimmer leer und dunkel fand. Sie öffnete einen der Vorhänge und blickte hinaus: auf den gegenüberliegenden Hügeln welkte der Tag. Nur Babas Geliebte merkte, daß sie sich sehr verspätet hatte. Sie erwartete heute abend Nur Baba in ihrem Haus in Tschamlidscha, um kühlen Blutes den Streit von gestern zu beenden. Sogleich lief sie hin, um die Zimmertür zu öffnen, und rief zweimal: »Nigar! Nigar!« Dann trat sie vor den Spiegel, begann ihren Kopf in Ordnung zu bringen und sich fertig zu machen. Als Nigar ins Zimmer trat, fand sie ihre Tante bereit zum Gehen, den Überwurf um den Kopf, Handschuhe und Tasche in der Hand.
»Ach, du gehst doch noch nicht? Was für eine Aufregung, Tante!«
Siba sagte, sie habe sich schon sehr verspätet.
»Ein andermal unterhalten wir uns länger, Kind«, meinte sie. »Heute abend habe ich einige Gäste zu Hause.«
Und während sie Nigar auf die Wangen küßte und auf die Tür zuging, drehte sie sich um, als sei ihr ganz plötzlich etwas eingefallen:
»Ach, ich habe noch etwas vergessen. Ich komme heute nicht mehr zur Bank, ich habe natürlich keine Zeit mehr dafür. Kannst du mir wohl für ein paar Tage so ungefähr dreißig Lira borgen?«
Nigar ging mit dem nie von ihren Lippen weichenden Lächeln aus dem Zimmer, um dreißig Lira zu holen. Die Tante, die so an einem Tag zwei Lasten von sich geworfen hatte, folgte ihr mit raschen Schritten keck und vertraulich. Als Siba wenig später in der großen Diele der Villa vor der breiten Treppe damit beschäftigt war, das Geld in ihrer Handtasche unterzubringen, das ihr die reiche junge Nichte gegeben hatte, sagte sie, einen Fuß auf der Treppe, mit sanfter, öliger Stimme zu Nigar:
»Wenn du wirklich eine solche Absicht hast, dann sag es mir, Liebling! Solche Sachen dürfen nicht jedem anvertraut werden.

Du bist eine verheiratete Frau, du hast Kinder, du bist unerfahren. Unser Weg ist nicht leicht ... Bedenke, man muß auch vieles opfern ... alles, Geld, Seele, Ruhe ... alles ...«
Sie konnte nicht zu Ende sprechen, Nigars Mutter kam sehr gemächlich, stolz und voller Verachtung die Treppe herunter. Nigar blieb, nachdem ihre Tante gegangen war, ruhelos in den großen, von blutrotem Licht erfüllten Zimmern der Villa zurück, so, als hätte Siba den ganzen Sinn des Tages mit sich genommen. In dieser Stunde wünschte die junge Frau, sie könnte sich ebenso wie die Fortgegangene in Trubel stürzen, im Gerede zappeln, Verleumdungen ausgesetzt sein, schreien, schlafen, ohne Geld sein, dann fortlaufen und Gäste erwarten. Als höre sie es zum ersten Mal, vernahm sie nach einer Weile das Geschrei und den Lärm ihrer Kinder, die einander in der Diele und auf den Treppen haschten. Dann ging sie an das große Fenster des berühmten Erkers, hob die schwere Scheibe hoch und blickte in das vom Abendlicht übergossene rosige Wasser der Bucht. Während sie noch in diesem Anblick versunken am Fenster stand, legte ein Boot am Landungssteg der Villa an; aus dem Boot stieg ein hochgewachsener, schlanker junger Mann und betrat stolzen Schrittes die Planken des Steges. Es war ein Verwandter ihres Mannes, der meist abends kam, um mit Nigar über Literatur, Liebe, Leidenschaft, Freiheit und Völkerleben zu diskutieren.

4.
Wie wird ein Außenstehender geleitet?

(Zweiter Teil)

Es waren noch keine vier Tage vergangen, als Nigar eines Morgens von ihrer Tante folgendes Briefchen erhielt: »Mein Augapfel Nigar, wir erwarten Dich morgen im Gartenhaus. Das Problem von neulich ist noch nicht abgeschlossen; es geht vielmehr mit voller Heftigkeit weiter und beschäftigt uns alle mehr als nötig. Komm und rette mich aus dieser schwierigen Lage! Ich kann nichts weiter darüber sagen. Deine Anwesenheit ist unbedingt erforderlich. Wenn Du von zu Hause fortgehst, vergiß nicht, daß Du wahrscheinlich bei mir bleiben wirst. Richte Dich entsprechend ein. Ich küsse Deine Augen und erwarte Dich bestimmt.«

Nigar konnte nicht genau verstehen, was diese Sätze meinten. Welches Problem? Wer wartete auf sie? ... Wer war »wir«?

Warum war ihre Anwesenheit nötig? All das schien ihr unklar und weit hergeholt. In Wirklichkeit aber war ihr das noch nicht gelöste Problem gar nicht so ganz fremd. Sie konnte sich mehr oder weniger denken, wer die waren, die sie erwarteten. Es war jenes verrückte Gerede, das ihre Tante mit dunkelumränderten Augen, zitternden Nasenflügeln, nervösen Händen neulich bei ihr vorgebracht hatte – jenes irre Gerücht, sie wolle Bektaschi werden. Aber Nigar maß der Sache keineswegs die nötige Bedeutung bei. Sie war nur überrascht, daß ihr Name und ein einziges Wort von ihr in einer Welt, in der sie völlig fremd war, einen derartigen Aufruhr hervorgerufen haben sollte; doch fühlte sie gleichzeitig auch eine merkwürdige Befriedigung darüber. Ein paarmal sagte sie zu sich: »Was für sonderbare Leute, die Bektaschis …!«

Nigar war seit jeher dazu bereit, sie als sonderbar anzusehen. Was für Sachen waren nicht manchmal bis zum Tode ihres Vaters in diesem Hause gegen das Bektaschitum und die Bektaschis gesagt worden, was alles über Siba erzählt worden! Wenn ihr Vater von ihnen sprach, gab es vor allem einen bestimmten Ausdruck, der Nigar, als sie noch ganz klein war, wegen seiner Grausamkeit voller Abscheu erzittern ließ, nämlich »Rotköpfe«, *Kizilbasch.** Dieses Wort trug für sie einen höllischen Sinn, so wie ihn Worte wie »Hexe« oder »Gespenst« ausdrückten.

Nigar war nun eine sich den Dreißig nähernde, ziemlich intelligente, gebildete Frau mit zwei Kindern. Aber die Furcht, die ihr dieser Ausdruck »Rotköpfe« in ihrer Kindheit eingeflößt hatte, dauerte immer noch an. Noch jetzt fiel ihr das Wort »Rotkopf« ein, wenn man von den Bektaschis sprach, und ihr ganzer Kör-

* Kizilbasch »Rotköpfe«, kann allgemein auf ultraschiitische Gruppen in Anatolien und Syrien angewandt werden; speziell sind es die von den Safawiden zur Schia bekehrten turkmenischen Stämme Ost-Anatoliens. Sie trugen eine rote Kopfbedeckung. Als Parteigänger der persischen Schiiten wurden sie von der sunnitischen osmanischen Regierung und den orthodoxen Theologen gehaßt und als Verräter angesehen.

per zitterte teils aus Abscheu, teils aus Furcht. Tatsächlich war dieses kindliche Angstgefühl wohl auch die Ursache dafür, daß sie, trotz aller Neugier und allen Wünschen, noch immer nicht in Sibas Kreis hatte eintreten können, wo doch so viel passierte. In dem Lebensbuch ihrer Tante, das auf jedem Blatt mit anderen Geschichten beschrieben war, gab es eine Seite, die sie nicht ganz verstehen konnte, die sie sonderbar, ja sogar ein bißchen ordinär fand, und das war ihr Lebenswandel während der letzten zehn Jahre – dieser Lebenswandel der Derwische. Daß dieser Geist, der jahrelang mit erlesenster Musik, mit nie gehörten poetischen Worten, in der Gesellschaft der elegantesten, bedeutendsten Gestalten und Persönlichkeiten genährt worden war; daß diese Frau, die einen der größten Dichter des Landes zu seinen herrlichsten Gedichten inspiriert hatte, eines Tages in die Arme eines Derwischs mit losem Hemd und gegürteter Taille, mit weiter Hose aus grobem Stoff, gleiten konnte und daß sie den kostbaren Saft ihres Wesens bis zum letzten Tropfen an einem mysteriösen Ort namens »Bektaschi-Kloster« ausgießen konnte! Nigar fand dieses Ende unwürdig, sinnlos und schwach. Aus diesem Grunde war sie neugierig, die gefährliche Stätte dieses finsteren Kreises wenigstens einmal zu sehen – dieses Kreises, der mit seinem Lärm und Gepränge Siba gänzlich heruntergezogen hatte.

Allerdings hatte in letzter Zeit eine junge Frau namens Nasib, die kürzlich eben diese Schwelle überschritten hatte, ihr mit glänzenden Augen eine Menge von Einzelheiten über diesen Kreis anvertraut. Doch diese Einzelheiten hatten nichts anderes bewirkt, als Nigars Neugier noch zu verstärken. Denn Nasib, die Hadschi Bektaschis Herd nur als höchst geeignetes Asyl ansah, um ihren Geliebten Rauf Bey zu treffen, hatte ihr das Kloster ganz anders geschildert, als sie es sich vorgestellt und gedacht hatte. Wenn man sich wirklich auf ihre Schilderung verlassen konnte, mußte man die Feste Hadschi Bektaschs fast der liederlichen Welt Neros, Petronius' oder Trimalchios' gleichachten. Deshalb nun hatte ihr Interesse zugenommen, und sie hatte eines Tages völlig aufrichtig gesagt: »Ach, wie gern möchte ich mit euch zusammen sein!« Aber da sie von Natur aus nicht mutig, sondern unentschlossen und zaudernd war, konnte sich dieser Wunsch bei ihr nicht für einen Augenblick in die Tat umsetzen, sondern war eine Art Traum geblieben.

Das Briefchen ihrer Tante von heute morgen war etwas, das sie zwar ein wenig verwirrte, ein wenig erzürnte, auch ein wenig befriedigte, das aber doch letzten Endes diesen in einer Ecke ihres Herzens schlummernden winzigkleinen Wunsch anstachelte. Zweifellos war der Ort, an den sie kommen würde, kein Bektaschi-Kloster, aber es war doch bestimmt eine Probe davon.

Am nächsten Tag folgte sie der Einladung. Da sie morgens sehr spät aufstand und langsam und träge darin war, sich zurechtzumachen und auf die Straße zu gehen, erreichte sie das Haus ihrer Tante erst gegen Abend. Die Leute dort hatten schon alle Hoffnung aufgegeben und sich in ihre eigene Welt versenkt. Nigar fand sie halbbetrunken an einem weißgedeckten Tisch, der voll von Flaschen, Bechern, Eis und Appetithappen war, und das erschreckte sie beim ersten Blick derart, daß sie trotz der eifrigen Höflichkeit, die ihr von allen Seiten erwiesen wurde, daran dachte, sofort umzukehren. Aber ihr Herz, das ebenso zart war wie ihr Körper, fürchtete, ihre Tante zu kränken, und sie hielt es sich selbst gegenüber für würdelos, in den Augen der Leute dort scheu und unerfahren zu erscheinen. Mit dem nie von ihren Lippen weichenden zarten, gütigen Lächeln begrüßte sie jeden. Um den Tisch saßen drei Frauen, darunter Siba, und drei Männer, einer von ihnen Nur Baba. Die beiden anderen Frauen waren Dschelile und Nasib, die beiden anderen Männer niemand anders als Udi Niyasi und Nedschati Bey. Nigar setzt sich in den Korbstuhl neben Nasib, und während es schien, als sei sie in eine herzliche Unterhaltung mit ihr vertieft, musterte sie die dort Sitzenden mit flüchtigen aber scharfen Blicken. Der Nur Baba genannte Mann übertraf ihre Vorstellung bei weitem: er hatte keinen weite, grobe Hose an und hatte auch keinen Gürtel um die Taille, vielmehr trug er über seinem dunkelfarbigen Beinkleid eine weiße Weste mit geschlossenem Kragen und anstelle eines ärmellosen Kittels ein langärmliges Gewand aus feinem Stoff. Dieser Anzug hatte eine einfache, elegante Feierlichkeit, die gut zu ihm paßte. Aber über dieser glatten Kleidung saß sein Kopf sehr unordentlich, fast verwirrt. Sein Haar war völlig durcheinander, und Strähnen hingen ihm bis auf die Augen herab. Sein Bart war überaus lang und schien noch nie mit einem Kamm in Berührung gekommen zu sein. Die Haut war sehr bleich, und seine Augen waren so schmachtend, daß sie zu verströmen schienen. Nigar fand, dieses Gesicht ähnelte einer Kohlezeichnung eines Apostels, besonders des jungen Johannes.

Bei den anderen hielt sie sich nicht lange auf. Sie musterte nur Dschelile mit besonderer Sorgfalt und sagte leise zu Nasib:

»Ist die weißhaarige Frau da die Gattin des Scheichs? ... Wie alt!«

Während Nigar das sagte, merkte sie, daß Nur Baba sich zu ihrer Tante neigte und einige Worte flüsterte, die sich auf sie bezogen. Sie brauchte nicht lange gespannt zu sein, was er wohl gesagt hatte. Siba teilte ihr die Worte des Klostervorstehers mit:

»Der Meister fragt, ob du nichts trinkst?«

Nigar entschuldigte sich: Bis jetzt habe sie den Geschmack von Raki noch nicht gekannt. Vielleicht könnte sie zum Essen ein Glas Bier bekommen?

Daraufhin sagte Nur Baba zu ihr: »Dann werden Sie sich unter uns sehr langweilen, gnädige Frau. Nach unserer Meinung ist die Quelle der Beredsamkeit, der Fröhlichkeit, der Liebe die Flüssigkeit in jener Flasche, die Sie da auf Eis gelegt sehen. Wir ziehen aus ihr die Worte der Weisheit; wir entnehmen ihr unsere Sehnsucht und unseren Geist; bei ihr kennen, verstehen, sehen und ... lieben wir einander.«

Nigar hörte lächelnd zu. Nedschati mischte sich ein:

»Bei Gott, Meister!« sagte er. »Euer Wort ist erfüllt vom Lichte der Weisheit!«

Ein paar Verse aus alten Schenkenbüchern* rezitierend, wandte er sich zu Nigar und fuhr schulmeisternd fort: »Ohnehin haben auch die Europäer die in diesem Wasser enthaltenen geistigen Kräfte nicht leugnen können und haben es ›Lebenswasser‹, *eau-de-vie*, genannt, nicht wahr?«
Nur Baba ließ ihn nicht zu Ende reden:
»Es ergibt sich daraus, gnädige Frau«, sagte er, »daß wir uns heute abend bis zum Ende des Liebesmahles nach Ihnen sehnen, Sie aber uns fern bleiben werden. Ganz klar, Sie kennen die Herzen sehr gut. Der unter unseren Worten und Gesten verborgene Sinn bleibt Ihnen nicht verborgen, aber ... wir hätten gewünscht, daß Sie ganz zu uns gehören, daß der Gemeinschaft der Seelen, der Gemeinschaft der wachen Seelen, auch Ihr Licht hinzugefügt werden könnte ...«
Während er das sagte, reichte er Nigar sein halb gefülltes Glas in der von den Ordensregeln bestimmten Art. Die junge Frau genierte sich, errötete, wollte sich entschuldigen, aber das war unmöglich. Alle auf einmal bestanden darauf, und Nasib sagte höchst aufgeregt ganz leise zu ihr:
»Um Himmelswillen, Sie dürfen das nicht ablehnen! Der Scheich reicht Ihnen mit eigener Hand und aus seinem eigenen Becher Raki. Diese Huld erfährt nicht jeder. Was machen Sie? Seien Sie vorsichtig!«
Nigar nahm den Becher, führte ihn an die Lippen und stellte ihn vor sich hin. Nur Baba sagte mit rätselvollem Lächeln zu Siba:
»Ihre Nichte hat ihr eigenes Glück zerschlagen und will auch mich am Glück hindern. Wie tyrannisch ...«
Nigar konnte nicht verstehen, was diese Bemerkung bedeuten sollte und blickte einmal ihre Tante, einmal Nur Baba an. Gottseidank kam ihr von der anderen Seite Dschelile zu Hilfe:
»Gnädige Frau«, sagte sie, »Sie stehen allerdings noch außen; Sie

* Schenkenbuch ist ein Gedicht, meist in reimenden Doppelzeilen, das mit der Anrufung des Schenken beginnt und dann verschiedene Probleme behandelt.

sind nicht verpflichtet, unseren Regeln zu folgen. Aber es schadet nie, alles zu wissen und zu erfahren. Nach unserer Auffassung wird der Raki, den der Scheich reicht, nicht abgelehnt; man nimmt ihn und muß ihn dann bis zum letzten Schluck trinken und das Glas wieder an seinen Platz stellen.«
Nigar lachte gezwungen:
»Wirklich, was für feine Zeremonien!« sagte sie und reichte Nur Baba das Glas, das ihre Lippen berührt hatten. Der junge wirrbärtige Scheich neigte seinen Körper, legte eine Hand auf die Brust und trank in einem Zug den ganzen Inhalt des Glases. Nigar sah, daß danach dasselbe Glas wieder von demselben Mann gefüllt und ihrer Tante gereicht wurde. Die anderen leerten nacheinander einen anderen Becher, den Dschelile füllte und weiterreichte. Die junge Frau fand diese Zeremonie abscheulich und ordinär. Es schien ihr schon recht roh, daß sich der Scheich bemühte, seinem Becher durch seine Hand und seine Gesten einen so großen Wert zu verleihen. Sie beugte sich zu Nasib, die als jüngste der »Liebenden« das Unglück hatte, den Becher als letzte zu leeren, und sagte lachend:
»Es ist wirklich sehr schwierig, Bektaschi zu sein ...«
Dieses Wort drang irgendwie an das Ohr Nur Babas, der sich gerade nach einem vor Nigar stehenden Brotteller vorbeugte. Eine einzelne Olive auf der Gabel haltend, wandte er sich zu der jungen Frau:
»Es ist gar nicht so schwer, gnädige Frau. Man muß sich nur ein wenig von Stolz und Hoffart, von Nebensächlichem frei machen ...«
Obgleich Nigar diesen letzten Satz Nur Babas nicht ganz verstanden hatte, fühlte sie doch, daß sie etwas entgegnen müsse, und wagte es, ihre Worte auszulegen und zu erläutern. Gerade in diesem Augenblick rief die laute Stimme ihrer Tante von einem Fenster des Gartenhauses her sie an: Siba war unvermutet kurz zuvor hineingegangen. Das befreite die junge Frau aus ihrer schwierigen Lage; sogleich lief sie in die Richtung, aus der die Stimme kam. Nur wenig später folgte ihnen auch Nur Baba

hinter einem Diener, der sich ihm mit der Einladung: »Man erwartet auch Sie da drinnen!« genähert hatte.
Die an der Tafel Zurückgebliebenen sahen sich eine Weile vielsagend an. Dschelile meinte:
»Das wird wohl wegen der Lösung des Problems von neulich Abend sein.«
In der Tat hatte Siba, die dieses Problem für sich als eine Art Ehrenhandel hinstellte, nicht mehr ruhig auf ihrem Platz bleiben können, seit ihres Bruders Tochter gekommen war. Sie war eine alte eifersüchtige Freundin, die fürchtete, vor aller Augen verlassen zu werden und sich deshalb bemühte, alle jungen Frauen, die sich dem Scheich nähern wollten, so weit wie möglich fernzuhalten; eine Frau, die sich wenn möglich davor retten wollte, schnell auf die Stufe einer »ehemaligen Freundin« zu sinken. Gleichzeitig aber hatte sie den Wunsch, ihrem jungen Geliebten gegenüber, der auf ihre Liebe so stolz schien, auf alle Fälle Gleichgültigkeit vorzuspielen – so sehr, daß sie sich bemühen wollte, Nigar möglichst mit eigener Hand in seine Arme zu stoßen. Das würde für Nur Baba wie für Siba eine herzverbrennende Rache sein. Ja, diese gereifte, feurige Nonne der Liebe fand jetzt sogar wilden Genuß darin, dieser ihrer letzten welkenden Liebe einen solchen doppelten Schlag zu versetzen. Sie würde erproben, wie weit ihre Macht reichte, wenn sie das Glücksschloß dieser letzten zehn Jahre, das sie für den Preis ihres Lebens und ihres Geldes mit eigener Hand in tausenderlei Leiden, tausenderlei Schwierigkeiten erbaut hatte, nun auch mit eigener Hand anzündete; ganz zweifellos würden Freund und Feind von einer solchen Feuersbrunst geblendet sein!
Siba hatte den ersten Schritt auf dieses ihr Ziel hin damit getan, daß sie Nigar heute abend in ihr Haus eingeladen und sie sich mit Nur Baba hatte unterhalten lassen. Dieses Vorgehen hatte nicht verfehlt, den Scheich und alle mehr oder minder informierten Freunde in Erstaunen zu versetzen; sogar Nur Baba war ganz verdutzt, als er hineingerufen wurde. Tante und Nichte erwarteten ihn im Salon des Gartenhauses.

Siba sagte mit einem kühlen, unangebrachten Lächeln: »Bitte, Meister, nehmen Sie Platz. Wir haben die Kühnheit gehabt, Sie zu uns zu rufen. Aber das geschah wegen eines Problems, das Sie gelöst sehen möchten.«

Nur Baba wußte nicht, was er sagen sollte. Siba fügte hinzu: »Würden Sie bitte Nigar fragen? Wann und wie habe ich ihre Wünsche und ihr Vorgehen hindern wollen?«

Der wirrbärtige Scheich lachte:

»Ist das hier ein Gerichtssaal?« fragte er und, zu Nigar gewandt: »Wir wollen sehen, gnädige Frau – wären Sie geneigt, darauf einzugehen, wenn ich eine solche Frage an Sie richtete?«

Die junge Frau fand ihre Situation unerträglich. Das sonst nie von ihren Lippen weichende Lächeln war ausgelöscht, und Zornesblässe hatte ihr immer rosiges Gesicht überzogen. Plötzlich sagte sie:

»Mein Herr, völlig unwissentlich habe ich Anlaß zu einem Mißverständnis zwischen meiner Tante und Ihnen gegeben. Man hat ein unwichtiges Wort von mir übermäßig vergrößert; es ist völlig übertrieben worden, und man hat ein Problem daraus gemacht. Meine Tante weiß nicht das geringste davon; selbst ich habe von nichts eine Ahnung.«

Nur Baba wußte nicht, was er sagen sollte. Siba schnellte aus ihrem Sessel empor:

»Haben Sie das gehört, Meister?« sagte sie und kam dicht an den Scheich heran; mit sanfter, flehender Stimme meinte sie:

»Ich hoffe, daß Sie großzügig genug sein werden, den Personen, die draußen sind, die erforderlichen Erklärungen zu geben!«

Mit diesen Worten ging sie auf die Tür zu, als beginne sie zu tanzen.

»Also – von mir ist die ganze Verantwortung nun weg. Ich lasse euch allein – unterhaltet euch, verständigt euch, wie ihr wollt!« sagte sie und ging munter wie ein junges Mädchen flink hinaus.

Nigar konnte in dieser letzten Handlung ihrer Tante keinen Sinn sehen und blieb sitzen, wo sie saß. Der wirrbärtige Scheich stand auf und schien vergessen zu haben, was er tun und was er

sagen wollte. Abendschatten füllten das Zimmer, dessen Fenster mit Efeu umsponnen waren. Nigars Schläfen pochten, ihr Kopf schmerzte, ihr ganzer Körper sträubte sich gegen das Fluidum, das von dem Mann ihr gegenüber ausging. Sie glaubte sich einer furchtbaren Gefahr gegenüber hilflos allein gelassen. So stand sie auf und sagte mit bebender Stimme:
»Gehen wir doch hinaus, mein Herr!«
Sie voran, Nur Baba hinterher, so gingen sie durch einen ziemlich langen hellen Korridor, der zur Terrasse führte. Ein Diener ging mit einem Tablett voller schmutziger Teller in der Hand an ihnen vorbei und sah sie mit höchst bedeutungsvollen Blicken an. Der Scheich sagte mehrmals leise zu der jungen Frau:
»Ihre Tante ist wirklich eine ganz sonderbare Frau!«
Die junge Frau antwortete nicht. Sie bedauerte, ohne zu wissen warum, sowohl den Mann an ihrer Seite als auch sich selbst, und ihr Herz füllte sich nach und nach mit unendlichem Haß auf ihre Tante. Als sie an die Schwelle der Korridortür kamen, die sich zu einer weiten Aussichtsterrasse hin öffnete, rief Nur Baba:
»Mein Gott, sehen Sie nur, was für ein himmlischer Sonnenuntergang!«
Nigar blickte auf die Hügel, deren Bäume rosig schimmerten, auf das schattige Grün der Abhänge, auf das Meer in der Ferne und den blutigroten Horizont; dort erschien Moda, Fener und die Prinzeninseln. Die Natur strömte geradezu phantastisch über. Der wirrbärtige Derwisch zeigte der Frau mit einer weiten Handbewegung eine andere Seite des Horizontes:
»Oh, sehen Sie dorthin!« sagte er.
Über dem Kayasch-Berg stieg ein kupferroter, großer, runder Mond auf. Die junge Frau blickte auf all das mit verständnislosen trüben Augen, die nichts wahrnahmen. In diesem Augenblick glaubte sie sich fern von allem, vergessend und vergessen, in eine andere Welt geworfen.
Sie fanden die Leute bei Tisch voll Musik und Heiterkeit. Man sang, spielte Laute, Tambourin und Trommel. Siba war fröhli-

cher als alle, beinahe berauscht. Als sie kamen, erhoben sich alle dem Meister zu Ehren. Dschelile glättete die Kissen des Sessels, in dem ihr Mann sitzen sollte. Nigar sah, wie der eben noch bescheidene und verträumte Mann sich in außerordentlich anmaßender Haltung in seinen Sessel lehnte und ihrer Tante ein herrisches Zeichen gab, sein Glas zu füllen, und sie wunderte sich, wie schnell in dieser seltsamen Welt alles vergessen wurde. Tatsächlich hatte die unerträgliche Szene von vorhin weder in Nur Babas noch in Sibas Gesicht irgendeine Spur hinterlassen; sie selbst aber, die bei dieser Szene mehr oder minder Zuschauerin geblieben war, war fast zerschmettert. Sie wünschte, sofort, sei es auch nur für einen Augenblick, fortzugehen und sagte zu der aus irgendeinem Grunde an einer Ecke des Tisches schmollenden Nasib:

»Liebste Nasib, kommst du mit mir? Ich möchte gern ein bißchen im Garten spazierengehen!«

Nasib erfüllte ihren Wunsch sogleich. Wenig später unterhielten sich die beiden jungen Frauen, nebeneinander auf einer Mauerruine am Ende des großen alten Gartens sitzend:

»Da hast du mir etwas ganz Unglaubliches eingebrockt! Was war denn los? Wie konntest du denn so aus dem Nichts plötzlich ein solches Gerücht verbreiten? Ich habe zwar wirklich zu dir gesagt, ich möchte Bektaschi werden, aber das habe ich doch nur so dahingesagt!... Jetzt kann ich mit euch ja wohl nur noch ganz ernst reden!... Ach, du kannst dir nicht vorstellen, was für eine Krise ich in jenem Augenblick durchgemacht habe, Nasib! Wie ich in einem Augenblick zum Ziel einer Beleidigung geworden, in was für eine verächtliche Situation ich ohne jeden Grund gestürzt worden bin – wenn du das wüßtest... All das, sei nur ehrlich, deinetwegen, weil du so übertrieben hast ...«

»Nein, Nigar, du darfst mich nicht zu Unrecht beschuldigen. Weiß Gott, ich bin nicht die wirkliche Ursache. Was die Sache dahin gebracht hat, ist die Zuneigung, die Nur Baba für dich empfindet, und diese wahnsinnige Eifersucht deiner Tante.«

»Was du nicht sagst, liebste Nasib!«

»Ich sage, was ich sehe, höre, weiß. Ja, der Scheich liebt dich, Nigar. Eines Tages hat er dich, ich weiß nicht wo, mit deiner Tante getroffen. Dein Schleier war wohl offen, und er muß dein Gesicht gesehen haben. Und nach diesem Tage existierte im Kloster für ihn nur noch deine Person, dein Name, du. So kam es, daß, als wir einmal zusammen saßen und er betrunken war, er mir sein Herz mit schmerzbewegten Geschichten ausschüttete. Als er deinen Namen aussprach, bebte wirklich und wahrhaftig jedes Haar in seinem Gesicht. Sieh, damals habe ich gesagt: ›Macht Euch keine Gedanken! Der Tag wird schon kommen, wo Ihr das Glück haben werdet, sie unter Euren Jüngern zu sehen. Denn Nigar hofft, eingeweiht zu werden.‹ Das ist's, was ich gesagt hatte. Sofort gingen die Nachrichten zu Siba. Bemühungen über Bemühungen ... aber nichts nützte. Deine Tante kam danach noch nicht einmal mehr ins Kloster. Mit ihrem ganzen Dasein, mit jeder Fiber widerstrebte sie und vereitelte, daß du in unseren Kreis kamst. Sieh, so ist das alles gekommen.«

»Merkwürdig! Mit welchem Recht maßt sich euer Scheich Gewalt über mich an? Ihr habt ihn wohl zu sehr verwöhnt?«

»Sag das nicht, Nigar! Es gibt unter uns viele, die bereit wären, ihr Leben für ihn hinzugeben. Der hochwürdige Meister wird ohnehin nicht wenig geliebt. Da war so eine arme Frau namens Ülker Perestu, die sich eines Nachts aus dem Fenster des Klosters gestürzt hat, weil er sie schlecht behandelt hatte. Sie wollte sich das Leben nehmen. Jetzt sitzt sie zu Hause, an beiden Füßen gelähmt.«

»Was sagst du da, Nasib? Wegen dieses Kerls?«

»Sag nicht: dieser Kerl! Er ist ganz Liebe, ganz Feuer. Wenn du aufmerksam in seine Augen blickst, hast du das Gefühl, zu zerschmelzen. Sein Herz schwebt in den höchsten Höhen, aber wenn er liebt, liebt er furchtbar. Du weißt, ich bin in dieser Hinsicht ganz neutral. Niemals ist zwischen ihm und mir etwas vorgefallen. Für Rauf wäre das viel zu schmerzlich. Sieh, deshalb kann ich ganz offen sagen, daß, wenn Nur Baba will ...«

»Nasib, du bist nicht gescheit!«
»Ach nein, ich sage die Wahrheit, Schwesterlein! Bei mir sind Inneres und Äußeres gleich. Ich habe keinen Spaß an Heuchelei, Lüge, geheimen versteckten Dingen – so wie deine Tante ...«
»Um Himmelswillen, sprich bloß nicht von ihr!«
»Im Gegenteil, gerade von ihr will ich sprechen. Denn ich sehe, du hast gar keine Ahnung, was für eine Person deine Tante ist. Laß es dir also sagen, und benimm dich dann entsprechend! Ich habe auf der ganzen Welt keine Frau gesehen, die so mit List und Lüge lebt. Um der Lüge willen lügt sie, um der List willen schmiedet sie List. Paß auf, bei ihr ist alles nur Theater! Sie lebt um des Theaters willen, liebt um des Theaters willen. Ihr Lachen, ihr Weinen, alles ist bei ihr Theater. Daß sie dich heute hierher gerufen hat, daß sie dich allein mit dem Scheich im Zimmer gelassen hat ... all das ist nur passiert, um jedem gegenüber erhaben und großmütig zu erscheinen und uns alle zu beschämen. Heute hat sie getan, was sie dabei mir besonders antun wollte. Sie hat mich eingeladen und hat so getan, als ob Rauf heute abend hier wäre, und jetzt sagt sie, ›Ich habe ihm Nachricht geschickt, und er ist nicht gekommen!‹ Bei Gott, Lüge! Es gibt weder einen, der Nachricht geschickt hat, noch einen der gesagt hat, er käme nicht. Sie weiß, ich habe ein starkes Bedürfnis, die Zeiten, die ich fern von meinem Mann verbringe, Rauf zu widmen. Gott erbarme, sie hat einen bodenlos schlechten Charakter; sie erträgt keinen anderen Liebenden in ihrer Nähe. Sie ist auf jeden wegen jedes anderen eifersüchtig; alle Welt soll sich nur ganz mit ihr, ganz mit Siba beschäftigen. Gibt's denn so was? Sie sieht doch jetzt aus wie ein verschrumpelter Pfirsich! Nicht, daß sie das nicht selber merkte ... Deswegen nämlich brennt sie jüngeren Frauen gegenüber immer in höllischem Haß, in Haß und Neid. Siehst du, Nigar, dich kann sie überhaupt nicht ausstehen ...«
»Was habe ich ihr denn getan? ... Ich habe ja kaum ihr Gesicht gesehen!«
»Gott bewahre! Wenn du etwas tätest oder etwas sähest – wer

weiß, da würde noch was passieren! Wenn ich von dem, was sie dem Scheich deinetwegen gesagt hat, nur das nähme, was ich mit eigenen Ohren gehört habe, dann gäbe es schon ein tausend Seiten starkes Buch von Verleumdungen. Zum Beispiel hat man eine so jämmerliche, träge, hilflose Frau wie dich überhaupt noch nicht gesehen. Du bist ja ganz hübsch, du bist auch jung – aber wozu bist du nütze? Wo du in einem so hübschen Gefäß ein Herz wie Eis hast!... Dein Mann hat auch diese deine Kühle satt bekommen und ist deshalb meilenweit in die Ferne geflohen. Noch mehr: seit einiger Zeit liebst du einen jungen Mann aus deiner Verwandtschaft, namens Madschid, und hast dich bemüht, ihn zu gewinnen, hast aber keinen dauernden Erfolg gehabt. Du hast sogar viel Geld um dieses jungen Mannes willen ausgegeben, hast ihn keine Minute von deiner Seite gelassen, so daß der Bursche deinetwegen um Hilfe geschrieen hat.«
»Merkwürdig – da ist doch ein Widerspruch. Wenn ich ein Herz wie Eis habe, wie kann ich dann Madschid derartig glühend lieben?«
»Naja, Nur Baba lacht ja auch in sich hinein! Ach, wenn ich an deiner Stelle wäre, Nigar ...!«
Die flutende Röte des Abends hatte ihren Platz dem weißen, matten Licht des Mondscheins überlassen. Ganz fern lag das Meer, glänzend und still wie ein zauberhafter Spiegel. Der Garten war stumm. Plötzlich tauchte ein lauter, melodischer, aber melancholischer Klang die schweigende Nacht, welche die beiden jungen Frauen umgab, in Wogen und Schwingungen wie ein Meer. Es war ein Klagen, als habe sich der sterbende Tag in Musik verwandelt. Nasib sagte leise:
»Nur Baba singt ...«
Bei den »Liebenden« wurde Nur Babas Stimme für ebenso unwiderstehlich gehalten wie sein Blick. So war auch Nigar beim ersten Ton dieser Stimme gepackt. Das war eine mächtige, seltsame, eindrucksvolle Stimme, die an die Ruhe und die Erregung aller Elemente, des Meeres, des Windes, gemahnte, die manchmal an das Rauschen eines Waldes, manchmal an das

Seufzen einer Welle, manchmal auch an das leise Sprudeln eines Quells erinnerte. Ganz vertieft, ganz lange lauschten sie. Nur Baba schluchzte:

Flieh nicht vor mir, o Gazelle,
  lerne die Zahmheit, du scheue!
Laß doch die Fremdheit beiseite,
  übe dich jetzt in der Treue!
Komm zum Gelage, und trunken
  vereine dich mit uns aufs Neue!
Singe und tanze, sei Schenke,
  daß uns dein Beisein erfreue!

Als die Stimme schwieg, horchten die beiden Frauen noch eine Weile wie verzaubert. Dann lachte Nasib munter und lockend und sagte zu ihrer Freundin:
»Hast du gehört? Das war speziell für dich! Wie oft fleht man, und er geruht nicht, den Mund aufzutun und auch nur eine einzige Zeile zu singen. Auf, du heimgesuchte Liebende, auf!«
Auf das eingehend, was Nasib vorher gesagt hatte, meinte Nigar:
»Seine Augen kenne ich nicht, aber … seine Stimme ist gefährlich!«
Jetzt hörte man von Udi Niyasi eine Improvisation in der Saba-Weise.
Die beiden standen auf einmal auf und gingen langsam dem Hause zu.
Nigar war von Musik erfüllt; beim Gehen schien sie fast zu tanzen. Von den Kopfschmerzen, die sie soeben noch gequält hatten, und von dem üblen Schauder war keine Spur mehr vorhanden, so daß sie beinahe so fröhlich wie Nasib war, als sie vor die auf der Terrasse Sitzenden trat.
Woher kam diese Fröhlichkeit? Diese letzten drei vier Stunden änderten nichts in ihrem Leben. Sie war noch immer eine wehrlose, verlassene Frau, die mit einem fremden, gewalttätigen

Mann in einem leeren Zimmer gelassen worden war; deren Name im Munde einer Schar von Trunkenen gewesen war; eine Frau, die zur Aufklärung einiger Klatschgeschichten in das Haus einer alten Kokotte gekommen war. Nigar setzte sich plötzlich in einen Korbstuhl auf der Terrasse und überließ sich für einen Augenblick wieder diesen Gedanken und Einflüssen. Die Musik schwieg. Nur Baba und Siba unterhielten sich jetzt in anzüglichen, doppelsinnigen, unklaren Worten in einer Art und Weise, die jeden beschäftigen mußte. Dschelile wollte sich ab und zu einmischen. Nedschati lächelte fortwährend. Udi Niyasi hatte sich mit halbgeschlossenen Augen in die vor ihm stehenden Bissen vertieft. Nasib deutet verstohlen auf Siba und sagte heimlich:

»Na, was sagst du nun? Die Frau scheint ihre Beute wieder in der Hand zu haben!«

Die Tante, die Nigar nicht aus den Augen ließ, merkte, daß zwischen den beiden Frauen über sie gesprochen wurde, und sagte mit halbtrunkenem Lächeln:

»Nigar, du hast mich heute wirklich sehr unglücklich gemacht. Der Meister sagt, du seist nicht zur inneren Erneuerung geeignet.«

Die junge Frau blickte ihre Tante erstaunt an, als könne sie den Sinn dieser Worte nicht begreifen. Aber Nur Baba sagte sofort in ehrlichem Zorn:

»Ihre Tante lügt. Da ich weiß, daß Sie ihren Worten sowieso keinen Glauben schenken werden, gebe ich auch keine weiteren Erklärungen und Erläuterungen.«

Dieses Vorgehen Nur Babas tat Nigar wohl. Sie fühlte sich ihm von Herzen ein wenig dankbar und wandte ihr durch das fortwährende zarte Lächeln ihrer Lippen erstrahlendes Gesicht dem jungen Scheich zu. Der Widerschein des Mondlichts gab diesem Gesicht eine süße Ruhe. Nur Baba schaute sie verwirrt an. Dschelile, die sich dazu verpflichtet fühlte, für Ordnung in den Sitzungen zu sorgen, die völlig aus dem Gleichgewicht kamen, wenn solche Worte, solche Blicke vorkamen, sagte mehrmals:

»Ach, singen wir doch noch ein Lied! Ach, noch ein Lied ... damit wir zu uns kommen und damit Nigar es hört.«
Trotzdem hing über der Tafelrunde ziemlich lange ein bald grollendes, bald murmelndes, bald tiefes Schweigen. Dann begann Nur Baba zu singen. Auf einmal schlossen sich ihm alle an. In den Stimmen lag eine seltsame Erregung. Nigar hörte aufmerksam zu. Es war eine religiöse, mystische, aber gleichzeitig sehnende und klingende Hymne. Die junge Frau hatte in ihrem ganzen Leben noch nie die Töne einer so sehnsuchtsvollen Gottesanbetung gehört, so daß sie, als die anderen schwiegen, um eine Wiederholung des Stückes bat. Sie sangen mit noch größerer Sehnsucht. Darauf bat auch Nur Baba um zwei Dinge: das eine, ihm mit eigener Hand ein Glas Raki zu geben, das andere: aus seiner Hand einen Tropfen Raki zu trinken ...
Die junge Frau entsprach dieser Bitte des wirrbärtigen Scheichs mit einem schelmischen Lächeln. Siba lachte ungewöhnlich laut auf und rief Nur Baba zu:
»Da glückt die Rechtleitung ja schließlich doch noch! Wenn auch von meinem Blut, von meinem Blut ...«
Nigar legte sich in der Nacht beizeiten hin; aber sie konnte bis zum Morgen nicht schlafen. Die Stimmen der Leute auf der Terrasse drangen bis in ihr Zimmer, das im obersten Stockwerk des Hauses lag. Als die Stimmen aufgehört hatten, lehnte sie sich eine Weile ans Fenster, betrachtete den Mond, der an einer Seite des Horizontes wie ein blutiges Haupt ganz langsam dem Meer zurollte, und hörte die gebrochenen, langgezogenen Schluchzer eines Uhus. Der Morgen war duftend und kühl.

5.

Zwei weiße Falter um Hadschi Bektaschs Kerze

»Was ist heute für ein Tag, Madschid?«

»Heute? Ich weiß nicht genau; ich glaube Freitag. Die Tage sind sich so ähnlich, daß man es gar nicht nötig findet, ihnen besondere Namen zu geben.«

»Die Monate auch … Die Jahre auch, Madschid …«

»Für mich ist es wohl so … aber ich weiß nicht, ist es für dich auch so? Voriges Jahr ist dein Mann nach Madrid gegangen. Vor zwei Jahren ist eins deiner Kinder zur Welt gekommen, vor fünf Jahren hattest du auch ein Kind. Vorher hast du dich verlobt, verheiratet, dich …«

»Ach, das sind Ereignisse, von denen ich schon jetzt nicht mehr genau weiß, wann sie waren oder wie sie waren.«

»Das heißt, daß du völlig abgeschaltet gelebt hast; mit verbunde-

nen Augen und verstopften Ohren umhergegangen bist …«
»Nein, Madschid, ich habe gesehen und gehört. Aber weder das, was ich gesehen, noch das, was ich gehört habe, schien mir der Aufmerksamkeit wert … alles habe ich vergessen.«
»Sag das nicht, Nigar! Ich weiß, dein Geist gleicht einem Vogel, der den Kopf unter die Flügel gesteckt hat. So verharrst du der Außenwelt gegenüber versteckt und vernimmst als Leben nur die Schläge deines eigenen Herzens. Wenn du dich ein wenig öffnetest, ein wenig regtest, ein wenig flögest …«
»Sei doch still, Madschid, sei still! Du weißt das nicht: Leben ist eine sehr schwierige und sehr gefährliche Kunst. Es ist beinahe wie Seiltänzerei. Man muß lernen, von oben herunterzublicken, die Balancierstange zu gebrauchen, auf einem dünnen Draht zu laufen, sich nicht vor dem Fallen zu fürchten – das muß man können, muß schließlich über viel Geschicklichkeit, auch über viel Wagemut verfügen.« – »Hast du es selbst versucht, Nigar?«
»Versucht? Ja, das ist nicht so schwer. Es genügt ganz einfach, die Lebenden aus der Nähe zu sehen. Ich bin noch nicht einmal dabei stehen geblieben, sondern darüber hinausgegangen. Ich habe die Luft eines Kreises geatmet, wo die verschiedensten Begierden wie verschiedenfarbige Kerzen brennen. Diese Luft ist erfüllt von bitterem, betäubendem Duft. Allerdings ziehe ich das Halbdunkel meines Zimmers dieser heißen Helligkeit vor.«
»Du bist ein furchtsamer weißer Falter, Schwester Nigar!«
»Bist du das nicht auch, Madschid?«
»Ich? Wenn du wüßtest, wie sehr, wie tief ich gelebt habe … Doch niemand hat meine Stimme vernommen; ich bin wie ein fremder Schatten. Aber ich bin so sehr mit Ereignissen angefüllt wie die Geschichte einer ganzen Nation. Wenn jemand mein Innenleben sähe – was fände er da für Tragödien, für Seligkeiten, für Ereignisse! Ich bin nicht ängstlich und unschuldig, Schwester Nigar, aber ich bin müde und abgespannt.«
»Hast du nie geliebt, Madschid?«
Der braunhaarige junge Mann schaute mit grollenden Augen in die Ferne. Hinter den gegenüberliegenden Hügeln war der Tag

leuchtend gelb zu Ende gegangen, die Luft schien zu schlafen. Madschid ließ die Augen zur Bucht hinuntergehen. Sie war von Schatten und Farben erfüllt. Dahinter glitt ein weißer Schlepper vorüber, der ein schwerbeladenes Ponton zog. Ein Boot umfuhr das Kap. Nigars Freund blickte noch eine Weile zu dem breiten Dach der Villa; dann wandte er langsam seinen Kopf der jungen Frau zu und fragte: »Wo ist dieser Kreis, da verschiedenste Begierden wie verschiedenfarbige Kerzen brennen? Kann ich das verstehen, Nigar?« Nigar lachte: »Tante Sibas Kreis!«
»Ist denn Tante Sibas Kreis eine so besondere Welt?«
»Ja, Madschid, es ist eine sehr lebenssprühende und ganz besondere Welt. Sie ist freilich aus einer Menge von Elementen zusammengesetzt, die jeder kennt ... Dinge wie Liebe, Haß, Neid, Musik, Wein und Lieder im Mondschein bilden die Grundlagen dieser Welt. Aber was für eine grenzenlose Liebe! Was für ein tiefer Haß und Neid! Wie viel Musik! Wie viel Wein! Wie viel Gesang, Madschid! In dieser Welt geht man bei allem bis zum Äußersten. Die Musik dauert bis zum Morgen, der Wein wird bis zur letzten Neige getrunken, die Liebe dauert meist jahrelang. Kurz, es ist eine solche Tafel, daß man von ihr ganz gesättigt und überschäumend aufsteht, daß man alle Arten geistiger Genüsse kostet, vom süßesten bis zum bittersten.«
»Wie im Schloß eines asiatischen Fürsten ...«
»Man glaubt auch, zumindest für eine Zeitlang, wie ein asiatischer Fürst zu allem imstande zu sein; fähig, alles umzustürzen, zu zertreten, zu zerbrechen; man wird ganz und gar zu Entschlossenheit, Kraft und Begierde – in solch einem brausenden Wirbel ist man fortwährend.«
»Im Kreise einer fünfzigjährigen Frau soll sich der Quell eines so reichen Lebens befinden? Sonderbar ... Du ähnelst beinahe einer jungen Priesterin, die vom Altar eines neuen Gottes spricht. Deine Stimme ist voll Erregung, deine Augen sind voll Feuer. Dein Weg hat wirklich zu einem völlig anderen Ort geführt, Schwester Nigar!«
»Dieser Ort ist nur ein Bektaschi-Kloster, Madschid!«

Madschid blickte seine Freundin mit fassungslosen Augen an. Er hatte bis zu diesem Augenblick geglaubt, sie sei frei von religiösem Aberglauben irgendwelcher Art.
Er war sich durchaus nicht im Unklaren darüber, was ein Bektaschikloster bedeutete. Vor einigen Jahren, als er sein Interesse der islamischen Philosophie zugewandt hatte, hatte ein alter gelehrter Freund ihm eine Menge Informationen über den Sufismus gegeben und infolgedessen auch von den Regeln und Gebräuchen dieses Ordens gesprochen. Aber Madschid war sehr schnell über dieses Interesse an der islamischen Philosophie hinweggegangen, sowohl im Hinblick auf den Sufismus als auch auf diesen Orden hatte er sich mit ein paar oberflächlichen, unklaren Ideen begnügt. So war der Sufismus für ihn eine Art Mystizismus, und das Bektaschitum bestand seiner Meinung nach aus primitivem, nicht recht durchdachtem Pantheismus. Was die dieser Richtung angehörigen Derwische anging, so glaubte Madschid, sie seien, wie ihre Äußerungen es erscheinen ließen, humorvoll, ungebunden und auch ein wenig skeptisch und zynisch. Seiner Meinung nach war nämlich jeder Bektaschiderwisch eine Art Diogenes, der die Gemeinschaft des Islam verlassen und seine religiös-dogmatische Reinheit verloren hatte. Deswegen nun konnte der junge Mann absolut nicht verstehen, wie eine so zarte, gepflegte Frau wie seine Freundin Nigar in Gesellschaft solcher Diogenes-Typen von solch begeisterten, erregten Gefühlen beherrscht sein sollte. Je länger er darüber nachdachte, desto größer wurde sein Erstaunen. Er sagte: »Ein Bektaschikloster? ... Was sagst du da, Nigar?«
Dieses einfältige Erstaunen des jungen Mannes gefiel Nigar. Bis zu diesem Augenblick hatte sie alles – aber immer nur theoretisch, wie aus einem Buch – von ihm gelernt. Jetzt verspürte sie eine fast kindliche Freude, ein Wissen zu besitzen, das sie ihm als Gegenleistung geben konnte. Mit vor Aufregung zitternder Stimme erzählte sie ihm zunächst die Ereignisse dieser letzten Wochen; denn sie war in der Woche nach der Nacht, da sie bei ihrer Tante eingeladen gewesen war – offensichtlich von einer

seltsamen Strömung mitgerissen – auch ins Kloster gekommen. Dann ging sie langsam zu Einzelheiten über. Sie berichtete von Nasib und Rauf, von Nur Baba und Tante Siba. Sie erzählte, wie diese sich furchtlos liebten. Sie sprach vom Wein, von der Tafel, von den Liedern, von Gesängen im Mondschein, von den Blikken des Scheichs, von seiner Stimme.

Madschid fand die Worte seiner jungen Freundin mit beispielloser, ihm völlig unverständlicher Begeisterung geladen. Mit einem Mal kam ihm plötzlich die Vorstellung, er lese eine Seite aus Pierre Loti. Da er sich daran gewöhnt hatte, wie alle seine Berufsgenossen den Orient, orientalisches Leben, orientalische Bilder nur im Spiegel französischer Literatur zu sehen, hörte er viele Stellen der Geschichte, die er jetzt vernahm, mit erhöhtem künstlerischen Interesse an und sagte sich mehrfach: »Das müßte Gautier sehen, das müßte Loti hören! Was für eine Welt! Was für eine Welt!« Aber als sich die Worte seiner jungen Freundin gegen Ende der Geschichte ganz und gar auf Nur Babas Stimme konzentrierten, spürte der braunhaarige junge Mann, daß sich seine Stirn in einem schmerzlichen Gedanken zusammenzog. Denn auch er war, wie alle stumm Liebenden, maßlos und unlogisch in seiner Eifersucht.

»Schwester Nigar«, sagte er, »wie wär's, wenn ich all dies auch einmal sähe?... Ich habe nicht gewußt, daß es in unserem Leben tatsächlich solche Winkel und Ecken gibt, die es wirklich verdienen, untersucht und betrachtet zu werden. Das könnte genau der richtige Boden für einen Soziologen oder auch für einen sozialen Roman sein. Eine so beispielhafte Welt ...«

Nigar lächelte leicht: »Richtig, aber – eins ist unmöglich: man kann da nicht nur Zuschauer bleiben. Ohne es zu wissen, ohne es zu wollen, mischt man sich auf alle Fälle ins Spiel.«

Ziemlich zornig antwortete der junge Mann: »Das ist doch wohl je nach dem Menschen verschieden. Es gibt ja Personen, die in jeder Umgebung dahinschmelzen und vergehen, da sie keine starke, ausgeprägte Persönlichkeit besitzen. Andere dagegen ...«

Er hielt es nicht für nötig, seinen Satz zu beenden, und sagte lachend: »Was braucht's – wir wollen es einmal versuchen, Nigar!«

Die junge Frau hielt diesen Vorschlag Madschids in ihrem innersten Herzen für undurchführbar. Sogar die Möglichkeit, selbst wieder dorthin zurückzukehren, schien ihr weit entfernt und gefahrvoll. Die seltsame Nacht, die sie bei ihrer Tante verbracht hatte, und ein paar Tage später die Klosterwelt waren für sie so fremde und phantastische Ereignisse gewesen, als seien es die Erlebnisse von jemand anderem. Und doch war das, was Nigar so weit von diesen beiden Ereignissen in ihrem Leben trennte, weder eine lange Zeit noch eine weite Entfernung. Denn sie gehörte zu einer Zeit, die erst drei, vier Tage zurücklag, und seit jener Nacht war nicht ein Tag vergangen, an dem sie nicht irgend jemandem gegenübergestanden hätte, der sie an jenes Ereignis erinnerte. So war Nasib fast dauernd in der Villa gewesen. Ununterbrochen lästerte sie ihr gegenüber über Siba, sprach von Nur Baba und Rauf und bemühte sich verschiedene Male, ihre Freundin offiziell in diese Welt zu ziehen. Ja, vor zwei Tagen war sogar Dschelile zu ihr zu Besuch gekommen und hatte ihr Grüße von Nur Baba gebracht. Nigar empfing die Nachricht, das Kloster begrüße ihren Besuch jederzeit, sei es auch nur als Uneingeweihte. Kurz, man kann sagen, daß die junge Frau und Siba eine Woche lang ununterbrochen Unterhaltung über das Kloster erlebten und daß diese wunderbare neue Welt sie wie eine unsichtbare Spinne jeden Tag ein wenig mehr an sich fesselte. Was für eine geheimnisvolle Kraft war denn in diesem Fall das Gefühl, das die junge Frau hinderte, trotz allem furchtlos und mit Vertrauen auf diese Welt zu blikken? Sie konnte es selbst nicht genau sagen. Aber sie sah, daß ihr Wesen, das seit fünf oder sechs Tagen zwischen zwei widerstreitenden Anziehungskräften stand, in merkwürdiger Untätigkeit zitterte und bebte. Nigar nahm sich zusammen, als schüttele sie sich aus schwerem Schlaf wach, und sagte zu ihrem jungen Freund: »Stehen wir doch auf, Madschid. Es ist sehr frisch. Ich glaube, man hat auch die Kinder noch nicht hereingeholt.«

6.
Ein Dschem-Fest,* wie es das Kloster noch nie erlebt hat

(Erster Teil)

Derwisch Tschinari, der verdiente und erfahrene Koch in Nur Babas Kloster, hatte heute seit dem Morgengrauen nicht zwei Minuten Ruhe gehabt: er hatte ganz allein drei Opferlämmer geschlachtet, hatte eine Wagenladung voll Lebensmittel auf dem Rücken vom Gartentor des Klosters bis zur Küche geschleppt, hatte sie Stück für Stück in den Schränken der Vorratskammer untergebracht; dann war er an den Herd gegangen, hatte ganze vier Kessel Essen gekocht und sich

* Der Name des Festes ist unerklärt. In den ältesten Quellen wird von *ain-i-djam'* gesprochen; das ist ein sufischer Fachausdruck, der »Essenz der Vereinigung« bedeutet: in späteren Quellen heißt es *ayin-i Djam,* das »Ritual Dschams«. Die erstere Lesart konnte von Übelmeinenden auch auf die körperliche Vereinigung, nicht auf die reine Seelenvereinigung mit Gott, gedeutet werden und ist daher wohl später verändert worden.

gegen Abend noch mit fröhlichem Eifer darangemacht, die Happen für die Tafel zurechtzumachen und hineinzutragen. Um eine solche Arbeit an einem einzigen Tag fertigzubringen, dazu brauchte man schon Löwenkräfte. Aber das wirklich Merkwürdige war, daß Derwisch Tschinari nie eine Spur von Müdigkeit zeigte, nie, aber auch nie klagte, daß vielmehr sein Eifer und seine Freude immer größer wurden, je mehr die Arbeit wuchs. Wenn er eine Last schleppte, sang er ein Lied; wenn er am Herd stand, rezitierte er ein Gedicht. Seine Küche war, besonders an solchen Tagen, wo ihm die Arbeit fast über den Kopf wuchs, voll von Musik.
Er nahm grundsätzlich keinen Gehilfen zu sich, er war sehr eifersüchtig auf sein Amt. Andernfalls hätten sich im Kloster natürlich Leute gefunden, die ihm helfen konnten. Denn es gab eine ganze Anzahl heimatloser Badschis und Freundinnen, die in Nur Babas Kloster Zuflucht gefunden hatten und die vor lauter Untätigkeit und Grämlichkeit von morgens bis abends ununterbrochen Raki tranken oder schliefen. Die meisten von ihnen waren allerdings nicht ständig im Kloster; aber an den Tagen des Dschem-Festes traten sie von morgens an in Erscheinung. Derwisch Tschinari, der Menschen gegenüber sehr scheu war und wenig Neigung zu ihnen hatte, konnte besonders diese Art Leute absolut nicht ausstehen. Denn für ihn zählten diejenigen, die dem Kloster keinen Dienst leisteten, nicht zu den Menschen, und Dienst für das Kloster war nur in bar möglich. Dienste, die körperlich geleistet werden konnten, waren für ihn gewissermaßen gar nicht vorhanden. Denn auch er war einer von denen, die, wie der Derwisch in der berühmten Bektaschigeschichte, zum Goldstück sagen konnte: »Gott, wenn du doch nur nicht rund wärest!« Auch für ihn hatte Gold in doppelter Hinsicht Ähnlichkeit mit Gott dem Erhabenen: einmal darin, daß Gott nicht zu fassen, nicht mit Augen zu sehen war; zum andern, daß er seinen Zauber und seine Macht in allem offenbarte ...
Dieser Mann, der seit seinem achtzehnten Lebensjahr – das

waren jetzt 45 Jahre – ohne Unterbrechung jenen großen Ohrring der Unberührtheit, der den Zölibatären eigen war, in seinem Ohr getragen hatte – dieser Mann hatte sein Leben lang weder die Liebe eines Vaters noch die Zärtlichkeit von Kindern, noch auch die Liebe einer Frau gekannt. Seine ganze Jugend hatte er in trunkener, ungebundener Wildheit zugebracht. Er selbst war allerdings überzeugt, viel gesehen und gehört zu haben, und bemühte sich ab und zu, auch die anderen davon zu überzeugen. Vielleicht war Derwisch Tschinari tatsächlich vielerorts herumgekommen, vielleicht sogar mit seinem verstorbenen Meister Afif Baba bis nach Indien und China. In jedem Kloster diente er ein wenig; aber nicht ein einziges Mal in seinem Leben kam er so weit zu sich, daß er seine Umgebung wirklich gesehen oder gehört hätte. Denn die Zeiten, da er sich von der Rakiflasche trennte, beschränkten sich nur auf die Stunden des Schlafes. Infolge dieses Lasters war Derwisch Tschinari zu einem für Jahre nicht erwachenden Schlafwandler geworden. Jede seiner Bewegungen war wie aus unaufhörlichem Traum geboren. Was er in seinem Leben klar und nüchtern getan hatte, das waren die schweren Arbeiten für das Kloster, die für ihn eine Art tierischer Gewohnheit waren. Aus diesem Grunde nun fühlte er, daß er heute im wahrsten Sinne des Wortes lebte und daß er diese seine Tätigkeit auf keine Art und Weise beenden könnte. Ohnehin wuchs ihm die Arbeit über den Kopf; heute abend gab es ein Dschem-Fest wie nie zuvor: heute würde Nigar, die Gattin Eschref Paschas und Nichte Sibas, eingeweiht werden.

Dieser Tag, den Nur Baba monatelang mit tausend Sorgen, tausend Schmerzen, tausend Leiden erwartet hatte, nahte nun in seiner ganzen Pracht, seinem ganzen Prunk. Der junge Scheich konnte sich an keinen derartig wichtigen Tag in seinem Leben erinnern. Heute abend handelte es sich nicht darum, in seinem Kloster zu Ehren einer in Schönheit und Reichtum einzig dastehenden Frau eine Illumination und Unterhaltung vorzubereiten – heute ging es auch darum, dadurch einen ganz besonderen

Sieg seiner Macht zu feiern. In Wirklichkeit war dieser Erfolg nicht ausschließlich die Auswirkung seiner Macht: Es war nicht nur sein Licht, das Nigar, den furchtsamen weißen Falter, heute abend in diesen brausenden Liebeskreis zog. Nein, was Nigar dorthin zog, waren hunderterlei ganz verschiedene Kräfte – so viele, daß sogar die junge Frau selbst nicht imstande war, das Wesen der Mächte, die sie hineinstießen, genauer zu unterscheiden.

Allerdings wußte sie sehr wohl, daß eine der Kräfte, die auf sie einwirkten, Nasib war. Diese Frau hatte wie ein liebenswürdiger, schadenstiftender Teufel seit dem vergangenen Sommer nicht eine Minute versäumt, sie anzustacheln und zu verführen. In letzter Zeit kamen ihr auch noch eine Unmenge von Freundinnen zu Hilfe, so daß die Villa in Kanlidscha fast schon ein zweiter Versammlungsort dieser sonderbaren Leute wurde und Nigar eines Tages merkte, wie sich ihre alten Freunde einer nach dem anderen von ihr zurückzogen und sie ganz allein blieb. Da sie weich war und ihr Charakter und Herz so zart wie ihr Leib, fand sie diese Überschwemmung mit Menschen, deren Vertraulichkeit sie hilflos ausgesetzt war, schicksalsbestimmt und unwiderstehlich und überließ sich jeder Strömung. Gott sei Dank, daß ihre Mutter, der diese plötzliche Veränderung ihres Lebens nicht verborgen blieb, und ihr junger Freund Madschid, der schweigend eifersüchtig war, es als ihre Pflicht ansahen, wenigstens für eine Weile zu verhindern, daß die Luft in der Villa ganz und gar verdarb und immer erstickender wurde! Andernfalls hätte sich Nigars Salon wohl innerhalb eines Jahres in so etwas wie Sibas Dielen und Terrassen in Tschamlidscha verwandeln und ebenso chaotisch werden können wie diese.

Daraus kann man ersehen, daß Nigar, ohne es zu merken, seit einem Jahr durchaus für einen solchen Tag vorbereitet worden war. Sie hatte sich schon lange an Rakiduft gewöhnt und begonnen, mystische Lieder auf dem Klavier zu spielen. Wie jemand, der eine neue Sprache gelernt hat, genoß sie es, den Ausdruck zu gebrauchen: »Ich entbiete dem Meister Gruß und Gebet!« wenn von Nur Baba der Gruß an sie ging. Nach und nach wurde auch die Befolgung der Sitten und Gebräuche, wie die Ordensregeln sie erforderten, für sie ein besonderes Vergnügen. Je besser sie lernte, anstelle des Dankes die rechte Hand aufs Herz zu legen und sich vorzuneigen, oder, wenn sie durch eine Tür ging, einzutreten, ohne die Schwelle zu berühren, oder die Besonderheiten begriff, die es beim Austausch der Rakigläser gab – je besser sie all das lernte, spürte sie eine fast kindliche Freude in ihrem Inneren.

Trotzdem kann man nicht behaupten, daß Nigar, die an und für sich eine träge und willenlose Frau war, nur unter der Wirkung solch sinnlicher Einflüsse so kühn gewesen wäre, ihr Leben, das so ruhig wie ein neugeborenes Kind in schneeweißen Windeln geschlafen hatte, rasch dem Wirbel dieses heißen, verdorbenen Kreises zu überlassen, dessen tausenderlei Begierden wie tausenderlei Kerzen brannten, wie sie es selbst einmal ausgedrückt hatte. Nein, das, was Nigar heute so willenlos wie eine Taube mit abgeschnittenen Flügeln auf das dichtbehaarte rote Scheichs-Fell Nur Babas sinken ließ, war nicht von dieser Art. Diese Taube fiel dorthin, im Herzen verwundet vom Geschoß eines blinden Schicksals. Diese Schicksalskugel war aus einer gefährlichen Waffe gekommen, die Siba immer in der Hand gehalten hatte, um ihr Glück zu verteidigen, und die sie in hoffnungsloser Aufregung vorwärts und rückwärts gerichtet hatte. Allerdings hatte diese Waffe gleichzeitig auch sie verwundet: alle ihre Maßnahmen hatten sich gegen sie gekehrt, und je mehr sie Nigar von Nur Babas Kloster hatte fernhalten wollen, desto näher hatte sie sie herangeführt. Unwissentlich hatte sie den ersten Fehler begangen, als sie im vergangenen Sommer auf der weiten Terrasse ihres Hauses zu Nigar gesagt hatte: »Du bist nicht geeignet zur Rechtleitung!« und sie hatte die junge Frau mit eigener Hand auf ein solches Ziel zugestoßen. Auch alle ihre späteren Handlungen waren zu nichts anderem mehr nütze, als diesen ersten Fehler noch zu verstärken und zu wiederholen, weil die arme Siba schon so weit außer sich war, daß sie sich nicht mehr denken konnte, wie gefährlich es ist, mit dem Weibes-Stolz einer Frau zu spielen. Erst bei der Entscheidung dieses Tages begriff sie, daß alle Frauen, selbst so matte und willenlose wie ihre junge Nichte Nigar, jene feurige, widerspenstige Ader in sich tragen, die seit Jahren in ihrer eigenen Brust wie eine Schlange biß und bohrte. Sie fühlte, sie hatte an diese Ader gerührt, die in Nigar bis jetzt noch geschlummert hatte, und dachte, das einzige Mittel dagegen könnte nur kühle Unbekümmertheit sein. Deshalb war eine der Personen, die in den letzten Tagen sozusagen als Führerin vor Nigar erschien, wiederum Siba.

So sah Nur Baba, der seit langem auf dem Altan des Klosters, ein Fernrohr in der Hand, mit kindischer Aufregung den Weg musterte, gegen Abend Nigar aus dem rosa verhangenen Wagen ihrer Tante steigen. Er lief in einem mit Freude gemischten Staunen zur Treppe und rief der Badschi zu, die damit beschäftigt war, in der unteren Halle Lager für die Gäste auszubreiten:

»Dschelile! Dschelile! Siba kommt auch! Sie kommen beide zusammen!«

Als sich der Wagen jedoch dem Gartentor näherte, merkte er, daß die Ankömmlinge nicht nur aus zwei Damen bestanden, sondern daß es, Sibas Hausmeisterin eingeschlossen, vier Personen waren. Einer der vier war ein ziemlich hochgewachsener Mann. Nur Baba kam, die Treppen immer vier Stufen herabspringend, vom Altan herunter. Er zog ein zartes rosafarbiges Obergewand an, eilte wie der Wind auf den Balkon und begann mit munterer Gastfreundlichkeit den Ankommenden zuzuwinken. Aber kaum sah er den bei den Frauen befindlichen großen jungen Mann, da war seine Heiterkeit auf einmal getrübt, und er sagte zu Dschelile, die ihren weißen Kopf zögernd aus dem Nebenfenster streckte:

»Ha, diese Dirnen! Oh! Hast du gesehen? Jetzt haben sie sich diesen Burschen angehängt!«

Dschelile antwortete leise, mit einer Stimme, in deren Weichheit sich ein Hauch Spott verbarg:

»Was haben sie denn für Schuld? Habt Ihr es nicht erlaubt, Meister?«
Nur Baba winkte weiter mit seinem Tuch, jetzt freilich unlustig: »Was du nicht sagst! Ich habe das doch wahrhaftig für einen Witz gehalten!« sagte er und fügte, die Zähne zusammenbeißend, hinzu:
»Das ist wieder Sibas Werk. Mit der habe ich noch abzurechnen!«
Allerdings war es Siba gewesen, die ihn auf die Möglichkeit vorbereitet hatte, daß Madschid Nigar begleiten würde. Sie hatte eines Tages halb im Ernst, halb im Scherz zu Nur Baba gesagt: »Nigar kommt. Aber sie hat einen lebenden Schatten. Seid Ihr mit der Bedingung einverstanden, daß auch er mitkommt?«
Nur Baba schien, ohne zu überlegen, damit einverstanden. Daraufhin stellte Siba ihn nun so vor die vollendete Tatsache. Jedoch hinderte das Nur Baba nicht, Nigar und Madschid an der Treppe mit unverhoffter Liebenswürdigkeit zu empfangen, so daß selbst Madschid, der sich zwischen den Dingen und Personen, die ihn von der Gartentür an umgaben, so fremd und verwirrt fühlte, als habe er sein eigenes Wesen verloren, bei der warmen, herzlichen Art des jungen Scheichs fast eine tröstliche Ruhe verspürte.

7.
Ein Dschem-Fest, wie es das Kloster noch nie erlebt hat

(Zweiter Teil)

Aus Madschids Tagebuch: Tante Siba zog schließlich auch mich in ihre seltsame Welt. Angeblich bin ich nun auch seit gestern Abend ein Bektaschi. Das geschah allerdings ein wenig auf meinen Wunsch hin, zum großen Teil aber auch auf Tante Sibas Antrieb. Nigar verharrte, freilich ohne etwas zu sagen (ich weiß nicht, warum), bis zuletzt immer in einem Widerstreben gegen dieses lächerliche Ereignis.

Allerdings ist es wirklich auch ein wenig ihr Zustand, der mein Interesse und meine Neugier verstärkt. Andernfalls wäre das Bektaschitum für mich ein Geheimnis geblieben. Wenn ich auch im Augenblick weder großen Schaden noch großen Nutzen darin sehe, ob es nun ein Geheimnis bleibt oder nicht – gestern dachte ich durchaus nicht so. Den ganzen Tag ver-

brachte ich so aufgeregt und so besorgt, wie ich schon lange nicht mehr gewesen bin. Während Tante Sibas Wagen uns gegen Abend zu dem Kloster genannten Ort brachte, war ich so gedankenvoll und versunken, daß ich sozusagen weder meine Umgebung noch Nigars geliebtes Gesicht sehen konnte. Hin und wieder sagte ich zu Tante Siba: »Bitte, sag mir, was werde ich sehen? Was soll ich machen, was berühren?« Ich wußte, ich würde gezwungen sein, eine Menge Dinge auszuführen, an die ich bis dahin nicht gewöhnt war: das Knie beugen, den Boden küssen, mich stundenlang vor einem Scheich neigen – und ich hatte mich innerlich schon lange damit abgefunden. Aber ich dachte, es wäre vielleicht möglich, daß es bei den Bektaschi-Regeln noch einige zusätzliche Verpflichtungen geben könnte, die noch sinnloser, noch lächerlicher, noch ordinärer oder noch schwieriger sind als diese allen orientalischen Frommen fast allgemein eigenen Sitten und Gebräuche, und es kam beinahe so weit, daß ich von meinem Entschluß abstehen wollte. Als ich mir gegenüber Nigar rein, elegant und in großer Toilette geschmückt und frisch sah, erfüllte sich mein Herz mit besonderer Sorge um sie. Ich fragte sie ein paarmal: »Bist du sicher, daß es etwas Vernünftiges ist, was wir da tun?«
Sie sah mich an, als verstände sie mich nicht.
Ohnehin hat sie sich seit einiger Zeit diese Versunkenheit angewöhnt. Der alte Ausdruck ihrer leuchtenden Augen ist wie ausgewischt. Seit langem – nicht sehr lange, ein paar Monate ungefähr – bedeckt eine Wolke quälender, rätselhafter Fragen ihr zartes Gesicht, das für mich sonst immer der makellose Spiegel einer weißen Seele war. Seit dieser Zeit kann ich wirklich in keiner Bewegung dieser Frau einen Sinn mehr finden. Unter welchen Umständen ist sie in dieses unverständliche Geschehen gestürzt worden? Wo steht das Bektaschitum, und wo Nigar? Ihre Erziehung, ihre Klugheit, die Kenntnisse, die sie erworben hat, ihre Lebensart, ihre Überlegungen, ihre Art, sich zu kleiden – ist das nicht alles dem entgegengesetzt? Sollte etwa auch sie eine Beute jenes jungen Derwischs geworden sein, der ihre

Tante seit Jahren in den Klauen hält? Das kann ich einfach nicht für möglich halten. Seit fünf Jahren war es meine Beschäftigung, diese Frau ganz zu lesen, ganz auswendig zu lernen. Nigar ist eine ihre Bequemlichkeit liebende, ruhige Frau. Sie weiß wohl, daß sie schön ist; geliebt zu werden ist ihr angenehm. Aber lieben? Das ist absolut nicht ihre Sache. Das einzige Wesen, das sie lieben könnte, ist sie selbst. Ich habe sie einige Male gesehen, wie sie vor einem großen Spiegel betört ihre Glieder betrachtete. Als Tante Sibas Stimme plötzlich verkündete: »Wir sind da!« schüttelte ich mich, als stünde ich vom Schlafe auf. Der Wagen hielt vor der Holztür eines wüsten, abgelegenen Gartens mit eingestürzten Mauern, der halb Garten, halb Park, teils aber auch Friedhof war. An dieser Tür hing anstelle des Handgriffs und des Klopfers ein Stein.

Tante Sibas zarte weißbehandschuhte Hand stieß diese grobe, sonderbare Tür auf. Sie voran, Nigar und ich nebeneinander, Ülker Kalfa hinterdrein, so begannen wir langsam einen halbdunklen Weg ohne Ausblick zu gehen, der auf eine ziemlich lange steile Anhöhe führte. Zwischen den Bäumen kamen Teile eines vom Fundament an aus Holz gebauten, ungestrichenen, großen alten Hauses in Sicht, und im obersten Stockwerk dieses Hauses, von einem auf Holzsäulen gestützten Balkon, winkte uns ein in Rosa gekleideter Mann zu. Nigar und Tante Siba winkten wieder ... Ich liebe solche gegenseitigen Freundschaftsbezeugungen nicht; ich bin nicht gewohnt, beim Abschiednehmen oder beim Treffen meine Gefühle mit solchen Zeichen zu bekunden. Auch Nigar hatte früher kein Gefallen an derartigen Bewegungen. Jetzt schien sie an alles gewöhnt zu sein, besonders an diesen Ort, an den wir kamen. Sie kennt jeden von den Leuten hier sehr gut. Unter anderem unterhielt sie sich geradezu scherzend mit einem halbverrückten, komischen Derwisch mit aufgekrempelten Ärmeln und Ohrringen, der plötzlich aus ich weiß nicht welcher Ecke des Gartens vor uns auftauchte, als wir da gingen; ein wenig später begrüßte sie sich nach Bektaschi-Art mit einer Menge großer und kleiner, junger und alter Frauen, die sich auf dem Steinflur vor der Klostertür zu unserem Empfang versammelt hatten, und mit einer vor der Treppe stehenden weißhaarigen Dame, die aber geschminkte Augen hatte (es war die Frau des Scheichs), küßte und umarmte sie sich fast so zärtlich, als seien sie Mutter und Tochter.

Was mich anlangt, so war ich, ein wenig im Hintergrund, betäubt, verwirrt, wußte nicht, was mit meiner Rede, meinem Blick, meinem Gang, meinen Bewegungen los war – so, als sei ich zufällig unter Geschöpfe aus einer anderen Welt geraten. Nigar hätte doch zumindest fühlen müssen, daß sie zu Menschen gekommen war, die tief unter ihr standen; denn keins von den Gesichtern, die ich beim ersten Blick und in dieser meiner Verwirrung hatte sehen können, flößte mir Vertrauen ein, geschweige denn Liebe. Nur den Scheich, der uns oben an der Treppe begrüßte, fand ich trotz des rosa Gewandes, das er trug, trotz der Kappe auf seinem Kopf und trotz seines völlig ungekämmten Bartes ziemlich angenehm. Dieser junge Derwisch hatte gefühlvolle, kluge und vertraute Augen, die blickten, als wüßten sie alles. Mich empfing er mit Herzlichkeit und Wärme, sagte, er kenne mich schon vom Hörensagen, und nahm mich mit in ein geräumiges Zimmer. Die Damen gingen in ein anderes Zimmer, um abzulegen.

Der Raum, in den wir eintraten, war mit Abendsonne gefüllt, weiß ausgeschlagen und kahl. Aus jedem seiner weit geöffneten Fenster hatte man einen anderen Ausblick. Ohnehin war in dem Zimmer nichts, was den Blick angezogen hätte, nur zwei unordentliche Sitzkissen und ein paar Rohrstühle. Aber die Ecke für den Scheich, wo sein Sitzkissen lag, wirkte ein wenig mehr gepflegt. Sie war mit großen und kleinen seidenen Kissen und dreifachen Matratzen mit feinen Fransen ausgestattet und geschmückt. Daneben war noch ein für seine Frau bestimmter Platz. Diese Art bequemer und gewissermaßen selbstgefälliger Einrichtung zugunsten der Klostervorsteher kam mir komisch vor; aber was mir in dem Zimmer noch viel komischer vorkam, waren die Tafeln und Bilder an den Wänden. Diese Bilder hat bestimmt ein kleines Kind gezeichnet und ein Verrückter ausgemalt – aus einer so anfängerhaften, ungeschickten Hand schienen sie hervorgegangen zu sein. Eins von ihnen stellte einen Derwisch dar, der im Türkensitz auf einer Kugel sitzt und die Wasserpfeife raucht; andere einen inmitten von vierköpfigen Drachen, achtbeinigen Tigern und einer Menge menschenäugiger Raubvögel in Meditation versunkenen Eremiten; ein anderer Teil auch die Kriegszüge des heiligen Ali. Bei diesen Bildern gibt es auch eine Menge Schrifttafeln mit verworrenen Linien, aber einfachem Sinn, unter anderem auch eine Menge große und kleine Sprüche »O Ali!«. In einem über der Zimmertür aufgehängten, ziemlich großen Rahmen steht der folgende Vers:

Madschnun ging fort und ließ mir das zeitliche Haus –
Das Haus ist wüst; es erbt ein Besess'ner vom andern.*

Ich glaube, die Bektaschis sehen das Leben aus dieser Sicht an. Der Scheich, der sah, wie meine Augen über die Wände gingen, bemühte sich, mir genaue Erklärungen zu den einzelnen Bildern zu geben. Ich erbat sie von ihm vor allem über die symbolische Bedeutung, die der inmitten jener seltsamen Geschöpfe sitzende Eremit hatte. Es war einfach ein Bild von Kaygusuz Sultan.** Der Scheich zeigte mir besonders die Bilder von Alis weißem Maultier und seinem Schwert Dhulfikar. Er schien all diesen Spielereien ziemlich viel Wert beizumessen, und ich glaube, er bemühte sich, mich durch diese Linien und Farben schon jetzt zu den Symbolen und Mysterien des Ordenspfades hinzuleiten, den ich wenig später betreten sollte. Dieser Mann

* *Madschnun,* »der Besessene«, ist der arabische Dichter Qais, der durch seine unerfüllte Liebe zu Laila den Verstand verlor und in die Wüste ging; er wurde in der späteren, besonders persisch-türkischen, Dichtung zum Sinnbild des absolut Liebenden, der die Stadt der Rationalität verlassen hat und sich nur noch in der »Wüste der Gottheit« bewegt.

** Kaygusuz Abdal ist ein Bektaschi aus Rumelien, der im 15. Jahrhundert lebte, und dem die Gründung des Bektaschi-Klosters in Kairo zugeschrieben wird. Seine Gedichte sind von skurriler Form und enthalten ungewöhnliche Paradoxe und auch Scherze.

ist durchaus nicht so gereift und tief, wie es scheint. Seine Worte sind ganz einfach und kindlich ... trotzdem ist er keinen Augenblick hassenswert. Obwohl er sich manchmal recht vertraulich benimmt, macht er doch auch keinen schlechten Eindruck. Nachdem er seine Erklärungen der Tafeln beendet hatte, setzte er sich langsam auf seinen Platz. Auf seiner dreifachen Matratze nahm er eine Stellung ein, die halb Knieen, halb Türkensitz war. In diesem Augenblick kamen auch die Damen zu uns: Tante Siba, heute noch mehr als sonst herausgeputzt: die Schminke ihrer Wimpern, die Farbe ihres Haares fielen sofort auf; ihre Kleidung war aufgedonnert und prunkvoll wie die einer Operettendiva. Ihr gegenüber war Nigar einfach, aber sorgfältig gekleidet. Ihre dunkelrote Seidenbluse mit dem halboffenen Kragen gab ihrem Körper eine schöne, feste Form, um den Hals trug sie eine Kette aus einer Reihe Korallen und einigen schwarzen Perlen. Das dürfte ein Geschenk sein, das ihr Mann ihr aus Spanien geschickt hat. Wer weiß, wie sich Eschref Pascha wundern würde, wenn er Nigar hier sähe! Als sich das Zimmer mit den Frauen füllte, die ich kurz zuvor gesehen hatte, spürte ich wieder ganz deutlich, wie weit der Ort, an den sie geraten ist, von ihrem eigenen Kreise entfernt ist. Wenn auch diese Frauen sorgfältig darauf achteten, den Abstand zwischen sich und Tante Siba und auch Nigar zu wahren, und in den Zimmern und Dielen des Klosters in der Haltung verdienter Hausdiener eines großen Hotels oder aber dreister Schmeichler umherliefen, verhinderte das doch niemals, daß irgendeine, sobald sie Gelegenheit hatte, sich neben Nigar setzte oder ihr lachend etwas ins Ohr flüsterte; es hielt sie auch nicht davon ab, mit Vertraulichkeiten anzufangen, wie zum Beispiel Tante Siba um den Hals zu fallen und zu sagen: »Ach, du kennst ja diese Tage, du große Heldin!« Unter ihnen war nun eine ältliche Frau mit rotem Kopfbund, die Afife gerufen wurde; in den völlig konfusen Linien ihres Gesichts las man die Geschichte eines von Anfang bis Ende verdorbenen Lebens. Trotzdem wurde ihr eine Behandlung zuteil, als sei sie nach der Gattin des Scheichs die bevorzugte Frau im

Kloster. Der starre, harte Ausdruck ihrer Augen ließ einem das Herz erzittern; ihre Rede war voll von liederlichen Wortspielen. Diese Dame ging eine Weile im Zimmer umher, warf Tante Siba eine Geste, dem Scheich einen Scherz, der Frau des Scheichs eine Anspielung zu; dann heftete sie auf einmal die Augen auf Nigar, kam und drängte sich zwischen sie und mich. Ihre Kleidung roch nach geistigen Getränken wie das Taschentuch eines Betrunkenen.
Wenn ich es mir recht überlege, kannte Nigar diese Frau schon vorher. Denn sie schien gar nicht so überrascht zu sein, daß sie sich mit einer so bedeutsamen Geste zwischen uns beide drängte und anfing, sie fast wie eine Geliebte zu behandeln. Ja, sie war sogar so freundlich, ihre jugendfrische Wange zweimal diesem verbeulten Munde zu reichen!
Die Frau des Scheichs sah mich prüfend aus dem Lehnstuhl gegenüber an. Ein paarmal trafen sich unsere Blicke. Diese Frau war unter all diesen wirren Gesichtern die einzige, die einem in Kleidung wie in Benehmen das Gefühl von Sauberkeit, Ordnung und Tugend gab; auch verlieh das weiße Haar ihrem Haupt eine besondere Vornehmheit. Einmal stand sie mit herrischer Bewegung auf und gab leise den in den Dielen Herumlaufenden Anordnungen.
Der in seiner Ecke sitzende Scheich lachte auf einmal laut auf:
»Ha, unsere Festgesellschaft kommt!«
Daraufhin standen alle auf und sahen aus dem Fenster nach draußen. Zwischen den Bäumen des Gartens kam ein Haufen Männer auf uns zu, einer mit einer Flasche in der Hand, ein anderer mit einer kleinen Trommel, ein dritter mit einer Laute.
Tante Siba fragte:
»Woher sind die denn auf einmal alle aufgetaucht?«
Der Scheich antwortete, weiter lachend:
»Von den beiden Tannen – sie haben das Liebesmahl schon frühmorgens begonnen!«
Liebesmahl, das muß in der Ausdrucksweise der Bektaschi »trinken, Musik machen« und ähnliches sein. In der Tat sahen

die Ankommenden so aus, als hätten sie schon sehr viel getrunken. Unter ihnen waren welche, die, ihr Jackett auf dem Rücken, ihre Kragen in der Hand hielten und mit viel Lärm zusammen lachten und scherzten. Etwas hinter ihnen ging, die Derwischmütze in der Hand, ein Mann, der entweder übermäßig betrunken oder krank war, gestützt auf einen hochgewachsenen Derwisch mit graumeliertem Bart.
Bald danach füllten sie das Zimmer, in dem wir saßen, und wurden mir von dem Scheich einzeln vorgestellt. Mir, sage ich; denn Nigar war gut mit ihnen bekannt. Nur den hinterher kommenden graubärtigen Scheich dürfte sie nicht gekannnt haben; denn man hielt es für erforderlich, ihn ihr besonders mit den Worten vorzustellen: »Euer Seelenführer, Latif Baba!«
Unser Seelenführer, Latif Baba, ist, wie all die anderen Herren, ein Mann von recht ungezwungenen Manieren. Er hat eine ärmellose kurze Jacke an, um die Taille trägt er einen mit einem matten großen Stein verschlossenen Gürtel. Aus den Knopflöchern seines Hemdes hängen an kurzen dünnen Kettchen eine Reihe Kristallstücke von roter, grüner, weißer Farbe ... Seinen mächtigen Körper zu Nigar und mir wendend, fragte er mit scharfem rumelischen Akzent:
»Sind das die neuen Seelen, Meister?«
Alle diese Gesichter, diese Worte, diese Stimmen, alle diese Menschen, die Luft des Zimmers, in dem ich saß, ließen mich nach und nach fast betäubt werden, und als ich sah, wie Nigar neben mir ganz ruhig atmete, wurde ich beinahe zornig. Sie antwortete mit jenem dauernden strahlenden Lächeln, das ihrem Gesicht den beredtesten Inhalt gibt und ihre Mundwinkel so ganz leicht zur Seite zieht, und blickt jeden mit berückendem Blick an. Jedoch, wie weit war ich noch nach Jahren davon entfernt, sie zu verstehen!
Einige Male streckte sie den Kopf von ihrem Platz aus zum Fenster: »Wo bleibt denn Nasib? Kommt sie denn etwa nicht?«
Nasib ist die Frau, die Nigar zu diesem Misthaufen geführt hat. Ich habe sie einige Male in der Villa getroffen. Manchmal geriet

ich gerade in ihre Kopf an Kopf geführten geheimen Unterhaltungen. Sie wird sicher bald kommen, um ihr Werk zu betrachten! Tatsächlich waren kaum ein paar Minuten vergangen, als der Scheich, der aus seiner Ecke fortwährend den Garten beobachtete, sich mit verschmitztem Lächeln zu Nigar wandte:
»Keine Sorge!« sagte er. »Jetzt scheint sie bald aufzutauchen. Denn Rauf Bey gibt uns die Ehre.«
Alle stimmten zusammen in das Lachen des Scheichs ein. Nigar begnügte sich damit, ihr immerwährendes Lächeln zu bewahren, und schaute leicht errötend vor sich hin. Dieser Rauf ist ein junger Mann mit dünnem gezwirbelten Schnurrbart, Spazierstock mit Silbergriff, Jackett mit Atlasfutter ... ein Federheld der neuen Generation. Dies mußte, nach dem Wort des Scheichs, das ein so vielsagendes Lächeln auslöste, Nasibs Freund sein. Als der junge Mann eingetreten war, der Sitte entsprechend die Knie des Scheichs geküßt und sich dann gesetzt hatte, gab er tatsächlich denen, die ihn nach Nasib gefragt hatten, eine Antwort, in der er sie gewissermaßen in Schutz nahm.
Die arme Nasib konnte erst kommen, als die Lampen schon brannten. Ihr molliger Körper war zwischen Spitzen und Düften voll Aufregung. Auf was für Hindernisse war sie aber auch den ganzen Tag gestoßen! Was für Gefahren hatte sie überwunden, um hierher kommen zu können! Hatte sie nicht Gäste herausgesetzt, die plötzlich bei ihr übernachten wollten? Hatte sie nicht ihrem Mann gegenüber, dem sie in den Weg trat, tausenderlei Lügen ausdenken müssen? War sie nicht gezwungen gewesen, ihr Kind, das seit zwei Tagen mit 39 Grad Fieber lag, einer neuen Kinderfrau zu überlassen? Und hatte sie sich nicht schließlich noch, als ihr Wagen in die Kurve des zum Kloster führenden Weges einbog, auf einmal haargenau dem Wagen ihres Vaters gegenüber gesehen? Nasib blickte, während sie das erklärte, ab und zu verstohlen auf Rauf. Tante Siba hörte alle Worte der jungen Frau mit verächtlichem und ungläubigem Lächeln an; Nigar war verlegen. Einer von den Leuten im Zimmer, namens Nedschati Efendi, sagte:

»Wenn's noch dein Mann gewesen wäre – aber daß du deinen Vater getroffen hast, Nasib, das ist ganz schlimm!«
Jedermann fing an zu lachen. Nach und nach verstehe ich den Sinn der Bektaschi-Klöster besser: es sind sicherlich Einrichtungen, die gegen das Familienleben gegründet worden sind.
Die Gattin des Scheichs, die kurz zuvor mit dem graubärtigen Derwisch, unserem Seelenführer, nach draußen gegangen war, näherte sich jetzt mit einem großen, am Rande mit Gold bestickten Handtuch und sagte, sich erst zu Nigar, dann zu mir beugend:
»Auf, die Zeit ist da! Entkleidet euch und nehmt die Waschung vor! Euer Seelenführer wartet!«
Dann, zum Scheich gewandt, fügte sie hinzu:
»Meister, es ist alles bereit. Wenn jetzt angefangen würde...«
Diese Bektaschi-Waschung ist etwas ganz anderes als die übliche Ablution: das Wasser behält seinen Wert bis zum Lebensende, obgleich es die üblichen Körperteile weniger als die fünfmal vorgenommenen Waschungen berührt.* Ich weiß nicht, bis zu welchem Grade das richtig ist. Denn unser Seelenführer gab uns diese Informationen halb im Scherz, halb im Ernst. Zuerst nahm Nigar die Waschung vor. Der Seelenführer goß aus einem Krug, den er in der Hand hielt, Wasser auf sie und lehrte sie dabei ein Gebet, das sie sprechen sollte. Dieses Gebet wird ganz einfach und rein türkisch gesprochen. Z.B. wenn die Ohren befeuchtet werden: »Diese Ohren sollen von nun an für schlechte Worte und Redereien verschlossen sein.« Wenn die Augen befeuchtet werden: »Diese Augen sollen sein,

* Die rituelle Waschung im offiziellen Islam besteht aus der Reinigung der Nasenlöcher, der Ohren, des Vorderkopfes, des Mundes, der Arme bis zum Ellbogen und der Füße, wobei jedesmal arabische Gebete gesprochen werden. Sie wird nach jeder kleinen Verunreinigung wiederholt, da nur im Zustand völliger ritueller Reinheit der Koran rezitiert oder berührt werden und das Gebet verrichtet werden darf. Die Bektaschi-Waschung wird an denselben Gliedern vorgenommen; der Text der dabei gesprochenen türkischen Gebete ähnelt den üblichen arabischen Formeln. Sie wird aber nur bei der Einweihung durchgeführt.

als hätten sie nicht gesehen, was sie gesehen haben.« Und wenn die Füße an die Reihe kommen: »Diese Füße sollen nicht von Gottes Weg abirren«, usw.... Solche Worte werden wiederholt. Nigar sagte dies alles mit zitternder Stimme und mit einer Sorgfalt und Aufmerksamkeit, als täte sie etwas ganz Ernstes, und ihr Körper zitterte die ganze Zeit bis zum Ende der Waschung, als die Füße befeuchtet wurden. Ich ließ mich ziemlich ärgerlich, ja fast maulend benetzen. Innerlich sagte ich: »Was passiert mir denn da bloß? Euch soll alle der Teufel holen!«

Aber was sollte mir noch alles passieren! Als die Waschungszeremonien beendet waren, brachten sie uns, wie sie sagen »barfuß und bedeckten Hauptes« vor die Tür des Meydans. Dieses Meydan genannte Ding ist ein ziemlich weiter, länglicher Raum, an einer Seite verglast, ähnlich wie eine Moschee, im Erdgeschoß des Klosters. Seine Wände sind von oben bis unten mit goldenen religiösen Wandsprüchen überzogen, und sein Fußboden ist mit kreisrunden weißen, schwarzen und roten Fellen bedeckt. Die Nordseite des Meydan bildet der Ort der Rechtleitung oder, wenn man so sagen darf, die »Gebetsnische der Liebenden«. Dort befindet sich ein weißer Marmorstein in Form eines Sarges, dem sich jeder, der eintritt, mit vielen Zeremonien der Verehrung und Anbetung nähert und den er küßt, bevor er sich hinsetzt – ein Stein, an dessen Ecken dicke Kerzen von einem Meter Länge brennen und auf dem außerdem ein mächtiger vierzigarmiger Silberleuchter steht, dessen Kerzen noch nicht entzündet waren.* Der Vorsteher, auf dem Kopf einen schwarzen Turban und eine gezwickelte Mütze, mit einem weiten weißen Mantel angetan, kniete auf seinem Fell neben diesem Stein, die Hände in die Ärmel seines Mantels gesenkt, die Augen geschlossen – unbeweglich, wie ein Toter. In diesem religiösen Dekor erinnerte er an ein asiatisches Götzenbild.

* Der schon erwähnte Balim-Sultan-Stein. Die vierzig Kerzen deuten auf die 40 Stufen des Abstiegs und Aufstiegs der Seele hin, wie auch auf die vier »Tore« und ihre jeweils zehn Verpflichtungen.

Zunächst ging seine Frau hinein. Die Hände über der Brust gekreuzt, lief sie den Meydan entlang, wobei sie alle drei Schritte plötzlich anhielt und eine schnelle Verbeugungsbewegung machte; nachdem sie sich geneigt und den Stein geküßt hatte, stand sie auf, beschrieb in diesem Lauf einen Halbkreis von rechts nach links, fiel vor dem Vorsteher nieder, und, nachdem sie dem eigenen Sitz-Fell die gleiche Ehre erwiesen hatte, setzte sie sich endlich hin. Danach kamen der Reihe nach die Männer herein – also auch in den Regeln dieses Ordens, von denen ich beim ersten Blick glaubte, daß sie den Frauen eine zumindest äußerliche Gleichberechtigung gäben, bilden die Frauen wieder die letzte Reihe und bleiben immer nur an zweiter Stelle gegenüber dem Recht zum Vortritt, das unsere Männlichkeit uns ebenso wie Alter und Dienstalter gibt.
So kam auch ich vor Nigar in den Meydan. Noch genauer: vor uns kam unser Seelenführer. Dieser Mann war trotz einiger körperlicher Mängel, wie Fettleibigkeit und Trunkenheit, einigen zusätzlichen Zeremonien unterworfen, die noch schwieriger waren als die der anderen. Zum Beispiel küßte er beim Eintreten die Schwelle der Tür. Dann hielt er beim Gehen nach jedem dritten Schritt Ansprachen, einmal arabisch, einmal persisch, einmal schlicht türkisch. Er erwartete die Antworten des Vorstehers; dann ging er und zündete mit einer von jenen langen dikken Kerzen genommenen Flamme die vierzig Kerzen des vierzigarmigen Leuchters eine nach der anderen an. Während dieser Tätigkeit murmelten seine Lippen eine ununterbrochene Folge von Gebeten. Ein paarmal warf er sich vor dem Scheich zu Boden, stand auf, warf sich wieder hin; dann ging er rückwärts hinaus. Nigar und ich erwarteten ihn gemeinsam im Halbdunkel des Korridors. Im Meydan waren Frauen und Männer, eine Gesellschaft von mindestens fünfzig Personen. Sie knieten der Reihe nach im Kreise auf ihren Fellen nieder.
Unser Seelenführer kam zu mir, in der Hand eine dünne weiße Schnur, und legte diese Schnur leicht um meine Taille, schlang einen Teil von ihr um meinen Hals und wickelte das eine Ende

um die Spitze meines Daumens, das andere nahm er in die Hand. So aneinandergefesselt gingen wir stolpernd zur Türschwelle. Mein Seelenführer blieb vor der Tür stehen und schrie mit lauter Stimme:
»O Öffner der Türen!«
Von innen antwortete ihm der Vorsteher mit ebensolcher Stimme:
»Wir haben dir einen klaren Sieg geöffnet!«*
Darauf neigten wir beide uns zugleich und küßten die Schwelle; mein Seelenführer flüsterte mir ins Ohr:
»Geh hinüber, mein Kind, ohne darauf zu treten!«
Ich verstand ihn nicht gleich.
»Worüber soll ich gehen, ohne darauf zu treten?«
Der Mann, der meinen Nacken mit der Schnur zog, sagte:
»Über die Schwelle, mein Sohn, über die Schwelle.«
Wir gingen hinüber, ohne auf die Schwelle zu treten. Nach ein, zwei Schritten ins Innere wandten wir unser Gesicht den brennenden Kerzen und dem Vorsteher zu und warfen uns nieder. Aber aufzustehen und zu gehen war noch schwieriger als die Schwelle zu küssen, als zu springen und sich niederzuwerfen! Was lag doch eine Geheimwissenschaft in diesem Gehen, bei dem man alle drei Schritte stehen blieb! Während dieser kaum eine Sekunde dauernden Pause läßt man schnell die große Zehe des rechten Fußes die des linken berühren, beugt den Körper leicht vorwärts und hält, die Hand auf die Brust pressend, die Augen für einen Moment ausschließlich auf den Scheich gerichtet – und das macht man so schnell und so oft, daß man beim Gehen fast die Kontrolle über Hände, Arme, Gesicht und vor allem über die Füße verliert und mit allen Gliedern in krampfartige Zuckungen gerät.

* Die arabische Formel *Yā mufattiḥ al-abwāb*, »O Öffner der Türen« wird von dem Scheich mit dem Koranspruch »Wir haben dir einen klaren Sieg geöffnet« (Sura 48/1) beantwortet. Yakup Kadri hat in der zweiten Auflage seines Werkes das Wort »Sieg« durch »Tor« ersetzt. Der genannte Koranvers ist besonders in schiitischen Kreisen sehr viel verwendet.

Fünf oder zehn Schritte vor dem Vorsteher machten wir auf einmal Halt. Mein Seelenführer begann wieder mit lauter Stimme seine ganz verworrenen Reden. Diese Reden waren mit vielen Heiligen- und Prophetennamen durchflochten, fast wie eine Seite aus der Heiligen-Geschichte ... Seine Worte hingen erst gegen Ende direkt mit den Zeremonien zusammen und enthielten Sätze etwa dieser Art: »Eine Seele, deren Augen nicht sehen, deren Ohren nicht hören, ein eben von der Mutter geborenes Opferlamm mit gebundenem Hals ist zur Richtstätte gekommen. Es will auf Hadschi Bektaschs Herd brennen. Seine Augen wollen sehen. Ich habe es gebracht – nimmst du es an? habe ich gefragt« und so weiter. Dieses Opferlamm war ich. Der Vorsteher teilte die letzten Worte des Seelenführers, sie Wort für Wort wiederholend, der Versammlung mit und sagte außerdem noch: »Seid ihr der Hand und der Zunge, der Reinheit und Aufrichtigkeit dieser Seele gewiß?«

Wie aus einem Munde wurde geantwortet: »Eywallah, Meister!« Es folgten dann erregte Ausrufe des Lobes: »Gott ist groß.« Ich merkte, daß einige Frauen hinter mir weinten. Ich beugte wirklich wie eine zur Schlachtbank geführte Kreatur willenlos den Nacken.

Mein Hirte zog mich sachte am Hals und brachte mich vor den Scheich. Ich beugte das Knie und streckte meinen Kopf vor. (Die Bektaschis nennen das Kopf-Übergabe.) Mit meiner rechten Hand faßte ich auf seine Ermahnungen hin den Saum seines Gewandes, und meine Linke legte ich so in seine Hand, daß unsere Daumen sich berührten. Der schwarzbärtige Mann näherte seinen Mund meinem Ohr mit gedankenschwerer Herzlichkeit, wie sie Personen eigen ist, die jemand ein großes Geheimnis anvertrauen wollen. Ich sprach innerlich zu mir: »Jetzt werde ich also das Bektaschi-Geheimnis erfahren!« und zum ersten Mal, seit ich das Kloster betreten hatte, zitterte ich in kindlicher Neugier. Es dauerte nicht lange, da merkte ich, daß meine Neugier vergeblich war. Als ich nach dieser nur fünf Minuten dauernden geheimen Einflüsterung mich von dem

Platz vor dem Vorsteher erhob, war mein Kopf mit nichts als einer dicken Filzkappe neu versehen. Mein Kopf verspürte nur *ihre* Schwere, nicht die eines Geheimnisses; in meinem Ohr war außer zwei dunklen Sätzen, die die ersten und letzten Worte des Scheichs bildeten, keine Spur von Weisheit hängengeblieben. »Wirst du an dieser deiner Hand, deiner Lende, deiner Zunge heil bleiben?« Und: »Komm nicht, komm nicht, kehre nicht um, kehre nicht um – das Vermögen dessen, der kommt, die Seele dessen, der umkehrt!«
Daraus bestehen nun meiner Meinung nach wohl alle Geheimnisse! Dann war ich an der Reihe, wieder in Begleitung des Seelenführers, eine Menge unbesetzter Felle zu küssen, deren Besitzer unsichtbar waren: zuerst wurde dieser weiße Stein, der Balim-Sultan-Stein, geküßt, dann das Fell des heiligen Hadschi Bektasch, dann das Chorassan-Fell, dann das Aschdschi-Baba-Fell, und endlich ... endlich sinkt der neue Bektaschi dann müde und betäubt auf das für ihn bestimmte Fell. Alle diese Felle, diese heiligen Felle, auf die man sich hinwirft, die man küßt – wie schlecht die riechen! Als ob sie allesamt gerade von einem Bocksrücken abgezogen wären ...
Wirklich, was habe ich in dieser Nacht für scheußliche, für sinnlose Dinge getan! Zweifellos wird mir dieses Blatt meines Lebens mehr oder minder unverständlich bleiben. Die Erniedrigung, die ich am Ende dieser merkwürdigen Zeremonien empfand, wird mich immer wieder quälen, wie die Strafe für ein von mir gegen mich begangenes Verbrechen. Was war ich vor kurzem inmitten dieses Zuschauerrings von fünfzig Personen? In welcher Lage war ich? Zweifellos war ich, ohne es zu wissen, ebenso lächerlich wie ein purzelbaumschlagender Clown vor Zuschauern. Dieser Gedanke verstärkte sich in mir, als die Reihe an Nigar kam. Als ich sie sah, wie sie mitten im Meydan, mit einer feinen Schnur um den Hals an einen graubärtigen ungeschlachten Menschen gebunden, sich mit nackten Füßen, aufgelöstem Haar bewegte, manchmal hüpfend, manchmal sich zu Boden werfend – als ich auch sie so sah, spürte ich, daß mein

Kopf sich unwillkürlich vorbeugte und mein Gesicht plötzlich feuerrot wurde. Für junge schöne Frauen passen lächerliche Haltungen nicht; wenn solche Frauen lächerlich werden, ist das geradezu eine Katastrophe.
Auch bei ihr ging die Marter zu Ende, und sie kniete langsam neben mir nieder. Anschließend gab es im Meydan lange Gebete und Zeremonien. Vor einer Tür, auf der geschrieben war: »Speiset sie, die Armen und Waisen ...«* wurden die Kulthandlungen durchgeführt; danach wurde eine rötliche Flüssigkeit aus einer großen Flasche getrunken, die unser Seelenführer, der ständig umherging, mit dem Gebet: »Und tränkte sie ...«* beim Scheich beginnend von Hand zu Hand reichte. Ich weiß nicht, wie dieses Getränk schmeckt, denn als die Flasche zu mir kam, hatte sie schon fünfundfünzig Münder berührt, und einer dieser Münder war der schwarzzähnige, verschrumpelte Mund von Afife mit dem roten Kopfbund.
Die bekannte Bektaschi-Brüderlichkeit wird mit solchen Mitteln gesichert. Wie treffend und wirksam diese Sitten sind, das bewies mir zur Genüge die Tatsache, daß Nigar, die ich als so peinlich sauber kenne, sich nicht scheute, solche Großmut zu zeigen, daß sie sich ohne Zaudern diesem abscheulichen Zwang unterwarf.
Das Bektaschi-Fest blieb nicht so; besser gesagt, es fing danach erst richtig an. Es dauerte nicht lange, da verwandelte sich derselbe Meydan in ein sonderbares Weinhaus. Diejenigen, die kurz zuvor jeder allein in vollkommener Demut auf ihren Fellen gekniet hatten, eilten nun, um sich mit Gekicher, Scherzen und Liedern rings um runde Tische niederzulassen, wie es gerade kam. Diese Tische standen da wie Festtafeln in einer

* Anspielung auf verschiedene koranische Verse, aber kein genaues Zitat.
* »Und er tränkte sie ...« (Sura 76/21) ist zu ergänzen »mit einem reinen Wein«. Dieses koranische Zitat spielt in der Bektaschidichtung eine wichtige Rolle: es wird auf den »reinen Wein« des Urvertrages bezogen, als Gott die Seelen mit dem Wein der Liebe tränkte. Die ganze Sura 76 ist in der schiitischen Frömmigkeit zentral, da ihr Beginn auf ein gutes Werk Alis bezogen wird.

berauschenden, ekstatischen Nacht. Man kann sich sogleich und beim ersten Blick mit voller Klarheit vorstellen, in welchem Zustand die daran Sitzenden etwas später aufstehen werden. Ganz abgesehen von den in Eis gestellten dickbauchigen Rakiflaschen genügt es schon, nur die Appetithappen zu sehen, um zu verstehen, was für eine fleischliche Lust sich hier früher oder später ausbreiten wird. Du lieber Himmel! Was gab es nicht alles auf diesen Tischen! Zweifellos sind die berühmtesten Gerichte eines chinesischen Prinzen nicht reicher und mannigfaltiger als diese. Ich näherte mich Nigar und sagte:

»Wessen Mägen sollen denn all diese großen und kleinen Platten, all diese Flaschen füllen? ... Welche Kinnbacken sollen die denn zermahlen?«

Nigar, so unbekümmert wie ich es zum ersten Mal an ihr bemerkte, sagte: »Unsere Mägen, unsere Kinnbacken!«

»Deine Kinnbacken und dein Magen vielleicht,« sagte ich. »Aber ich bin so völlig und absolut müde, so verzweifelt, daß ich zu nichts mehr zu gebrauchen bin, als an einem einsamen Ort ganz allein mit großer Sehnsucht und Reue den Morgen zu erwarten.«

Nigar fand meinen Zorn völlig sinnlos und unangebracht, zuckte verächtlich die Achseln und sagte nur: »Du Kindskopf!«

Nach und nach verabscheue ich sie. Sie ist überzeugt, daß sie nun in ihrem Leben auf einen neuen, weiten Horizont zugeht und mich so weit hinter sich gelassen hat, daß sie vor Stolz fast platzt. In allem imitiert sie ihre Tante, und wie jeder Imitator trägt sie diesen widerwärtigen Dünkel nur mit tausenderlei Schwierigkeiten und recht erfolglos.

Jedoch als wir bei Tische saßen – ja, auch ich saß schließlich trotz allem – nahm Nur Baba Tante Siba an seine Rechte, sie an seine Linke. Ich drängte mich zwischen Tante Siba und einen Mann namens Nedschati. Dann nahmen der Reihe nach die anderen Damen und Herren Platz. Afife mit dem roten Kopfbund wich auch hier nicht von Nigars Seite; Nasib und Rauf saßen mir gegenüber, Knie an Knie. So stellten wir den vornehmsten und gewähltesten der vier Tische dar, deren jeder etwa fünfzehn Personen, Männer und Frauen, faßte und die den Meydan füllten. An den anderen saßen die Derwische, die je nach ihrer Stellung im Kloster die zweite und dritte Klasse bildeten. Über alle diese eng beieinander stehenden Tische führte Nur Babas Frau den Vorsitz. In Wirklichkeit passen Organisationen dieser Art durchaus nicht zu den Bräuchen des echten Derwischtums. In welcher Art praktizieren diese Männer, die einander Brüder nennen, wohl ihre Brüderlichkeit? Zweifellos wäre es sehr angebracht, an den Toren der Bektaschi-Klöster eine Tafel des Inhalts: »Ehret die Menschen ihrem Rang entsprechend!« aufzuhängen. Während ich das dachte, sah ich, daß auch unser Tisch mehrere Klassen hatte. So hatte der Vorsteher ein ihm gehöriges rotes Raki-Service und besondere Happen, die auf Platten in dieser Farbe gelegt wurden. Nur Tante Siba und Nigar wurde die Auszeichnung zuteil, sich von ihnen zu bedienen. Wir Armen tranken der Reihe nach aus einem weißen Glas aus der Hand einer ältlichen, weißgeschminkten Frau namens Nuriye, die ganz an der Ecke unseres Tisches saß. Ach ja, aus einem einzigen gemeinsamen Glas ...! Ich überließ mich schließlich trotz allem der Strömung. Ich wünschte nur, so bald wie möglich betrunken zu sein und einzudämmern. Es ist mir ein paarmal im Leben passiert, daß ich dieses sonderbare Bedürfnis verspürte. In der Trunkenheit findet man Genuß darin, sich selbst zu beleidigen und zu erniedrigen.

Aber ich hatte noch nie gesehen, daß Nigar getrunken hätte. Ich fiel von einem Erstaunen ins andere, als ich sah, daß sie mit jenem Lächeln, das ihre Lippen leicht nach oben hebt, das rosige Glas nahm, das ihr der weißgewandete junge, schmachtend blickende Derwisch neben ihr reichte, und es an ihre Lippen führte. Sie scheint schon lange an diese Zeremonien mit dem Glas gewöhnt zu sein; sie vergißt nie, sich jedesmal mit zahllosen Gesten zu neigen, die Hand des Schenken zu küssen, dann das geleerte Glas ehrerbietig an ihre Brust zu führen. Ist das nun, weil der Vorsteher ihr Schenke ist? Sie tut das mit grö-

ßerem Vergnügen und sorgfältiger als die anderen und fügt von sich aus die verschiedensten Scherze, die verschiedensten anmutigen Bewegungen hinzu, so daß die Augen der Tischgesellschaft sich unwillkürlich auf sie richten, ja, daß sogar ab und zu Leute von anderen Tischen an unseren Tisch kommen. Welche Geste, welche Bewegung Nigars versetzt nicht ohnehin immer die Atmosphäre dieses Kreises in solche neugiererfüllte Schwingung! Blickt nicht jeder auf sie, obgleich der Klostervorsteher präsidiert? Sie scheint in dieses Kloster fast als plötzliche Helligkeit gekommen zu sein; in allen Augen ist ein Schimmer, als seien sie geblendet. Ganz zweifellos ist Nigar die schönste, jüngste und außergewöhnlichste der Frauen, die ich an jenem Abend gesehen habe. Weder Tante Sibas Macht und Prunk noch Nasibs glitzernder munterer Körper, noch auch die Jugendfrische der beiden gazellenäugigen Mädchen, die, wie man sagt, Schwesterkinder der Badschi sind – nichts von alledem reicht an einen Blick, ein Lächeln, eine merklich-unmerkliche Bewegung von ihr heran. Ihre Bewegungen ähneln einer musikalischen Harmonie, in der die Seelenregungen aller Menschen zusammenklingen.
Vielleicht ist es auch ein wenig die Macht und Bedeutung ihres Geldbeutels, was ihr diese einzigartige Stellung verliehen hat. In den Bektaschiklöstern sind Schönheit und Reichtum die beiden großen Mächte, vor denen sich jedes Haupt beugt. Wer weiß, wie viel Geld diese Siegesnacht sie gekostet hat! Ich erinnere mich, daß ich nach meiner Rechnung mehr als zehn Lira für diese sonderbare Abendveranstaltung ausgegeben habe, einschließlich des Geldes, das ich morgens unter dem Sitzkissen des Scheichs ließ.* Wer weiß, was die arme Tante Siba zehn

* Es ist Sitte, beim Verlassen eines Derwischklosters dem Scheich in irgendeiner Form eine Geldspende zu geben; aus solchen Spenden wird das Kloster zum großen Teil erhalten. Madschids Verdacht, daß Nigar für diese Festnacht viel ausgegeben haben dürfte, ist richtig, denn die Opfertiere und die Speisen und Getränke des Dschem-Festes sollen von dem Einzuweihenden bezahlt werden. Daher die im Anfang erwähnte Sorge Nur Babas, das Kloster könnte leer bleiben – das würde heißen: keine Einnahmen mehr haben.

Jahre lang hier hineingesteckt hat – Siba, die, obgleich sie zur Rechten des Scheichs sitzt, in jedem Zoll einer entthronten Königin gleicht! Allerdings ist ihre Stellung im Kloster noch nicht niedriger als die Nigars. Noch ruft jeder sie mit dienstfertiger Ehrerbietung »Gnädige Frau!« So rennen beispielsweise fünf, sechs Personen auf einmal, um ihre Zigarettendose zu holen, die sie im Nebenzimmer vergessen hat, oder drei, vier Leiber beugen sich auf einmal vor, um ihr heruntergefallenes Taschentuch aufzuheben. Trotzdem liegt auf Tante Sibas Gesicht eine verwaiste Traurigkeit, wie sie denen eigen ist, die sich nach einer anderen Zeit und nach vergangenem Glück sehnen. Der Scheich beschäftigte sich bei Tisch ausschließlich mit ihr, als hätte er das gespürt. Manchmal flüsterte er ihr Vertraulichkeiten ins Ohr, manchmal bemühte er sich, sie durch eine Anzahl Gesten und Zeichen, deren Sinn wohl, glaube ich, nur ihnen beiden bekannt ist, zum Lachen zu bringen, und gelegentlich steckte er ihr einen von den Bissen in den Mund, die er eigenhändig ausgesucht hatte.

Die gleiche Freundlichkeit erwies Nasib ihrem Rauf und Afife mit dem roten Kopfbund Nigar. Nigar ist verlegen wegen der quälenden, kalten Liebe dieser alten Frau und vielleicht auch ein wenig, weil der junge Klostervorsteher sie zu vernachlässigen scheint, und mit verschiedenen Gesten zeigt sie ihr Verlangen, neben mir zu sitzen. Jedoch bin ich seit dem Beginn des Liebesmahles – um diesen Ausdruck zu gebrauchen, so fehl er auch am Platze ist – damit beschäftigt, scheinbar dem neben mir sitzenden Nedschati Bey zuzuhören. Dieser Nedschati ist ein Mann, angefüllt mit populärer Marktliteratur; er trägt mit leichtfertiger Stimme Verse vor, überliefert Erinnerungen: Er erzählt, daß ein Dichter namens Andalib eines Tages ich weiß nicht wie viele Okka Raki getrunken hat. Er selbst soll ein sehr hoher Beamter im Justizministerium sein. Überhaupt ist unser Tisch, mit Ausnahme von Udi Niyasi und unserem Seelenführer, aus lauter bedeutenden und erlesenen Persönlichkeiten zusammengesetzt. So ist etwas weiter unten ein Herr namens

Nesimi Bey, der, wie man sagt, Unterstaatssekretär im Stiftungsamt ist. Etwas weiter sitzt ein alter Oberst. Dieser Mann, der einen Überwurf mit offener Brust trägt und seinen riesigen glänzenden Kopf nach beiden Seiten wiegt, ähnelt mehr jenen Satyrn der griechischen Mythen, die hinter eben erwachsenen Jungfrauen herlaufen, als einem Soldaten, ja, besser gesagt, als einem Menschen. Er ist so mit den jungen Mädchen an seiner Seite beschäftigt, daß er seine Umgebung gar nicht wahrnimmt. Kauend, die Augen voll bestialischer Erregung, bewegt er sich dauernd in ziemlich zweifelhafter, unausgesprochener Art. Nur wenn Lieder gesungen werden, kommt dieser Mann etwas zu sich und nimmt, sich auf beiden Knien hochrichtend, mit dumpfer Stimme am Gesang teil.

Die Musik und die Hymnen des Liebesmahles ändern nicht nur den Anblick dieses Mannes; sie versetzen die ganze Gesellschaft in einen anderen Zustand. Sie geben ihr eine wohltuende Wärme. Tatsächlich ist meiner Meinung nach im Bektaschitum das einzig Schöne, das einzig Sinnvolle, wenn sie alle gemeinsam singen. Das ist eine so seltsame, aus vielen Männer- und Frauenstimmen zusammengesetzte Orgel, daß in jedem Hauch das Fieber eines anderen Heimwehs zittert. Die gesungenen Verse ähneln den Fantasien einer einfachen Seele, die durch viele Weltgegenden, viele gedankliche und gefühlsmäßige Ereignisse und Katastrophen gewandert ist. Das ist eine ganz typisch türkische Musik in ihrer Trauer, ihrer Freude, ihrer ganzen verworrenen Schwerfälligkeit.

Der götzendienerische Türke, der auf starkmähnigen Stuten einherjagt; der räuberische Türke, der nahe den Mauern der Orte, in denen sich Prunk und Aberglauben mischen, seine Lanze schwingt; der muslimische Türke, der im Zelte eines Beduinen Muhammads Wundertaten, im Schloß eines Persers die Tragödie von Kerbela* hört, und schließlich der zivilisierte

* Kerbela: die Stätte im Irak, wo Muhammads Enkel, Alis jüngerer Sohn Husain, 680 von den Regierungstruppen getötet wurde.

und dekadente Türke, der an den umgestürzten Tischen der Cäsaren in Tanz und Vergnügen versinkt – sie alle zogen an meinen Augen vorbei. Ich und alle neben mir, wir waren ein verworrener Sammelplatz dieser verschiedenen Geschehnisse. Nur Babas Gesicht zeigte im wahrsten Sinne des Wortes den sinnlich befriedigten Türken, ich dagegen repräsentierte mit allen Fasern meiner Seele den sentimentalen Türken. Nigar ähnelte, ich weiß nicht warum, fast der Favoritin eines Königssohnes. Was Tante Siba anbelangt, so unterschied sie sich in keiner Weise von den pompösen alten Damen, die in halbdunklen Salons in schweren Schleppgewändern umherwandeln oder auf breiten Sofas ihre Knie von langhaarigen Dienerinnen massieren lassen. Es war, als sei von den Gesichtern aller hier Sitzenden ein Schleier gefallen: was für eine ausgesprochen orientalische Dirne war Nasib; was für ein typischer Istanbuler Schürzenjäger Rauf! Wie erinnerten die Schwesterkinder der Badschi an zwei junge Tänzerinnen, die ihre Tambourine noch nicht aus der Hand gelegt hatten! Was für ein verwischtes Janitscharengesicht hatte Oberst Hamdi! Wie schön verkörperte Afife mit dem roten Kopfbund den Typ des alten Weibes in unseren Märchen! Gegen Mitternacht umfing eine leidenschaftliche Begeisterung den Meydan. Der Vorsteher begann mit der Musik, einige der Frauen fingen an zu tanzen. Angeführt von Afife mit dem roten Kopfbund, knieten einige reifere Frauen (die ihr ohnehin alle etwas ähnelten) voreinander hin und begannen, Liebesliedchen zu singen. Von unserem Tisch gingen ein paar Leute an andere Tische, von dort kamen einige zu uns. Die meisten waren ungefähr fünfundvierzigjährige Frauen, die sich auch das winzigste Härchen ihres Gesichtes mit der Pinzette ausgezupft hatten, oder grauhaarige Männer, die aussahen, als hätten sie mit ebenderselben Sorgfalt jedes Haar gefärbt. Jeder kam mit seinen eigenen Worten, Blicken, seinen Äußerungen von Freude und Erregung. Ich wurde beinahe betäubt in diesen Menschenwellen, die teils Alkohol-, teils Zwiebel-, teils schwere Lavendeldüfte ausströmten, und blickte höchst überrascht und prüfend in jedes

Gesicht. Dieser Zustand mußte wohl irgendwie die Aufmerksamkeit meines dickbäuchigen Seelenführers auf sich gezogen haben, der damit beschäftigt war, sein bis jetzt vielleicht hundertstes Glas zu leeren. Er streckte seinen Oberkörper auf mich zu: »Ha, Kind, uns bleibt kein Geheimnis verborgen! Ich habe gemerkt, du bist so was wie ein Philosoph; du siehst alles als Lehre an. Komm zu mir und laß uns plaudern. Ich kann auch philosophisch reden!« sagte er, und alle, die das hörten, lachten laut auf. Während er sprach, kam ein riesenlanger, komischer Mann in den Meydan, der mit seiner verkehrtherum angezogenen Baumwollkutte aussah wie eine Vogelscheuche, wie sie in Gärten und Feldern aufgestellt wird. Wie aus einem Munde schrien alle:

»Derwisch Tschinari ... Ja, wo warst du denn? ... Wo bist du hergekommen? ... Da, noch ein Philosoph für euch ...«

Dieser Mann war der Derwisch mit den großen Ohrringen, den wir gegen Abend im Garten des Klosters getroffen hatten. Anscheinend war er eine besondere Person, mit der nicht nur Nigar, sondern alle Klosterinsassen Scherz trieben. Jedoch sah sein Gesicht so aus, als sei er für keinen Scherz zu haben. Mit starren Augen und verschlossenem Mund, mit einer groben Nase im Gesicht, blickte er jeden an, als habe er nichts von dem verstanden, was sie sagten. Ich glaube, es gibt Leute, die in diesen Blicken allen möglichen Sinn und Inhalt finden. Eine alte Dame neigte sich herüber und sagte mir ins Ohr:

»Mein Kind, das da ist eine sehr ehrwürdige Persönlichkeit. Seit zwanzig Jahren dient er dem Kloster. Dreimal kam er zu Fuß zu dem ehrwürdigen Scheich. Jedes seiner Worte enthält eine Weisheit. Alles, was er sagt, geschieht. Die Badschi tut nichts, ohne daß auch er es weiß. Sogar der Scheich läuft zu ihm, wenn er bedrückt ist. Deshalb ist ihm Krone und Beil verliehen worden.* Trotzdem hat er kein Körnchen Stolz. Tagsüber kocht er

* Krone, *tādsch,* und Beil, *teber,* wurden verdienten Derwischen der höheren Rangstufen verliehen.

Essen in der Küche, und nachts liegt er in einer Laube auf vier Pfosten, die er eigenhändig in einer Gartenecke gebaut hat. An den Liebesmahlen nimmt er nur nach dieser Stunde teil. Manchmal sieht man ihn überhaupt nicht ... Heute dürfte er wohl Euch zu Ehren gekommen sein. Das ist bestimmt ein gutes Omen für Eure Begleiterin und für Euch, mein Kind ...«

Was sie meine Begleiterin nannte, ist wohl Nigar ... Die Frau neben mir, die so wie eine Hexe redet, mag sagen, was sie will: ich merke, daß für Nigar diese Nacht nicht sehr glückverheißend ist ... In dieser Nacht, an dieser ziemlich liederlichen Tafel, biegt sie um eine sehr wichtige Ecke ihres Lebens. Der schwarzbärtige Mann neben ihr zieht sie in einer langsam anschwellenden dunklen Woge der Begierde mit jedem Augenblick ein wenig näher zu sich, bedeckt sie, umschlingt sie stumm und lautlos. Das spüre nicht nur ich allein; Tante Siba macht mich verstohlen ein paarmal auf sie aufmerksam.

Die beiden scheinen von der Tischgesellschaft getrennt und ausschließlich füreinander da zu sein. Nur Baba spricht fortwährend, lacht fortwährend. Mehrfach passiert es, daß sich Afife mit dem roten Kopfbund in ihr Gespräch einmischt; dann wieder bleiben sie dicht zusammen. Was kann dieser weißgewandete, so vertraulich tuende Derwisch Nigar erzählen? Wie kann Nigar ihn stundenlang anhören? Was ist es, das diese beiden Gegensätze miteinander verbindet? Was gibt den Augen des Mannes diesen so schmachtenden Ausdruck? Was ist das für eine Heiterkeit, die die Kehle dieser Frau mit solch munterem Lachen erfüllt? Es kam eine Stunde, da ich meine schwerblütige weiße Freundin überhaupt nicht mehr wiedererkannte: das ist ja eine in allen Bewegungen trunkene, eine heitere, eine dirnenhafte Frau ... Liegt denn im Wesen jeder Frau im Keim eine Dirne verborgen, die nur auf eine solche Gelegenheit wartet, geboren zu werden?

Sie fingen wieder an, gemeinsam zu singen. Über allen Stimmen vernahm man die Stimme des Scheichs. Nigar senkte den Kopf und überließ sich einer tiefen Verzückung. Ich hätte am liebsten geweint; in meiner Seele war etwas, das verfaulte, abfiel, Stück um Stück starb. All diese schrecklichen schwarzen und roten Teufel der Sinnenwelt füllten mich an – Haß, Abscheu, Verzweiflung, Schrecken, Scham, Gewissensbisse, Enttäuschung und noch tausenderlei Erregungen, tausenderlei Schmerzen, die nicht untergebracht, nicht benannt werden können, Gefühle der Eifersucht, des Zorns, der Auflehnung ... von allen war ich erfüllt. Plötzlich war das Leben für mich völlig zur Tragödie geworden. Ich bebte in finsterer Erregung. Und gerade in diesem Moment passierte am Tisch etwas Wichtiges: Tante Siba und Nasib fingen an, sich ganz unbeschreiblich zu streiten. Dieser Streit war, wie einige sagten, entstanden durch einen Vers des Liedes, das gerade gesungen wurde, nämlich:

Dies ist ein Brocken der Zufriedenheit –
Hab' ich es nicht gesagt: du ißt ihn nicht?*

Die ungezogene Nasib hatte diesen Vers ein paarmal so bedeutungsvoll, so ironisch Tante Siba ins Gesicht geschrieen und, verstohlen auf den Scheich deutend, so unerträgliche Anspielungen gemacht, daß Tante Siba im wahrsten Sinne des Wortes explodierte. Ich habe sie noch nie derart furchtbar gesehen. Sie war wie ein rasender Panther, bereit, jede Sekunde auf ihre Beute zu springen. Hochgerichtet auf den Knien, am ganzen Leibe zitternd, während ihr die Augen aus den Höhlen traten, schrie sie mit aller Kraft:
»Ich hab's geschluckt, ich hab's, ich hab's gegessen, ich hab's verdaut ... und ich hab's sogar wieder von mir gegeben ... Soll ich

* »Brocken der Zufriedenheit«, *rizā lokmasī*: die Zeile stammt aus einem berühmten Gedicht des Bektaschi-Dichters Pir Sultan Abdal (hingerichtet um 1560), das beginnt:
Schöner Liebender – unsere Grausamkeit
kannst du nicht ertragen! Habe ich das nicht gesagt?
Rizā »völlige Zufriedenheit«, ist die willentliche und liebende Annahme jeden Schicksalsschlages und aller Grausamkeit des Geliebten.

dir geben, was ich noch übrig habe? Sei nicht so neugierig! Der Rest macht noch Hunderte satt, die so hungrig sind, so hungrig blicken wie du! Jahre hindurch noch Hunderte, die so hungrig sind wie du ...«

Nasib aber wiederholte denselben Vers ständig mit munterem Gelächter, und dadurch geriet Tante Siba völlig außer sich. Es kam ein Augenblick, da dieser feurige Streit beinahe zu einem wilden Ringkampf geworden wäre: die Hände der einen suchten etwas, das sie der anderen an den Kopf werfen konnte; die andere erhob sich vom Platz und bereitete sich zum Angriff vor. Von der einen Seite her hinderte Nur Baba, von der anderen Rauf diese Katastrophe, doch sie konnten Tante Siba nur schwer bändigen. Gottseidank dauerte es nicht lange, bis eine heftige Nervenkrise alle beide überwältigte. Nasib sank an Raufs Brust, den rundlichen Körper voll Schluchzen; Tante Siba brach, wie eine vom Pfeil in die Brust getroffene Tigerin, mit einem dumpfen Schrei und heftig zitternd an einer Ecke des Tisches zusammen. Trotzdem war es damit noch nicht zu Ende. Ein Teil der Versammelten lief bei Nasib zusammen, andere drängten sich um Tante Sibas gekrümmten, zuckenden Körper, und zwischen den Leuten, die sich um die Belebung der Ohnmächtigen bemühten, begann ein ermüdender Streit. Nur ich, Dschelile und Derwisch Tschinari blieben Zuschauer. Die weißhaarige Frau stand gleichgültig da, von Haß und Verachtung erfüllt. Der Derwisch mit den großen Ohrringen war verdutzt, als stände er einem Wunder gegenüber. Diejenigen, die kurz zuvor hier und da geschlummert hatten, streckten jetzt, vom Lärm aufgeweckt, ihre wirren Köpfe dem Lichte zu, noch ganz betäubt von dem Schattendunkel am Rande der Tafel. Ich aber dachte daran, endlich zu gehen und mich hinzulegen. Vielleicht würde auch ich etwas später an meinem Platz eindämmern; mein Kopf war so schwer und mir war so übel, daß ich mich eilig der in unveränderter Haltung dastehenden Badschi näherte und fragte:

»Könnten Sie mir wohl sagen, wo ich mich hinlegen kann?«

Die Badschi lachte:
»Sie haben zuviel Raki getrunken, Kindchen!«
Tatsächlich, als ich aufstand, merkte ich es: ich taumelte fast an meinem Platz, und die Umstehenden schienen hinter einer Wolke zu sein. Ohnehin ist der Teil der gestrigen Nacht nach dieser Stunde schon in diesem Augenblick wie ein halber Traum …
Ich erinnere mich an ein Ereignis, von dem ich heute noch nicht genau weiß, ob es wirklich war oder nicht doch einfach ein Alptraum, der sich auf mein bezechtes Gehirn legte:
Während ich meinen Kopf aus einem hohen Fenster in die kühle Dunkelheit streckte, übergab ich mich. Neben mir hielt eine Frau, von der ich genau spürte, daß es Nigar war, ihre eine Hand auf meine Stirn, mit der anderen preßte sie ein immer wieder angefeuchtetes Taschentuch auf mein Haar. Ich zog diese Hand ein paarmal an meine Lippen:
»Ach Schwester Nigar, Schwester Nigar!« stöhnte ich und begann dann zu weinen.
Nigar sagte:
»Ach Madschid, Brüderchen, komm doch wieder zu dir, komm doch zu dir!«
Ich weiß nicht, wie lange das dauerte. Auf einmal sah ich, daß Nur Baba sich uns näherte, Nigar um die Taille faßte und langsam an sich zog und daß die beiden dann flüsternd im Dunkel verschwanden.
Jetzt, da ich diese Zeilen schreibe, wünsche ich, es wäre nichts als ein Alptraum gewesen – nicht nur dies, sondern alles, was der gestrigen Nacht angehört …
Ich bin so aus tiefstem Herzensgrunde müde, als hätte ich in den letzten vierundzwanzig Stunden so viel erlebt wie in hundert Jahren. In meinem Kopfe liegt eine Last von vielen drückenden, schweren schwarzen Gedanken. Wo war ich? Woher bin ich gekommen? Habe ich an den Vergnügungen eines eingebildeten, stutzerhaften Türkenfürsten teilgenommen? In welcher Zeit der Geschichte, an welchem Platz der Erde war ich? Trotz-

dem denke ich, auch die gestrige Abendunterhaltung wird wohl nicht so über alle Maßen katastrophal gewesen sein, daß ich mich von ihr so tief beeindrucken lassen sollte. In der Tat ist der Anblick einer solchen Menge von Menschen in diesem fast einem Gotteshaus gleichenden Gebäude, im Halbdunkel, jeder in einer Woge von Begierde schreiend, lachend, weinend, ohnmächtig werdend, sich windend, eindösend, eine Seite des Lebens, die ich nur selten zu sehen bekomme. Hier ist die niederschmetternde Manifestation einer vor dem Reifwerden verfaulten, verkrüppelten, kümmerlichen Menschennatur, und der Nur Baba genannte Mann ist ein besonderes, höchst merkwürdiges Produkt des Landes, in dem ich aufgewachsen bin – ein Produkt, wie ich es zum erstenmal gesehen habe. Dieser Mann, der ganz Gier, ganz Begehren ist, beschäftigt sich damit, in einer stillen Ecke Istanbuls gleich den Zauberern in mittelalterlichen Geschichten über einem Herd mit nie verlöschendem Feuer ununterbrochen einen satanischen Kessel zu rühren, in dem eine Menge Seelen gesotten werden …
Nigar werde ich nun nicht mehr sehen …

8.
Der zweite Abschnitt der Rechtleitung

Nigar besuchte nach der Nacht, in der sie aufgenommen worden war, Nur Babas Kloster noch zweimal in einem Monat. Aber in dieser Zeit verging kein Tag, keine Nacht, in der sie nicht Nur Baba gesehen hätte oder ihm mehr oder minder nahe gewesen wäre.

So am Tage nach der Dschem-Festnacht: da vernahm die junge Frau gegen Mitternacht von ihrem Schlafzimmer, von ihrem Bett aus Nur Babas Stimme, und als sie zitternd, klopfenden Herzens, aufstand und den Kopf aus einem der Fenster in Richtung auf die Stimme streckte, sah sie, daß der schwarzbärtige Scheich in der halbhellen stillen Nacht mitten in der Bucht, an ein großes Boot gelehnt, mit Vers um Vers an- und abschwellender Stimme ein Lied sang, in dem es hieß:

... verwehe nicht, mein holdes Bild, im Schlafe ...*
Süße Furcht bedeckte ihren ganzen Körper, ihre Knie zitterten und sie fiel nieder, wo sie gerade stand.
Am anderen Tag ging sie nachmittags in die Stadt. Als sie vom Steg in den Dampfer springen wollte, sah sie plötzlich, daß Nur Baba direkt neben ihr ging. Sie war in Begleitung ihres älteren Kindes und der Kinderfrau, einer verdienten älteren Frau; aber es hätte nicht viel gefehlt, daß sie die beiden stehen gelassen und sich umgedreht hätte, um eilends in die Villa zurückzulaufen. Auf einmal wurde ihr schwindlig, die Knie wurden ihr weich. Der schwarzbärtige, schwarzbeturbante geistliche Führer war an diesem Tage bis zum Abend nicht von Nigar zu trennen; nebeneinander verließen sie den Dampfer. In Pera gingen sie gewissermaßen gemeinsam durch alle Geschäfte. Nur Baba war manchmal unsichtbar in der Menge, manchmal folgte er von ferne; einmal ging er gerade vor ihnen hinaus, dann ging er wieder Schritt für Schritt hinter der jungen Frau her. Nigar wußte an diesem Tage nicht mehr, was sie machen, wohin sie gehen sollte. Beim Gehen strauchelte sie, beim Stehen schwindelte ihr, und wenn sie Nur Baba ganz nahe spürte, war sie ganz beklommen vor Herzklopfen. Auf der Treppe des Odeon-Kaufhauses, wo sie hingegangen waren, um ein Kleid für das Kind zu kaufen, ging er an ihr vorüber, Schulter an Schulter mit ihr. Die Kinderfrau drehte sich um und sagte: »Na, was hat dieser Derwisch bloß? Wohin ich gehe, kommt er mir in die Quere!«
Nigar wäre daraufhin fast kopfüber die Treppe heruntergefallen. Sie wandte sich ärgerlich zu der Frau:
»Sei still, Mütterchen! Du weißt wohl nicht, wo Haus oder Straße ist! Man kann sowieso nirgends mit dir hingehen!« sagte sie, rannte plötzlich hinaus und stürzte sich in den Wagen.
Als sie nach Hause kam, war sie wie gerädert. Sie hatte das Gefühl, den schwarzbärtigen Scheich noch immer im Rücken zu haben, und zitterte. Nachts sagte sie ein paarmal zu sich:

* »holdes Bild« *nigār,* eine Anspielung auf Nigars Namen.

»Erbarmung, was für ein hartnäckiger Mann! Was für ein gefährlicher Mann!« Ihr Kopf war völlig leer; in ihrer Seele fühlte sie die zornige haßerfüllte bittere Befriedigung vergewaltigter Frauen. Sie dachte daran, ihn durch einen energischen Brief zu erziehen und so weiteren Geschehnissen vorzubeugen, weil die Sache langsam anfing, recht quälend zu werden. Sie tat das aber nicht, und zwei Tage später stand sie ihm schon wieder von Angesicht zu Angesicht gegenüber.

Es war wirklich ein sehr merkwürdiges Zusammentreffen. Nasib war nachmittags zu ihr zu Besuch gekommen. Sie hatte mit tausenderlei hartnäckigen Worten, tausend Bitten ihre Freundin überredet, bei ihr zu übernachten, und spät am Abend waren sie hinausgegangen, um auf dem benachbarten freien Feld noch etwas spazieren zu gehen. Sie kamen an dem Waldstück an der Bergseite der Villa vorbei und gingen langsam einen schmalen Ziegenpfad entlang, der auf einen kleinen grünen Hügel kletterte; an beiden Seiten des Weges wuchsen winzige natürliche Hecken aus dornigen, duftenden Pflanzen. Die Luft war von einem leicht bitteren Duft erfüllt. Nigar blickte nach vorn, und während sie mit den Spitzen ihres Schleiers beschäftigt war, sprach sie vielleicht zum zehnten Mal seit dem Mittag zu ihrer Freundin wieder von Nur Baba. Was die junge Frau über den Scheich sagte, drückte teils Erstaunen, teils Zorn aus, teils auch Furcht.

In der Tat, daß Nur Baba gekommen war, um gegen Mitternacht vom Meer aus unter ihrem Fenster plötzlich zu singen, das war durchaus erstaunlich. War es nicht am Morgen vor dieser Nacht gewesen, daß Nigar Nur Baba, fast so müde und verwirrt wie sie es selbst war, in einem Winkel von Tschamlidscha gelassen hatte? Wie hatte er denn nur trotzdem die Entschlossenheit und Energie gefunden, am Abend desselben Tages vielleicht ganz von der Küste von Üsküdar bis hin zur Bucht von Kanlidscha zu kommen? Wo und wie hatte er die Nacht in dieser Gegend verbracht? Wie hatte er die Begegnung am Anleger von Kanlidscha am nächsten Tage organisiert? Woher wußte er überhaupt, daß Nigar am nächsten Tag zu der und der Zeit nach Stambul fahren wollte? Alle diese Taten des jungen Seelenführers muteten wirklich wie Wunder an. Nasib fand dies alles völlig natürlich für einen Scheich, da sie eine überzeugte Bektaschi-Jüngerin war, und erzählte ganz harmlos ihrer Freundin von den mysteriösen Kräften, die so erlauchten Geistern eigen sind, und von den verwirrenden Manifestationen dieser Kräfte, und von der Göttlichkeit der Liebe.

Daraufhin meinte Nigar, sie habe nicht gerade finden können, daß Nur Babas letztes Vorgehen eines Scheichs würdig gewesen sei. Wenn es bei der Begegnung am Anleger geblieben wäre – nun gut, aber diese hartnäckige Verfolgung in Pera, die fand sie weder zur Erhabenheit des Ordens noch zur Stellung des Scheichs passend, und während sie das überlegte, fühlte sie, es sei doch nötig, der Freundin gegenüber halb ehrlich, halb gespielt ein bißchen verärgert zu erscheinen:

»Was hättest du denn da gesagt! Dieser Mensch ist ja mehr als wahnsinnig, mehr als dreist...! Seit drei Tagen bin ich nun in größter Gewissensqual, als hätte ich eine Sünde begangen; ich bereue, ich fürchte...«

Genau in diesem Augenblick geschah es, daß an einer engen Wegbiegung plötzlich von hinter einer zerbröckelnden Brunnenwand her, Nur Baba vor sie trat! Die Säume seines Obergewandes, seine Hosenbeine, seine Schuhe von Staub und Erde beschmutzt, sein Gesicht mit Schweiß bedeckt, seine Brust erregt. Nasib wich zwei Schritte zurück; sie preßte erstaunt den Finger zwischen die Zähne und rief ein paarmal:

»Ah, ah, ah!«

Ihre Freundin aber blieb wie angewurzelt stehen, wo sie stand. Sie suchte nach etwas in der Nähe, auf das sie sich stützen könnte. Der Scheich sagte mit bebender Stimme:

»Fürchten Sie sich nicht, bitte, meine Dame, ich bin's. Bitte haben Sie keine Angst!« und begann sich mit einem cremefarbigen Seidentuch die Stirn zu wischen. Er sah aus, als sei er von sehr weit her gekommen. Als er sagte: »Fürchten Sie sich bitte

nicht!« schauten die beiden jungen Frauen einander verwundert an. Nasib musterte den ihr gegenüberstehenden verwirrten Derwisch lange Zeit mit wachsendem Erstaunen.
»Wir wissen überhaupt nicht, was wir sagen sollen, Meister!« sagte sie. »Ich weiß nicht, was mit Euch ist ...«
Nigar schwieg. Sie spürte, wie die Worte in ihrer Kehle zu dikken Knoten wurden. Nur Baba antwortete Nasib mit in Schwingung geratender Stimme:
»Ich weiß es auch nicht ... Ich weiß es auch nicht! Fragen Sie die Dame dort danach!« Nigar lächelte ein wenig unbestimmt und gezwungen und blickte vor sich hin. Der Scheich zeigte mit der Hand auf seine neue Jüngerin und wiederholte:
»Fragen Sie die Dame dort danach!«
Nasib sagte mit munterem Lachen:
»Ach, was soll die denn wissen, Meister? Macht doch um Himmelswillen keine Witze! Woher kommt Ihr? Wie seid Ihr gekommen? Wir ...«
Der junge Mann schnitt seiner Gesprächspartnerin zum zweitenmal das Wort ab:
»Ich weiß es nicht, fragen Sie nicht so dumm; ich weiß es nicht!«
Erst daraufhin fühlte Nigar, daß sie sich doch wohl oder übel in das Gespräch einmischen müsse:
»Der Meister hat recht, Nasib. Er ist seit drei vier Tagen wirklich im Zustand eines Menschen, der nicht weiß, was er tut.«
Die junge Frau sagte das mit halb vorwurfsvollem, halb spöttischem Ton. Aber Nur Baba schien ihre Anspielung nicht zu verstehen; er lachte und sagte:
»Sehen Sie, sie gibt mir recht!«
Man merkte, er war ein wenig berauscht von ihren Blicken und ihrem Lachen. Bis zum späten Abend blieb er bei ihnen und trennte sich nicht von ihnen, ehe er ihnen das Versprechen abgenommen hatte, am folgenden Tag ins Kloster zu kommen.
Am nächsten Tag ging Nigar allein zum Kloster. Sie hatte zwar ihrer Freundin gegenüber darauf bestanden, daß sie zusammen dorthin gehen sollten; sich ganz allein zu einem solchen Besuch

zu entschließen, dazu konnte sie keinen Mut aufbringen. Die Entfernung und die Strecke zwischen Kanlidscha und Tschamlidscha flößten ihr Furcht und Sorge ein. Die Nacht, von der sie sich vorstellte, sie werde sie allein ganz in Nur Babas Nähe zubringen, öffnete sich in ihrer Fantasie fast wie ein mit tausendköpfigen Drachen gefüllter, tiefer schwarzer, verhexter Brunnen. Sie wünschte, trotz allem zumindest irgendjemand aus dem Hause mitzunehmen; nach kurzer Überlegung sah sie aber davon ab. Dann dachte sie, es sei vielleicht passender, sich an Siba zu wenden; jedoch mochte sie auch das nicht wagen. Als sie beim Landungssteg in Üsküdar ausstieg, fiel ihr als letzte Rettung Afife mit dem roten Kopfbund ein. Sie wußte, daß diese alte Frau in einem alten großen Haus in Sultantepe wohnte. Sie ging nach Sultantepe; fand aber die Tür des großen Hauses mit dem schweren Türklopfer verschlossen. Als sie wieder allein in ihren Wagen einstieg, wußte sie nicht mehr, was sie tun, wohin sie nun gehen sollte. Sie war ganz hilflos und zögerte. In ihrem Herzen kochte ein Zorn, dessen Grund und Ziel sie nicht kannte. Immer wieder zog sie die Handschuhe an und aus, hob ihren Schleier, zog ihn wieder herunter. War nicht im Bektaschitum Dienst und Hilfe füreinander die Grundbedingung? Und schon beim ersten Schritt ließen sie sie ganz allein! Diejenige, welche die Sache so weit getrieben hatte, war auch die erste, die sich zurückzog, die erste, die verzichtete. Nigar ärgerte sich auch etwas über Nur Baba – aus welchem Grunde, mit welchem Recht hatte er sie zu sich gerufen? Das war doch nur ein anmaßender Kerl, der nach ein paar Erfolgen außer sich geraten war und nun angefangen hatte, sich einzubilden, er habe jeder Frau gegenüber ein Besitzrecht. Nigar würde ihm beweisen, daß nicht jede so war wie Siba!

Nachdem sie das überlegt hatte, sagte sie zum Kutscher, er solle wieder zur Landungsbrücke umkehren. Zu sich selbst sagte sie: »Nein, ich werde nicht hingehen, nein ...« Was bis jetzt gewesen war, das war nun einmal geschehen. Teils aus Langeweile, teils aus Neugier, teils aus Eigensinn war sie in einer ihr selbst unbegreiflichen Weise vorgegangen; ihr farbloses, duftloses Leben, das einem Kristallglas voll leuchtender Flüssigkeit glich, hatte sie gerade so im Stehenbleiben teils aus Langeweile, teils aus Neugier, teils aus Eigensinn in faulige Abwässer getaucht, und als sie es herauszog, hatte sie einen krankhaften Genuß daran gefunden. Aber wenn schon irgendetwas passieren mußte – dies war genug. Sie sagte innerlich: »Liegt es nicht in meiner Hand? Ich kehre von hier um – liegt das nicht ganz in meiner Hand?« Aber als sie an der Landungsbrücke von Üsküdar ankam, verwandelte eine winzige Ursache die Erwägungen der jungen Frau plötzlich ins Gegenteil. Der Dampfer, der das anatolische Ufer entlang fuhr, war schon abgefahren; auf den nächsten Dampfer aber mußte man über anderthalb Stunden warten. Nigar beschloß, zu warten, fand aber diese anderthalb Stunden unerträglich, denn diese anderthalb Stunden erinnerten sie an eine andere Reihe von leeren und langsamen Stunden ihres Lebens, in denen jede Minute so lang wie ein Jahrhundert war. Sie sah sich in der großen alten Villa, in der sie geboren und aufgewachsen war, in der sie geheiratet hatte, mit leeren Händen, leeren Augen, leerem Kopf bald von diesem Zimmer in jenes Zimmer gehen, bald sich auf der Chaiselongue langlegen, bald die leere, schweigende Öffnung des vom Winter her leerstehenden Wasserbeckens mit ununterbrochen, ungern und nur halb gerauchten Zigaretten füllen. In solchen Augenblicken spürte sie fast, wie die Kette der Stunden sich ihr fest, lautlos und beklemmend ums Herz legte. Eschref Paschas Frau blickte durch die Fenstergitter des Wartesaals auf die bleichen Wasser des Ufers von Üsküdar, und ihre Brust hob und senkte sich ein paarmal in langsamem, schmerzlichem Seufzen.

In diesem Augenblick konnte für sie kein Unglück im Leben so schmerzvoll und herzzerreißend sein wie diese unselige innere Bedrängnis, die ihr die Brust anschwellen ließ. Mehrmals sah sie nach der Uhr, sagte zu sich: »Noch immer fünfundvierzig Minuten!« und ging bei diesen Worten langsam nach draußen. Eine halbe Stunde später war Nigar in Nur Babas Kloster.

Der junge Scheich empfing sie, die Augen voller Freude, schon an der Gartentür. Die Freunde winkten mit weißen Taschentüchern aus den Fenstern. Die junge Frau spürte plötzlich die Menschenmenge im Kloster, wurde ruhig und sagte zu Nur Baba:

»Ach, wie gut! Mögen Sie und alle Gäste lange leben! Ich hatte nämlich gedacht, wir würden heute abend ganz allein bleiben!«

Der junge Scheich hörte das mit einem zufriedenen, sehr vielsagenden Lächeln und meinte:

»Leider, gnädige Frau, sind alle Klöster so, alle!«

Nigar fand es nicht nötig, zu erklären, was sie gemeint hatte. In einer Minute war sie ganz in Munterkeit und Leichtsinn verwandelt. Mit der Badschi, die sie vor der Tür erwartete, küßte sie sich sehr lange; mit einigen der Freunde scherzte und lachte sie und ging, Düfte um sich verbreitend, hinaus, um in dem für sie bereitstehenden Zimmer ihren Mantel und Schleier abzulegen.

Nur Baba sah eine bejahrte Freundin an, die neben ihm stand, holte tief Luft und sagte leise:

»Atiye, Gott weiß, ich bin berauscht!«

Ob in dieser Nacht viel getrunken wurde? Da keine Saiteninstrumente da waren, sang Nur Baba. Nigar war so berauscht, daß sie am nächsten Tag bis zum Abend nicht mehr zu sich kam und erst mit dem letzten Dampfer zur Villa zurückkehrte. Die Kinder hatten sich hingelegt; ihre Mutter erwartete sie neugierig und ärgerlich an der Treppe. Die alte Frau empfing ihre Tochter mit bösem Gesicht:

»Bei Gott, so was darf doch nicht vorkommen, Nigar! Du hast wohl gar nicht an uns gedacht? Wie ist das nur möglich – ohne Angst zu haben... bis jetzt, so spät!«

Nigar konnte nicht mehr stehen. Lachend bot sie ihrer Mutter die Wange und schloß sich sogleich in ihr Zimmer ein.

Am nächsten Tag blieb sie bis gegen Abend im Bett, und erst zu später Stunde konnte sie sich mühsam erheben, um mit einer alten Frau zu sprechen, die sie besuchte. Wer diese Frau sein mochte, war den Hausbewohnern völlig unbekannt. Aber Nigar

erkannte sie, kaum daß sie sie erblickte, und führte sie sogleich in ihr Zimmer. Die Besucherin kam vom Kloster. Sie war von Nur Baba eigens geschickt worden, um sich nach ihrem Befinden zu erkundigen, und hatte in ihrem Busen einen Brief mitgebracht. Dieser Brief sprach zu der jungen Frau von Liebe, Scheiden, Vereinigung und Trennung. Die alte Frau sagte beim Fortgehen:
»Er erwartet ganz bestimmt eine Antwort darauf.«
Safa Efendis Enkelin lachte:
»Ihr seht, ich bin krank und mir zittern die Hände, ich bin schwindlig – sagt ihm das bitte!«
Keine zwei Tage waren vergangen, da kam ein zweiter Brief von Nur Baba an Nigar. Er war von Anfang bis Ende mit Vorwürfen und Klagen angefüllt. Der liebestolle Scheich begann:
»Meine Angebetete, beglückend in der Erscheinung, bedrükkend in böser Meinung – wie kommt es, daß Du Deinem Sklaven gegenüber einen solchen Grad von Tyrannei für erlaubt hältst? Mit stürmischem Ach und Weh haben sich meine Nächte in meine Tage, meine Tage in meine Nächte gemischt. Die Tage, die ohne Dich vergehen, unterscheiden sich nicht von der längsten Nacht. Die Bissen, die ich esse, stecken mir wie Knoten in der Kehle; der Wein, den ich trinke, verwandelt sich in meinem Leibe in tödliches Gift; jedes einzelne Haar meines Körpers jammert um Deinetwillen. Ich habe mich ganz von mir selbst entfernt. Du bist meine Gebetsrichtung, zu Dir wende ich mich; von Dir erwarte ich meine Heilung.« Und nach einer Reihe von Beschwerden schloß er:
»Bei Ihrem letzten Besuch haben Sie Ihrem Verehrer verboten, in Ihrer Umgebung spazieren zu gehen. Da Ihre Anordnungen mir so heilig sind wie göttliche Befehle, habe ich den Nacken gebeugt, die Zähne zusammengebissen. Nun sind es schon vier Tage, daß ich Sie nicht mit meiner Gegenwart beunruhigt habe. Ist es zu viel, wenn ich als Gegenleistung für dieses mein Opfer eine Huld von Ihnen erbitte? Wie es auch sei, gnädige Frau, lassen Sie sich bitte herab, mit ein paar Zeilen nach meinem ver-

wirrten Gemüt zu fragen! Gießen Sie ein wenig Hoffnung und Trost in mein Herz! Beim letzten Mal wurde geantwortet: ›Ich bin krank, ich kann nicht schreiben‹ usw.«

Als sie den Brief gelesen hatte, fing Atiye, die Überbringerin des Schreibens, an:

»Jeden Tag, jede Stunde schwatzt er von Ihnen. Man muß sogar sagen – immer wieder sucht er Streit. Immerfort hockt er geistesabwesend am Tisch; dauernd verkriecht er sich in verborgene Winkel und heult. Um Mitternacht verschwindet eine Rakiflasche nach der anderen unter seinem Sessel ... Die arme Badschi weiß nicht mehr ein noch aus. Wenn die nicht wäre, stände es schlimm mit dem Kloster ...

Aber du weißt, Mädchen, das ist alles wegen des Scheichs, den du Freund nennst! Wie soll denn die Badschi seinen Platz ausfüllen! Wie dem auch sei, die umsichtige Frau läßt sich nicht in die Karten gucken, das tut sie nicht ... aber so geht es nicht ... so geht das nicht mehr weiter ... Für beide Teile kann das so nicht mehr weitergehen. Erstens hört die Geduld der Badschi auf, und dann ... Ach, Gott verzeih mir's, aber er treibt's zu weit. Die Badschi ist wirklich eine geduldige Frau aber ... ich weiß nicht, wie weit ein Mensch in solchen Sachen geduldig bleiben kann. Das ist keine Art und Weise – das – so etwas geht doch nicht, meine Liebe!«

Nigar lachte. Atiye taute noch mehr auf und sagte noch vertraulicher:

»Lach nur nicht, Mädchen, lach nicht! Was du Herz nennst, das ist das Haus Gottes. Das verträgt keinen Spaß. Ach, die Jugend! Ach, diese Torheit! Der Mensch denkt, Liebe sei ein Vergnügen, dann ein kleiner Streit, dann ein zweifaches Lächeln ... Ich liebe dich, du liebst mich, sinnreiche Geschenke, duftende Briefe ... Das versteht ihr in eurem Alter unter Liebe ... Ach, Liebe, ach ... Liebe ... Kindchen, die Liebe, die wir kennen – Gott bewahre, das ist etwas wie ein Erdbeben, wie ein Blitz, wie eine Feuersbrunst, wie ein Wildbach, ein Unglück, eine Plage. Eine Plage! Ich wünsche dir kein solches Unglück für deinen hüb-

schen Kopf! Aber ich will dir nur sagen, daß du die Verantwortung dafür nicht auf dich nehmen solltest!«
Die alte Frau konnte nicht zum Ziel kommen. Nigar half ihrer Gesprächspartnerin mit ihrem eigentümlichen Lächeln, das Spott, Hochmut und Munterkeit vereinte:
»Schon gut, liebe Dame, ich hab's ja verstanden,« sagte sie. »Aber was wollen Sie, das ich tun soll, wie ich vorgehen soll?«
»Um Gotteswillen, Töchterchen, es steht mir doch nicht zu, dir den Weg zu zeigen. Ich schwöre dir, der Zustand der Badschi und des Klosters, wie er sich aus der Lage des Meisters entwikkelt hat, macht mich völlig konfus, daß ich kühn genug war, offen zu Ihnen zu sprechen. Vielleicht ist der Meister, wenn er das merkt, auch damit wieder unzufrieden. Liebling, diese Worte müssen unter uns bleiben. Ich will tun, als hätte ich gar nichts gewußt. Bitte, schreiben Sie doch die Antwort auf den Brief!«
Nigar überlegte lange und eingehend. Schließlich begnügte sie sich damit, ein paar Zeilen zu schreiben:
»Wenn ich Sie nicht recht nahe und recht gut kennte, hätte Ihr Brief mich vielleicht sehr betrübt. Liebe ist Ihr Beruf, und sie kann bei Ihnen absolut nicht die Grenzen des Berufs überschreiten. Erwarten Sie bitte nichts von mir! Ich besuche Sie ab und zu einmal! Mit vorzüglicher Hochachtung ...«
Das war das erste, was Nigar je in Bezug auf die Liebe geschrieben hatte. Als sie der alten Frau das Papier gegeben hatte, wunderte sie sich über ihre eigene Kühnheit, so, als hätte sie etwas ganz Bedeutendes geleistet, und in ihrem Herzen erwachte etwas wie Reue. Tatsächlich folgte während dieser letzten paar Monate auf jede Bewegung in ihrem Leben entweder Enttäuschung, Furcht oder Reue. Auf dem Grunde ihres Wesens lag von Zeit zu Zeit, wie eine sich windende Schlange, ein unheilvolles Vorgefühl. Jeden Augenblick glaubte sie, einem Unglück ausgeliefert zu sein. Aber es dauerte nicht lange, da hatte all diese Dunkelheit ihrer Seele sich wieder in einer plötzlichen Heiterkeit aufgelöst. Nur Babas erfahrene Bevollmächtigte

hatte mit dem in den Busen gesteckten Papier noch nicht die Schwelle der Villa überschritten, als Safa Efendis Enkelin lächelnd, munter und strahlend in ihr Zimmer ging.

Sie entfaltete den Brief Nur Babas, den sie in die Seite des Lehnstuhls gesteckt hatte, in dem sie vorher gesessen hatte, und trat ans Fenster; sie las ihn lange, lange, immer und immer wieder. Er ließ sie erstaunen wie über Dinge, die man zum ersten Mal im Leben sieht, oder Worte, die man zum ersten Mal hört; ihr Herz fand in stiller Befriedigung jedes Wort besonders vertraut und bekannt. Denn wie bei allen Frauen gingen auch bei Nigar die Manifestationen der Liebe aus natürlichen Antrieben hervor und sprachen sie deshalb an. Als ihre Augen jeden Satz mit tiefer Begierde aufgesaugt hatten, faltete sie das Papier zusammen und steckte es, als habe sie im Zimmer keinen geeigneten Aufenthaltsort finden können, langsam in ihr Korsett. Eine Weile verfiel sie wieder in Melancholie und Versunkenheit. Nur Baba tat ihr leid; die Antwort, die sie ihm geschickt hatte, bildete zu dem Feuer dieses Briefes einen geradezu grausamen Gegensatz. Das fand auch Nur Baba, und deshalb kam er in der nächsten Nacht wieder, um vom Meer aus mit leidenschaftlicher, lauter Stimme zu Nigars Fenster hin zu klagen.

Es war noch nicht so spät wie das letzte Mal. Es waren noch zwei Stunden bis Mitternacht. Mit ihren Kusinen, die einen Tag zuvor aus Schischli zu Besuch gekommen waren, mit ihrer Mutter und Madschid (Madschid hatte trotz seines letzten Beschlusses doch nicht davon ablassen können, ab und zu bei der Villa vorbeizukommen) – mit diesen also saß Nigar in dem geräumigen Erkerzimmer neben ihrem Schlafzimmer im Familienkreise zusammen. Sie hatte die letzten der kleinen dünnen Zigaretten, die nach dem Abendessen einander folgten, noch nicht gelöscht, als sie merkte, wie ihr ganzer Körper plötzlich erbebte. Mitten in einer Unterhaltung hielt sie zwei-, dreimal an und horchte mit runden Augen, die Augenbrauen hochgezogen, mit großer Aufmerksamkeit nach draußen. Diese Bewegung der jungen Frau war so unvermutet und so deutlich, daß ihre ohnehin schon überaus zart empfindenden Kusinen es merkten – ganz zu schweigen von Madschid, der im hitzigen Fieber der Eifersucht mindestens drei seiner fünf Sinne vollkommen mit allen Nigar entströmenden spürbaren und nicht spürbaren Manifestationen vertraut gemacht hatte; ja, daß sogar ihre Mutter, die in einer Ecke des Zimmers mit ihrer Beschäftigung in einer anderen Welt zu sein schien, etwas merkte und es sich nicht versagen konnte, zu fragen:

»Was hast du denn auf einmal?«

Nigar, wie ein bei einer Unart ertapptes Kind, wußte nicht, was sie sagen sollte. Sie war völlig verwirrt und suchte sich aus dieser schwierigen Situation mit der Antwort zu retten:

»Hört ihr? In der Bucht singt jemand!« –

einer Antwort, die zwar ihrer Meinung nach klar war, aber noch einer besonderen Erklärung für die im Zimmer anwesenden Familienmitglieder bedurfte. Alle gingen daraufhin unwillkürlich zum Fenster und horchten nach draußen. Nur Madschid blieb sitzen. Er hörte deutlich die Stimme, die jetzt am Meer erklang, und er wußte sehr gut, wessen Stimme das war und was sie sagen wollte. Die Kusinen wollten die Lampen löschen und ein Fenstergitter öffnen. Nigar sagte:

»Laßt das bitte! Kommt, setzt euch hin! Was für eine Aufregung! Habt ihr denn noch nie gehört, daß auf dem Wasser gesungen wird?«

»Aber Nigar, das ist doch etwas ganz anderes, eine ganz ungewöhnliche Stimme ...« antworteten sie.

Safa Efendis alte Schwiegertochter pflichtete dem Eindruck der jungen Mädchen bei:

»Eine ganz ergreifende und eindrucksvolle Stimme ...« sagte sie.

In den halbdunklen schweigenden Salon, dessen Fenster rasch geöffnet wurden, fluteten Nur Babas Weisen wie Luftwellen. Der Ordensmeister der Liebe sang:

> O liebe du das teure Herz, das sagt: »Ich lieb' dich!«
> Geliebt zu werden, Lieben schenkt der Seele Nahrung!

Die Stimme senkte sich manchmal in innerem Wehklagen, hob sich dann wieder mit glühenden Seufzern, und der Melodie jedes Verses folgte ein langes, vielsagendes Schweigen. Dann hörten die Leute, die sich aus dem Fenster der Villa beugten, nur das Plätschern der Wellen und die leichten Ruderschläge des sich ihnen nähernden Bootes. Nigar war vom Fenster zurückgetreten und hatte sich in der Dunkelheit leise neben Madschid gesetzt. Madschid beugte sich zu der jungen Frau herab und sagte leise, aber spöttisch und bitter: »Schwester Nigar, ich gratuliere! Du hast die Geschichte ja gut vorangebracht!«
Nigar erstarrte. Als käme sie aus einem zu lange dauernden Seebad, so schlugen ihre Zähne aneinander, so zitterte sie am ganzen Körper.
Madschid wiederholte:
»Herzlichen Glückwunsch; ich gratuliere!«
Die junge Frau hatte keine Kraft, ihm zu antworten; sie litt unter diesen bitteren Bemerkungen ihres Freundes und flehte: »Erbarmen, Madschid, sei doch still! Siehst du denn nicht, ich bin völlig durcheinander, ich bin ganz bedrückt.«
Nur Babas Stimme schien sich mehr und mehr zu nähern. In der Tat hatte der liebestrunkene Scheich gemerkt, daß die Fenster geöffnet wurden, hatte das für ein günstiges Zeichen gehalten und begonnen, das Boot nach und nach auf die Villa hin zu lenken. Als sich das Boot mit jedem Ruderschlag der Villa näherte, senkte seine Stimme sich immer etwas mehr und nahm den Charakter melodischer Schluchzer, sehnsuchtsvoller Klagen an.
Madschid sagte leise:
»Eine beredte Serenade!« Nach einem Augenblick des Überlegens setzte er mit unveränderter Stimme, aber noch mehr zu Nigar gebeugt, voll Bitterkeit hinzu: »Aber wie schade, daß der Liebende kein Saitenspiel, die Geliebte keine Ziererei hat!«*

* Ein schwer übersetzbares türkisches Sprichwort: der *āschik,* Liebende, ist auch Bezeichnung für einen wandernden Volkssänger, der mit seinem Saiteninstrument *(sāz)* durchs Land zieht. Die Geliebte ist in der persisch-türkischen Tradition immer ein Sinnbild von *nāz,* Koketterie.

Die junge Frau preßte die Lippen zusammen und sagte, als spräche sie zu sich selbst:
»Gebe Gott, daß er nicht noch näher kommt, nicht noch näher!«
Madschid fragte:
»Hast du ihn zu solcher Kühnheit inspiriert?«
Jetzt schwieg die Stimme, aber man merkte, wie das Boot vor das Fenster kam. Nigars Mutter zog auf einmal ihren Kopf herein:
»Oh, ist das ein alberner Kerl!«
Sie bedeutete ihren Schwesterkindern, die Gitter herunterzulassen. Nigar bemühte sich, zu lächeln, und sagte etwas wie:
»Ach bitte, zieht auch die Vorhänge zu! Dann wollen wir die Lampe anzünden!«
Der Ordensmeister der Liebe begann sich langsam zu entfernen und mit einer von Weise zu Weise lauter werdenden Stimme vom Meere aus zu klagen:

> Meines Seufzens Glut erhellt den Liebespfad im Strahl!
> Um zu zeigen, daß du Haidars Kindern Sklave bist,*
> Siehe, wie jene Holde reichet Nuri den Pokal der Qual ...

Nigar konnte in dieser Nacht nicht schlafen. Ihr ganzes Wesen kochte in unaufhörlichem Zorn. Aber Zorn gegen wen? Warum? Das konnte sie selber bis zum Morgen nicht feststellen.
Gegen Abend kam eine ältere Frau, die sie überhaupt nicht kannte, von Nur Baba zu ihr zu Besuch. Die Manieren dieser Frau waren fein, ihre Stimme angenehm, ihre Augen geheimnisvoll. In freundlicher, vertrauter Haltung näherte sie sich Nigar und sagte verstohlen:
»Mein Schatz, ich bin keine Fremde. Ich gehöre zu Nur Babas Kindern.«

* Haidar = Ali. Haidars Kinder sind die Imame des schiitischen Islam, deren Diener der Bektaschi sein soll.

Die junge Frau führte ihren Gast in ein kleines, halbdunkles, mit dunkelrotem Samt ausgeschlagenes Zimmer. Hier war eine geheime Ecke, fern von jedem Geräusch der Villa. Die Freundinnen setzten sich ganz nahe zusammen in einander gegenüberstehende tiefe Lehnstühle. Die Besucherin verharrte in der zögernden Haltung von jemand, der nicht weiß, wo er anfangen soll zu reden. In dem Gesicht, das durch wer weiß welche seltsame Laune des Schicksals schlaff und spitz geworden war, lagen jugendliche, unschuldige Schatten von Scham, wie sie einem jungen Mädchen anstanden. Aber ihre Augen waren nicht frei von geheimer Neugier. Ein paarmal hintereinander blickte sie sich um und sagte schließlich:

»Ich bin sehr traurig, daß ich an Ihrem Dschem-Fest nicht habe teilnehmen können. Und es hat sich auch später nicht ergeben, daß wir uns sprechen konnten; ich habe sowieso ziemlich lange nicht ins Kloster kommen können. Wir sind einander hier ganz nahe; ich wohne in Anadolu Hisar. Der Meister – Gott erhalte ihn! – blickt nicht auf meine Fehler und kommt oft zu Besuch zu mir. Denn ich bin sein erstes Kind. Er erweist meiner Wenigkeit überaus große Gunst. Aber die Liebe zu seinem letzten Kind hat all seine anderen Lieben ...«

Sie sprach nicht zu Ende, sondern lachte. Nigar tat so, als habe sie nicht verstanden. Nur Babas erstes Kind fuhr fort:

»Aber daß seine Besuche in letzter Zeit häufiger geworden sind, ist Ihnen zu danken. Für dieses Glück bin ich Ihnen verpflichtet. Das Bedürfnis, Ihnen so nahe wie möglich zu sein und in Ihrer Umgebung zu wandeln, treibt ihn alle zwei, drei Tage einmal in meine bescheidene Hütte. Sein Tun beschränkt sich darauf, nachts manchmal vom Meer, manchmal vom Festland aus Ihr Haus zu umkreisen. Das ist aber für ihn wie für Sie ein gefährliches Spiel. Nirgendwo, bis hin zum Inneren von Kanlidscha, gibt es einen Menschen hier, der diese Villa nicht kennt – wenn Sie das dem Meister sagen könnten ... Wozu lange reden, mein Schatz. Aber die ›Ehre‹ seines Hauptes (– das ist sein Turban –), seine Gewandung, kurz ...«

Nigar fiel ihrer Gesprächspartnerin ins Wort:
»Wie gut, liebe Dame! Sie sagen ganz das, was ich sagen wollte, was ich gedacht, ja, was ich ihm schon ein paarmal gesagt habe.«
»Dann flehe ich Sie an, finden Sie ein Mittel dagegen! Bei Gott, seit gestern nacht – ich dachte, ich werde verrückt – ... Sehen Sie, ich weiß gar nicht mehr, was ich sagen soll!... Gestern nacht ... Liebes, was haben Sie ihm gestern nacht getan?«
In diesem Augenblick brachte man dem Gast Kaffee; in der kurzen Zeit, da die Dienerin mit dem Tablett an der Tür stand, wäre Nigar vor Neugier und Ungeduld fast ohnmächtig geworden. Nachdem Nur Babas erstes Kind Kaffee getrunken hatte, zündete sie sich eine Zigarette an und wartete, bis die Dienerin sich ganz entfernt hatte. Nigar sagte ein paarmal hintereinander:
»Erbarmen, gnädige Frau, was war gestern nacht los? Was haben wir gemacht? Bitte, sagen Sie es mir!«
Die Besucherin seufzte ganz ganz tief.
»Gestern nacht? Um Gotteswillen – fragen Sie mich das nicht! Gestern nacht – das war für mich wie für ihn eine Unglücksnacht. Er kam von der Bootfahrt in einem solchen Zustand zurück, daß ich schon – ach, der Himmel verhüte es! – meinte, er habe den Verstand völlig verloren oder sei nahe daran, den Geist aufzugeben. Sein Anzug war völlig durchnäßt und unordentlich, sein Turban war aufgelöst, alle Knöpfe seines Hemdes waren abgerissen, seine Brust nackt, Haar und Bart verwirrt, die Augen aus den Höhlen getreten. Er konnte sich nicht eine Minute mehr auf den Füßen halten, geschweige denn gehen. So kam er herein; dann lehnte er den Rücken gegen die Tür und blieb lange Zeit unbeweglich und stumm. Ich wußte überhaupt nicht, was ich in dieser Lage machen sollte; ich dachte, ich werde verrückt. Die Lampe in der Hand, zitterte und bebte ich. Er sah mich völlig verwirrt an, so, als sähe er mich zum erstenmal. Es war, als wollte er etwas sagen, schreien, und als er das tat, füllte sich seine Brust, seine Kehle mit Röcheln. Ich wollte zu seinem Lehnstuhl gehen, ihm einen bequemen Platz zurechtmachen – völlig ausgeschlossen. Dann rührte er sich plötzlich von der

Stelle, ging einen Schritt vorwärts und brach zusammen, der Länge nach auf die Steine hingesunken. Nun wußte ich überhaupt nicht mehr, was ich tun sollte. Hingehen und die Dienerin wecken – das wäre nicht gegangen ... Ich wollte doch nicht, daß jemand ihn in diesem Zustand sähe ... Der Gottesname* gab mir Kraft; ich stellte die Lampe, die ich in der Hand hielt, zur Seite, beugte mich nieder, legte die Hände unter seine Achseln, und ziehend und schleppend brachte ich ihn zu Bett ... Denk mal an ihn, Herzchen, denk mal an mich! Darf so etwas passieren? Aber so ist es nun mal ... Durch des Meisters Kraft und die Stärke des Glaubens passieren noch ganz andere Sachen. So ...«

Nigar war gezwungen, hier viele dem Thema fern liegende Worte ihrer Gesprächspartnerin über die Kraft des Meisters und des Glaubens anzuhören. Dieses Warten an einem atemberaubenden Wendepunkt ihres Schicksals zehrte an ihrer Geduld. Ein paarmal hätte sie am liebsten gesagt: »Was hatte er denn bloß? Erklären Sie mir doch in erster Linie mal das! Was hatte er?!« Endlich kam die Freundin aus Anadolu Hisar nach manchen anderen Bemerkungen wieder auf ihren Anfangsbericht zurück. Es war Abend, Schatten füllten das dunkelrote Zimmer. »Ich legte ihn ins Bett«, sagte sie. »Aber Sie dürfen nicht denken, daß damit nun alles zu Ende war. Die Katastrophe fing dann erst richtig an. Als ob das Bett, auf das ich ihn gelegt hatte, ein Eisklumpen wäre, ein so heftiges Zittern erfaßte seinen Körper. Ich hatte seinen Kopf mit kaltem Wasser befeuchtet – ich dachte, davon käme es. Ich trocknete ihn ab, wickelte ihn ein, bedeckte ihn mit allem, was mir in die Hand fiel. Ich fing an, seinen Körper mit aller Kraft zu kneten und zu massieren, ohne jede Wirkung, ohne jeden Erfolg, gnädige Frau! Sein Zittern wurde immer stärker, seine Zähne schlugen aufeinander, als

* Man verwendet einen der 99 »Schönsten Namen Gottes« in der Meditation, oder ruft ihn je nach der Art des Anliegens, das man hat – im Zustand der Ungeduld wird man rufen *Ya sabūr,* »O Geduldiger!«, im Zustand der Schwäche *Ya qādir,* »O Mächtiger« usw.

wollten sie zerbrechen. Ich merkte: das kam nicht von einem Frieren, wie wir es kennen. Ein anderes Mittel ... Was für ein Mittel konnte ich finden? Wohin sollte ich um Mitternacht gehen? Ich ging völlig verstört im Zimmer umher. ›Gnade, Meister! Komm mir zu Hilfe! Erbarmen, Meister!‹ sagte ich. Ein wenig später hörte das Zittern auf, aber sein Zustand nahm eine noch schrecklichere Form an. Seine Zähne schlossen sich fest aufeinander, er ballte die Fäuste, sein Nacken war ganz steif, seine Taille bog sich, sein ganzer Körper spannte sich wie ein Pfeil ... mit kreischender Stimme fuhr er unter der Bettdecke hervor und rollte in eine Ecke des Zimmers. Ich dachte, ich werde verrückt. Zuerst konnte ich es überhaupt nicht wagen, ihm irgendwie näherzukommen. Ich blieb wie angewurzelt auf der Stelle stehen. Dann sah ich, daß es nicht so weiter ging: er warf sich hin und her an die Wand ... an die Türschwelle ... schlug seinen Kopf, seine Arme. Ich kam ihm näher, warf mich auf ihn, drückte meine Knie gegen seine Schultern, hielt seine Arme mit aller Kraft. Völlig ergebnislos, mein Kind, völlig ergebnislos. Ich konnte mich selbst kaum halten, ganz zu schweigen davon, ihn halten zu können. Gott erhalte ihn, er ist an sich sehr kräftig, sehr mächtig, aber in diesem Zustand war das noch ganz anders. Wenn ich sage ›Eisen‹, nein, völlig Löwe ... ein rasender Löwe, gnädige Frau. Sehen Sie,« – Nur Babas erstes Kind streifte die Ärmel ihrer Bluse hoch und zeigte ihre Ellbogen, die voll blauer Flecke waren – »alles voll blauer Flecke! Wenn Sie meine Schultern, meine Knie sähen, dann würde ich Ihnen noch viel mehr leid tun. Aber konnte ich in jener Stunde denn an mich denken? Wo war ich? War ich auf der Erde? War ich im Himmel? Sogar das hatte ich vergessen ...«

Nigar schnitt der Besucherin aus Anadolu Hisar das Wort ab: »Das heißt, daß der Meister, so wie Sie es dargestellt haben, sozusagen einen hysterischen Anfall gehabt hat. Merkwürdig – ich dachte, das sei eine Krankheit, an der nur Frauen litten!«

Mit einem vielsagenden Lächeln, die Augen ein wenig schließend, fuhr die Freundin langsam fort:

»Sagen Sie, was Sie wollen, mein Augapfel. Das ist jedenfalls keine Krankheit, deren Namen man so leicht ausspricht und die Mann und Frau befällt. Ich bin ja auch schon ohnmächtig geworden; ich habe schon viele ohnmächtig werden und wieder zu sich kommen sehen; denn so was passiert in den Klöstern den meisten mal. Aber mein Kind, der Zustand, von dem ich da erzählt habe, das ist etwas ganz anderes, etwas Außergewöhnliches, jenseits von allem, was man je gesehen und gehört hat ... Ich weiß nicht, wie ich es erklären soll. Ich wünsche nicht, daß Ihnen einmal so etwas passiert. Aber wenn Sie es mit eigenen Augen gesehen hätten – ich bin sicher, daß Sie einem Menschen, der sich so windet, sich so von einer Stelle zur anderen wirft, so um Ihretwillen den Kopf bald gegen diese, bald gegen jene Wand stößt – ich bin sicher, sage ich, daß Sie einem solchen Menschen ohne Zaudern in diesem Augenblick alles, was Sie nur haben, Ihr ganzes Leben, zum Opfer bringen würden.«
Die Frau sah Nigar in die Augen und schloß ihren Bericht:
»Es war gegen Morgen. Schluchzend, weinend schlug er die Augen auf und seufzte ganz tief »Nigar, Nigar!« und zerkratzte sich die Brust mit den Nägeln! Aber wie recht hatte er mit dieser Aufregung! Als er schließlich ganz zu sich kam und die Ereignisse der gestrigen Nacht erzählte, begann auch ich unwillkürlich zu weinen. Mit tausend Hoffnungen, tausend Wünschen, tausend Sehnsüchten hatte er auf dem Wasser Lieder zu Ihrem Fenster hin gesungen. Seine Absicht war nur gewesen, Sie im Lichte des Fensters zu sehen, in der Helligkeit wenigstens einen Schatten von Ihnen erblicken zu können und sich dann wieder zurückzuziehen. Aber Sie haben ihm über seine Erwartung hinaus Mut gemacht. Sie haben das Gitter hochgehoben und eine Anzahl Bewegungen gemacht, die andeuteten, daß es nichts schade, wenn er noch näher käme. Daraufhin kam er langsam auf Sie zu; das übrige brauche ich Ihnen nicht zu wiederholen, denke ich. Sie haben das Fenster geschlossen und gesagt: »Erbarmung, was ist das für ein alberner Kerl!«
Hier schnitt Nigar ihrer Gesprächspartnerin das Wort ab:

»Falsch, meine Dame,« sagte sie. »Entweder hat er es falsch erzählt oder es verkehrt gesehen und verkehrt verstanden.« Und sie beschrieb des langen und breiten alle Einzelheiten des Vorfalls, wie er sich nachts vor den Fenstern abgespielt hatte. Während sie sprach, sah die Besucherin sie mit wachsender Neugier prüfend an, schien aber innerlich mit anderen Dingen beschäftigt. Zum Schluß sagte sie, als sie aufstand und fortging: »Wie dem auch sei, mein Juwel, kommen Sie morgen unbedingt einmal und besuchen Sie ihn bitte!«

In der Villa war es dunkel geworden. Die großen Hängelampen auf der Terrasse brannten schon. Nigar merkte nichts von dieser halben Helligkeit, die oftmals ihre Seele bedrückte. Lange Zeit blieb sie in gedankenschwerer Zufriedenheit versunken und doch melancholisch. Nur Baba, Tante Sibas gefährlicher und gnadenloser Liebhaber, der Herzensjäger, dem viele ältere und jüngere Frauen mit sehnsüchtigem Zittern zu Füßen fielen, der Ordensmeister der Liebe Nur Baba ... und der Mann, der sich jetzt auf ihrem Wege in so viel Erniedrigung, in so viel Aufregung drehte und wand, das war eben dieser Nur Baba! Nigar dachte: »Was bin denn ich? Was bin ich wohl für eine große, gefährliche Kraft?« und bedauerte ihre frühen Jugendjahre, die mit dürren unfruchtbaren Fantasien dahingegangen waren. Aber die Zeit der großen Liebeserlebnisse war für sie noch nicht vorüber. Mit solchen Gedanken ging sie langsam in ihr Zimmer, und ihre Fantasien hatten kein Ende bis zu dem Punkt, da sie am morgigen Tag Nur Baba gegenübertreten würde.

*

Nur Baba lag krank darnieder. Sein Gesicht war noch einmal so bleich wie sonst, seine Augen ungewöhnlich feurig. Er sprach langsam, mit erzürnter Stimme, und unter den Freundinnen, deren eine ihm die Füße massierte, eine andere seine Kissen glättete, wieder eine andere ihm eine Anzahl eisgekühlter farbiger Flüssigkeiten hinreichte – unter diesen Freundinnen mäkelte und nörgelte er wie ein ungezogenes Kind.

Die Klosterinsassen empfingen Nigar mit kalter Miene. Besonders die Badschi war ganz Verachtung, ganz Geringschätzung. Die jungen Schwestern, die ihr zu anderen Zeiten lachend bis ans Gartentor entgegengelaufen waren, um sie zu begrüßen, halfen ihr diesmal nur mit frostiger Höflichkeit beim Ablegen und ließen sie ziemlich lange im Nebenzimmer warten, bis sie zu Nur Baba kommen durfte. Safa Efendis Enkelin spürte die Verachtung, aber sie konnte die Gründe dafür nicht ganz deutlich begreifen. Sie schämte sich, war erstaunt und verwirrt.
So verwirrt, daß sie nicht wußte, wo sie war und was sie tat, als sie zu Nur Baba kam und sich zu seinem Bett neigte, um ihm ihre Ehrerbietung zu erweisen. Ihre Ohren sausten, ihr Herz klopfte so heftig, als wolle es ihre Brust sprengen. Im Zimmer fand sie nur mühsam einen Platz und konnte, nachdem sie sich gesetzt hatte, eine Weile weder jemanden anschauen noch die Kraft finden, ein Wort zu sagen; sie schien längere Zeit nur damit beschäftigt, die Handschuhe auszuziehen, so daß man ihr Gesicht nicht sehen konnte.
Während dieser Zeit blieb auch Nur Baba mit geschlossenen Augen und verkrampftem Kinn stumm und reglos liegen. Er hatte in diesem Zustand eine religiöse, jenseitige Größe. Mit seinem tiefschwarzen Bart, seinem überaus bleichen, langen, schmachtenden Gesicht sah er der Mumie eines alten Assyrerkönigs ähnlich. Nigar empfand diesem kalten und harten Anblick des Ordensmeisters der Liebe gegenüber etwas, das aus Zorn und Angst gemischt war, und hätte am liebsten mitten im Zimmer wie ein kleines Kind strampelnd, schreiend, aufschluchzend geweint.
Gottseidank dauerte dieser Zustand Nur Babas nicht lange. Er hob die Augenlider ein wenig und bedeutete der auf dem Bettrand sitzenden Badschi und ein paar anderen Freundinnen, hinauszugehen. Nachdem sie hinausgegangen waren, wandte er mit der Grimasse von jemand, der bei jeder Bewegung Schmerzen leidet, seinen kraftlos auf den Kissen ruhenden Kopf langsam und schwerfällig zu Nigar, sah sie aus der Ecke des zwischen

den Wimpern halbgeöffneten Auges an und sagte: »Nun, wie gefällt Ihnen mein Zustand, gnädige Frau?«
Safa Efendis Enkelin wurde kreidebleich. Während sie von Kanlidscha mit der Absicht gekommen war, zunächst mit einer ganz knappen Erklärung hinsichtlich der vorgestrigen Nacht ein großes Unrecht zurückzuweisen, das man auf sie wälzen wollte, und sich dann über die immer häufiger werdende und zunehmende Unachtsamkeit, die Überschwenglichkeiten und noch zahllose weitere sinnlose Handlungen ihres Gegenübers zu beklagen – während sie mit dieser Absicht hierher gekommen war, wußte sie jetzt auf einmal überhaupt nicht mehr, was sie diesem Problem und dieser Situation gegenüber tun sollte. Ihre Rede stockte, ihr Wille verließ sie ganz plötzlich. In merkwürdiger geistiger Unterwerfung fing sie an, sich selbst Vorwürfe zu machen. Sie wähnte, ihr Herz werde durch die Strafe für ein schweres, nie wieder gutzumachendes Verbrechen zermalmt.
Nur Baba sagte: »Wenn es Ihre Absicht ist, mich zu töten, sagen Sie es bitte! Ich fürchte mich nicht vor dem Tode. Aber Sie sollen wissen, daß ich nicht mich allein so ohne Sinn und Verstand in jedes Feuer werfe. Ich brenne um meines Meisters willen, ich werde seinetwillen geröstet. Aber erst nachdem ich auch Sie zu Asche, zu einem Häuflein Asche gemacht habe ...«
Die Stimme des Scheichs wurde lauter, seine Augen öffneten sich weit, und er ballte die Fäuste.
Nigars Ohren dröhnten. Der Kranke fuhr fort: »Das wissen alle Klosterinsassen. Bei meiner Rückkehr gestern morgen habe ich in Gegenwart aller geschrien: ›Der bin ich noch etwas schuldig! Auf deren Haupt werde ich zu einer solchen Plage werden, daß ...‹ Das sage ich Ihnen jetzt auch ins Gesicht, und ich werde es jedem sagen, der mich kennt. Jeder soll Zeuge sein! Gnädige Frau, sich mit der Liebe eines Menschen wie mir zu amüsieren – wir wollen mal sehen, ob das geht! Wir wollen mal sehen – ist mein Herz etwa so ein Kinderspielzeug wie das Herz solcher Gecken vom Schlage Madschids? Oder?«

An dieser Stelle unterbrach Nigar die Worte des Scheichs mit einer mit Schluchzen gemischten Stimme:
»Meister Scheich, Sie haben unrecht, Sie haben sehr unrecht. Um Gottes Willen, lassen Sie mich reden!«
Innerlich sagte sie sich: »O Erbarmung! O Herr! Er ist meinetwegen eifersüchtig, eifersüchtig auf Madschid meinetwegen!« und fing an zu weinen. Aber es war ein süßes Weinen. Weiche Frauen wie Nigar finden Befriedigung in solchem Weinen. Für sie ist jeder gerechte oder ungerechte Vorwurf eines Mannes, jedes Beherrschtwerden von ihm eine Huld, von der sie nie genug bekommen können. Ihre Seelen werden genährt von dem Feuer der Qual und der Strafe, das der Mann anbläst, wachsen und gedeihen darin. Für sie ist das Gefühl von Strafe eine angenehme, liebenswerte Schlange, die sich um die Wurzeln ihres Geschlechts ringelt; daß diese Schlange ab und zu einmal ihren Kopf hebt und eine wichtige Stelle in ihrem Wesen reize, ist für sie ein tiefes, blindes Bedürfnis. Man kann sagen, daß solche Frauen, ohne es zu merken und ohne es zu wissen, vom Tage ihrer Geburt an in ihren stets unterliegenden, stets verschleierten Herzen Evas urewige Sünde und die urewige Reue für diese Sünde tragen.
Der von Natur aus herzenskundige Nur Baba weiß vor allem die Frauen anzusprechen und fühlt schon beim ersten Schritt, wie er sich einer Frau nähern muß. Das erklärt wohl auch die Tatsache, daß er die auf alle Äußerlichkeiten bedachte Dschelile mit Selbstverständlichkeit in Besitz genommen hatte. Der stolzen und tyrannischen Siba gegenüber spielte er die Rolle eines ungezogenen Kindes. Bei der kecken, sinnlichen Nasib wiederum hatte er Erfolg, indem er ab und zu ein paar Scherze mit Hand und Zunge machte. Die Einfältigen und Gläubigen bezwang er mit Weinen und frommen Hymnen, die Gereiften und Mutlosen mit Wein und frohen Liedern, die Liederlichen, Verdorbenen und Erfahrenen mit plötzlichen Angriffen im Dunkeln. Diese neue Jagdbeute, die jetzt in ihrem Gehaben den Trotz eines kleinen Kindes, in ihrer Brust die Zärtlichkeit einer

jungen Mutter und in ihren Blicken den verstörten Gehorsam einer persischen Sklavin verbarg – diese neue Beute würde er sich, ob sie wollte oder nicht, gefügig machen, indem er einmal mit freundlicher Stimme rief, einmal wie ein krankes, schwaches Kind wimmerte, dann wieder mit der Gebärde eines hartherzigen Königssohnes den Pfeil des Zwanges und der Gewalt abschoß. Dieses zitternde Wild war doch offenbar schon lange in die Schlinge geraten, wie sie so weinte, mit dem ganzen Körper schluchzend, halb von Zärtlichkeit und halb von Reue und Furcht erschüttert, deren Gründe sie nicht kannte ... Nur Baba merkte das und zitterte wie ein Windhund, der seiner Jagdbeute die Zähne gibt, bevor er von seinem Sieg befriedigt ist. Sein Augeninneres lachte; jedoch nahm er sich zusammen und sagte mit gespielt ernstem Ton: »Sie weinen, wieso? Das ist auch nur eine andere Art Quälerei ... Weinen Sie, um mich zum Weinen zu bringen? Geben Sie mir eine Antwort auf Ihr Weinen! Sagen Sie etwas wegen dieser unheilvollen Nacht! Um Gotteswillen, sagen Sie etwas ... Leugnen Sie, lügen Sie, aber sagen Sie etwas!« Während er das sagte, nahm das Schluchzen der Frau zu. Dann wurde sie ein wenig ruhiger. Zuerst stellte sie mit überstürzten raschen, aufgeregten Worten Nur Babas Meinung wegen jener Nacht richtig; dann begann sie mit weicher, zarter Stimme zu klagen ... Aber nicht über Nur Baba – über alles, über ihr Leben, ihr Schicksal, ihre Natur, über vergangene und künftige Zeiten klagte sie. Der bleiche Scheich schien, so lange diese Klagen andauerten, seiner jungen Freundin mit großem gläubigen Interesse zuzuhören. Dann stieg er langsam vom Bett herab, griff Nigars Hand, in der sie ein tränenfeuchtes Taschentuch preßte, und richtete seine Augen mit einem sonderbaren Blick auf die Augen der jungen Frau. »Gib dich der Liebe, ganz der Liebe hin, Kindchen!« sagte er.

Und Nigar legte ihren bebenden Kopf an die Brust des Scheichs. Sie weinte wieder sehr.

In diesem Augenblick kam Dschelile mit merkwürdig gespieltem Ernst langsam ins Zimmer.

9.
Ganz der Liebe ergeben

Istanbuls Winter ist für die Liebenden eine Zeit der Trennung und der Sehnsucht. Man hat ja nicht zufällig gesagt:

> Der Winter kam – nun reißt in meiner Brust
> die Trennung eine Wunde auf!

Aber ich glaube, dieser Vers, der so ganz istanbulisch ist, besagt nicht viel für die Liebenden, die nicht aus Istanbul stammen. Denn sie können sich, wie es auch sei, zu jeder Jahreszeit treffen und lieben. Ja, für die Großstädter kommt die Zeit der Liebe ganz besonders im Winter: mit Einladungen, Bällen, Gesellschaften, Tees. Von dicken Samtvorhängen beschattete, mit breitblättrigen künstlichen Blumen verdeckte Ecken – sind das nicht die Stellen, wo die ersten Küsse getauscht werden? Die Tage, welche die Liebenden wählen, um zum Rendezvous zu kommen, das sind vor allem regnerische, stürmische, sehr kalte Wintertage. Denn an solchen Tagen achtet niemand darauf, wenn ein Wagen mit dicht geschlossenen Scheiben, dicht geschlossenen Vorhängen, eilig durch die Straßen rollt, und die junge Geliebte kann, in ihrem Mädchenzimmer auf ein Kanapee neben einem fröhlich knisternden Kamin dahingestreckt, in völliger Sicherheit die verabredete Stunde erwarten.

In Istanbul jedoch lieben sich die meisten Liebespaare wegen einer Anzahl von nationalen und klimatischen Ursachen noch jetzt am Busen der Natur, so wie in den Geschichten, welche von Schäferliebe erzählen. Die Liebe der dortigen Bevölkerung ist ein wenig an die Natur gebunden. Sie findet vor allem in geschützten Wäldchen auf einsamen Hügeln, im Mondschein auf dem Meere die sichersten Zufluchtsorte, die sichersten Treffpunkte. Da nun auch viele die Gewohnheit haben, ihr Geheimnis in Liedern und Gesängen zu verkünden, steigen sie gern in schweigender Dunkelheit an die Ufer herab, damit ihre Stimmen auf Luftwellen an das gewünschte Ohr schlagen und dann in Leere und Finsternis leise zitternd verklingen, vergehen ... Man könnte sagen, daß ihrer Ansicht nach die warme Witterung, die nur wenigen Monaten eigen ist, und die heißen Erscheinungsformen der Liebe zwei aus ein und derselben Wurzel stammende Lebenselemente sind, die einander ergänzen, zusammen beginnen, zusammen enden. Du findest im Herzen eines jeden unglücklich Liebenden, der im Augenblick der Trennung weint, das Sehnen nach dem Freunde mit der Sehnsucht nach einem vergangenen Sommer gemischt. Jede Liebesgeschichte ist bei uns mehr oder minder die Geschichte eines Sommers.

Auch Nur Baba und Nigar hatten sich einen Sommer lang geliebt. Die Hügel von Tschamlidscha, die Haine am Bosporus, die Ufer des Marmarameeres – ein ganzer Sommer war erfüllt von den Worten, den Küssen, dem Lachen, dem Seufzen dieses

leidenschaftlichen Paares. Wie die ersten Liebenden reichten sie sich an all diesen Orten bei Wein und Gesang mit offener Brust die Hände, saßen nebeneinander, liefen barhäuptig umher ... scheuten sich vor nichts. Sie fanden die Hügel so einsam, die Haine so sicher, die Küsten so gut, um ein Geheimnis zu bewahren! Es kam zwar auch manchmal vor, daß Frauen, die ihren Geliebten immer bei sich hatten, wie Nasib, oder Freundinnen, die ihren verheißenen Freund auf keine Art und Weise finden konnten, sie begleiteten. In einem solchen Fall fühlten sie sich noch sicherer, noch geschützter und noch freier. Sie hielten jene für Hüter ihrer Liebe.
Aber was half's? Als Nigar, die sich ganz der Liebe verschrieben hatte, für den durstiger werdenden Nur Baba im wahrsten Sinne zur reifen Frucht geworden war, begannen die ersten Winterregen zu fallen. Nur Baba schloß wie jedes Jahr auch in diesem Winter sein Kloster und zog in sein Winterquartier nach Üsküdar. Auch Nigar zog in das Haus ihres Mannes in Nischantaschi. Diese Umzüge schufen für beide – ganz abgesehen von den durch Jahreszeit und Entfernung verursachten Schwierigkeiten – noch andere Hindernisse und Hürden, deren Behebung und Glättung sehr große Opfer, sehr erhebliche Anstrengungen erforderte.
Nigar fühlte sich in Nischantaschi, von den Verwandten und Bekannten ihres Mannes umgeben, wie in einem engen, quälenden Reifen. Sie bildete sich ein, jede ihrer Bewegungen werde stillschweigend überwacht, jedes ihrer Worte einer stummen Kritik ausgesetzt, jede ihrer Unternehmungen von einem Hindernis bedroht, von dem man nie wissen konnte, woher es kam. Seit dem Tag ihrer Heirat hatte sie an der Seite ihres Mannes oder seiner Angehörigen nicht einen Augenblick lang Herzensruhe, körperliche Freiheit, ja nicht einmal die geringste Willensfreiheit gefunden. Die junge Frau fühlte sich bei ihnen, in ihrem Kreise, an einem völlig fremden Ort verloren, gebannt, gefangen.
Safa Efendis Enkelin täuschte sich in diesem Gefühl nicht. Die

Villa in Kanlidscha, die trotz des zurückgezogenen, farblosen und stummen Lebens ihres Vaters, das 25 Jahre angedauert hatte, doch noch immer etwas aus der Zeit Safa Efendis und seiner Tochter Siba bewahrt hatte – diese Villa und das Haus des Gesandten in Madrid Eschref Pascha in Istanbul, das noch offizieller, noch pompöser war als ein Gesandtschaftsgebäude, bildeten die Pole zweier völlig entgegengesetzter Welten.

In der einen Welt hatte nichts eine Grenze; in der anderen war allem eine bestimmte Grenze gesetzt, die nicht überschritten werden durfte. Die Worte der dort Lebenden waren zugestutzt, ihre Stimmen abgemessen; ihre Haltung, ihre Gesten hatten ihren letzten Schliff vor dem Spiegel bekommen; ihre Bewegungen folgten dem Gang der Minuten und Stunden. Natürlich fand Nigar, die bei allen Dingen im Leben das Übermaß suchte, daß bei ihnen schon jede Bewegung zu viel war. Für sie bestanden die Dinge, die das Leben schön, leicht und angenehm machten, aus vertraulichen heißen Gesprächen und daraus, manche Nacht bis zum Morgen zusammen zu lachen, bei einem Musikstück Tränen zu vergießen, in überströmenden Augenblicken die Seele ganz nackt und bloß darzustellen – kurz, weit, offen und klar zu leben, so wie es gerade kam. Es erregte bei ihr eine Art Erstaunen, daß die anderen all dies zwar nicht öffentlich, aber doch innerlich für häßlich, grob, ordinär hielten. Aber was man zum Beispiel für ein Kleid dann und dann anziehen mußte, auf welche Art man auf den und den Ausdruck zu antworten hatte, wann und wie man auf die Straße ging, wann man nach Hause kam – sogar das vergaß sie, so betäubt und hilflos war Nur Babas willenlose, weichherzige Freundin.

Andererseits ist auch Nur Baba in keiner besseren Lage. Sein Winterquartier in Üsküdar ist wie ein Liebesgefängnis.

In dieser Gegend fesselt eine Witwe, unter dem Namen Nakib Paschas Gattin bekannt, den Ordensmeister der Liebe jeden Winter in einem mit großen Kachelöfen geheizten Haus mit weiten Terrassen ganz an sich. Das ist für Nur Baba seit drei Jahren ein nur auf den Winter beschränktes merkwürdiges Verhältnis. In der ersten Zeit hatte dieses Verhältnis jeden mehr oder minder beschäftigt. Mit Dschelile an der Spitze, aber auch Siba einbegriffen, hatten die jungen Freundinnen, die herzlichere Beziehungen zu Nur Baba hatten als die übrigen, sich alle gemeinsam gegen diesen Zustand aufgelehnt. Selbst unter den freisinnigsten Freunden gab es solche, die einem so unverständlichen Verhalten des jungen Scheichs entgegentraten.

In der Tat war dieses Problem etwas, dem man sich aus den verschiedensten Gründen widersetzen und dem man widersprechen mußte. Erstens erforderte es Auflehnung vom Gesichtspunkt der Menschlichkeit: denn diese Geliebte der Winterzeit war ein siebzigjähriges runzliges altes Weiblein, das sich nicht mehr von der Stelle rühren konnte. Obgleich diese Frau Nur Baba nach außen hin wie ein Kind behandelte, liebte sie ihn doch, nach Dscheliles Aussage, mit wilder, eifersüchtiger, egoistischer Liebe. Daß es tatsächlich so war, erklärte doch wohl die Tatsache, daß der junge Scheich in jedem Winter für alle Jünger unsichtbar blieb und nicht mehr aufzufinden war. Wer hatte je gesehen, daß ein Scheich zur Winterszeit Ferien machte? Zu wem, wohin sollten diejenigen kommen, die sich besprechen lassen oder ein Gelübde ablegen wollten? Diejenigen, die im Sommer keine Zeit hatten, am Klosterleben teilzunehmen, die in langen Nächten nach Feier und Liebesmahl Dürstenden, die nach Schönheit und Anblick Sehnsüchtigen? Nicht, daß es in Istanbul wirklich kein anderes Kloster gegeben hätte; aber jeder weiß, daß die zu einem Kloster Gehörenden sich in anderer Umgebung geradezu bedrückt fühlen. So fühlten sich auch Nur Babas Kinder bei anderen Vätern, ganz gleich warum, absolut nicht wohl. Sie waren wie die Repräsentanten eines besonderen Bektaschitums im Bektaschitum, wie eine eigene Klasse von Ordensmitgliedern. So sah ein alter Vorsteher, der auf dem Scheichs-Fell von Sütlüdsche saß, Nur Baba beinahe als Ketzer an und ließ es sich nicht nehmen, seine Kinder überall, bei jeder Bewegung und auf alle Art, zu schmähen. Es war also wirklich mehr als nur Nachlässigkeit und Sorglosigkeit, daß Nur Baba, der dies alles wußte, seine Herde – sei es auch nur für eine Jahreszeit – ohne Hirten und in Konfusion ließ: es war geradezu Tyrannei.

Als man anfing, ihm diese Einwände ins Gesicht zu sagen, merkte Nur Baba, daß es nötig war, allen Jüngern – an der Spitze Dschelile und Siba – Erklärungen zu geben. Er sagte:

»Ich tue das nicht zu meinem Vergnügen! Welcher Mensch, welche Seele kann sich denn einbilden, daß man die Gewalt eines alten Weibes wie Nakib Paschas Gattin, an das man sich nur mühsam gewöhnt, wünschen, lieben, ertragen könnte! Wenn nicht eine Reihe zwingender Gründe vorläge, könnte ich es – bei meinem Meister! – nicht ertragen, sie auch nur eine Minute lang anzusehen. Aber was soll ich machen? Das Schicksal hat nicht erlaubt, daß wir ein passendes Winterquartier für uns aufmachen. Gibt es unter euch jemanden, der dieses Opfer bringen würde? Da seid Ihr alle still! Nun hat diese Frau, die wir nicht leiden können, es versprochen, und ich bin sicher, daß sie ihr Versprechen auch halten wird. Denn dank ihrer Freigebigkeit und Großzügigkeit finden wir den ganzen Winter über in ihrem Hause die Ruhe, die wir in unserem Heim nicht finden können.« Auf Dschelile und die Hausgäste des Klosters zeigend: »Da, die Gesichter hier – sie beschränkt ja diese Gunst nicht auf mich allein; sie wird auch zur Dienerin für alle diese hier! Was sagt ihr von Derwisch Tschinari? Obgleich er im Winter im Kloster bleibt, ist auch er von der Gunst dieser Dame begnadet. Was Dschelile anlangt, so hat sie kein Recht zur Klage. Dort wird sie auf einmal fast zur Herrin eines großen Hauses. Wenn man eins möchte, kann man nicht zwei haben. Ihr wißt alle, daß ich für meinen eigenen Kopf stehe, wie und wo es auch sei, aber ... Wie dem auch sei, kurz gesagt: ich habe von dieser Sache einen großen, einen sehr großen Vorteil. Alles, was ich bis jetzt aufgezählt habe, sind Einzelheiten, das allerwichtigste aber ist ...«

Siba unterbrach den letzten Satz mit bitterem Lachen und sagte so, daß sie alle zum Lachen brachte:

»Wir verstehen, wir verstehen ja. O Welt der Hoffnung! Gott lasse sie spät sterben, aber: ist sie erst richtig tot, dann ist die Erbschaft erlaubtes Gut!«

Und die Sache mit Nakib Paschas Gattin wurde von diesem Tage an unter allen Freunden zu einem Scherz »Ist sie erst richtig tot, dann ist die Erbschaft erlaubtes Gut!« verwandelt. Auch Nur Baba, der sah, daß die Geschichte in ein solches Fahrwasser kam, fing plötzlich an, ganz persönliche Dinge von der alten Frau zu erzählen: es wurde nun völlig zum Spott, so daß selbst Nigar, der solche verworrenen und seltsamen Gewohnheiten noch ganz fremd waren, auf diese schmutzige, häßliche Phase im Leben des jungen Scheichs schaute, ohne sich zu ekeln, ohne zu erröten, ja beinahe lachend, und sich damit begnügte, ab und zu zu Nur Baba zu sagen: »Die Lebensform zwischen Euch und der geheimnisvollen Liebsten interessiert mich aber ganz gewaltig! Ich möchte schrecklich gern Eure alte Geliebte kennen lernen, die mich immer an den Typ der alten Hexen in unseren Märchen erinnert!«

In diesem Jahr aber fing Nur Baba an, diese lächerliche Geschichte recht bedrückend und unerträglich zu finden. Das lag an der starken Wirkung jenes feurigen Sommers, den er mit Nigar verbracht hatte. Denn der junge Scheich klagte in den Briefen, die er seiner zarten Freundin dann und wann unter tausend Schwierigkeiten schickte: »Ich kann es nicht mehr ertragen, meine Geduld ist erschöpft. Die Erinnerung an diesen Sommer macht es mir von Tag zu Tag unmöglicher, die katastrophale Gefangenschaft des Winters auf mich zu nehmen, solange ich lebe. Meine Seele, es sei Dir kundgetan: ich will alles zerbrechen, über alles hinweggehen! Für das Glück, eine Nacht mit Dir, eine Nacht noch bei Dir zu sein, will ich meine ganze Zukunft vernichten!«

Bei diesem in jedem Brief wiederholten Schlußsatz bebte Nigar in beglückter Erregung und antwortete jedesmal: »Wenn Ihr auch frei seid – ich bin es nicht. Wenn Ihr alles zerschlagt, über alles hinweggeht, wird das doch nichts in Ordnung bringen. Wie ungeduldig seid Ihr! Was ist dann noch für den Sommer übrig?« In Wirklichkeit jedoch schien ihr der Sommer unerreichbar fern, und im Innersten wünschte sie, daß Nur Baba täte, was er sagte. Sie wußte zwar, daß sie nichts wieder in Ordnung bringen könnte; aber so sollte er denn eben alles zerbrechen und alles überschreiten, sollte er, so unnötig es war, für sie »seine Zukunft vernichten«. Auf diesem beschwerlichen Liebespfad sollte er so weit voran gehen, daß es für jeden vollkommen klar werden mußte, daß er nun nicht mehr umkehren könnte. Nigar würde dann ihren letzten Entschluß fassen, und sie fand sich schon jetzt zu jeder Art von Opfer bereit.

Noch tönte ihr Tante Sibas Stimme im Ohr, die ihr vor anderthalb Jahren gesagt hatte: »Bedenke, daß man auch viel opfern muß: Vermögen, Seele und Ruhe, alles, alles!« Jedoch hatte bis jetzt weder er noch sie selbst etwas getan, was nach Opfer aussah. Der Wunsch, daß er ihre Schönheit, sie sein Feuer genießen wollte, bildete noch immer die einzige Grundlage und das einzige Ziel dieser einjährigen Beziehung. Was ist denn Liebe anderes als das Feuer eines Molochs, das durch die dem Menschen teuersten und kostbarsten Dinge genährt wird? Nigar spürte das ganz leise und dachte mit geheimen Schauder daran, was sie wohl in dieses Feuer werfen würde, wenn es nötig wäre. Zweifellos wäre das erste, was hineingeworfen würde, ihr Mann; dann würde die Reihe an ihre Mutter, ihr Vermögen, ihr Haus und ihre Kinder kommen. Diese entsetzliche Vision badete Nigar in langen Winternächten in kalten Schweiß, und ihre Lider schlossen sich zitternd vor den schreckensvollen Phasen einer Katastrophe. Es war wie ein Fieberanfall ihrer Seele: manchmal dauerte es lange, manchmal kam und ging es schnell, und jedesmal sprang die junge Frau aus ihrem Zimmer, als fliehe sie vor einer ihr nahenden Gefahr; sie suchte ihre Kinder irgendwo, umarmte sie, und lief sogleich zu ihrer Mutter.

Madschid kam häufiger ins Haus; aber dieser junge Mann, der einstmals mit seinen herzlichen und vertraulichen Unterhaltungen, seinen schmerzlichen Blicken reine, kühle, süße Speise in

Nigars Seele geträufelt hatte, wurde jetzt für sie zur verkörperten Reue. In seinen Augen fand sie immer etwas, was sie scheu machte und seine Stimme, die ab und zu sagte: »Wie hast du dich verändert, Schwester Nigar!« jagte der jungen Frau Furcht ein, als sei es die Stimme eines Teufels der Rache und Strafe, und ließ sie tagelang in schrecklichen Fantasien erzittern. Nicht einmal hob sie die Augen und sah ihn an, nicht eine Minute konnte sie allein neben ihm sitzen bleiben.

Madschid zog sie eines Abends vorsichtig zur Seite:

»Ich habe Nachricht für dich. Zweimal habe ich in Pera unseren Scheich getroffen. Mit dem schwarzen Turban auf dem Kopf, der zwölfzwickligen Mütze und seinem völlig zerzausten Bart ging er auf der Straße auf und ab, als hätte er jemand verloren, lief von Geschäft zu Geschäft. Beim ersten Mal kam er vorbei, ohne mich zu sehen; beim zweiten Mal dagegen kamen wir so Gesicht an Gesicht, daß es uns unmöglich war, ein Gespräch zu vermeiden. Als ich mich neben ihn drängte und ihn mit ›Meister!‹ grüßte, wie verdutzt er da war! Wer weiß, hinter welcher Freundin der alte Ordensmeister her war! Er klagte über mich: ›Sie sind nie mehr zu uns gekommen. Ist dies nun Kindschaft?‹ Dann sprachen wir noch ein paar bedeutungslose Worte miteinander. Als wir uns trennten, fragte er nach dir. ›Wir haben auch sie überhaupt nicht gesehen!‹ sagte er. Ich sagte ebenfalls: ›Auch ich habe sie nicht gesehen!‹«

Die junge Frau sah den jungen Mann an. Er war ganz und gar Spott und Ironie. In diesem »Ich habe ihn gesehen. Es war, als ob er jemanden suchte. Er fragte nach dir. Ich habe sie auch nicht gesehen!« – in dieser Art zu reden lagen so sonderbare, merkwürdige Anspielungen.

Aber an diesem Abend beschäftigten die vorwurfsvollen Anspielungen in Madschids Worten Nigar ziemlich wenig. Die junge Frau sagte sich die ganze Nacht lang: »Ganz gewiß in der Hoffnung, mich zu sehen ...«

Und es wurde für sie zum unüberwindlichen Wunsch, aller Vernunft zum Trotz am Nachmittag nach Pera zu fahren. Sie

begann, zunächst alle zwei, drei Tage einmal, dann jeden zweiten Tag, schließlich jeden Tag hinzufahren. Sie ließ ihren Wagen vor einem Geschäft stehen und ging in langen Pausen vor den Schaufenstern auf dem Bürgersteig umher, lief von diesem Laden zu jenem, erwartete ihn überall, die Augen nach draußen gerichtet, die Hände mit einer Auswahl an Stoffen, an Kleinigkeiten beschäftigt. Beim Warten kaufte sie überall unnötige Sachen und war an manchem Tag so geistesabwesend, daß sie die Pakete aus einem Laden im nächsten liegen ließ und am Abend erstaunlich müde, abgespannt und hoffnungslos nach Hause zurückkehrte. Sie überlegte, ihm durch einen Brief Nachricht zu geben. Aber das hätte so ausgesehen, als ob sie sagte: »Ich suche und erwarte dich auf den Straßen, auf den Wegen!« Und selbst wenn das ersehnte Treffen stattfände – was könnte es nützen? Nigar ging freilich nicht mehr, wie in den ersten Tagen, aus dem Haus mit einem Diener auf dem Dach des Wagens, den Hausmeister sich gegenüber, und eine Schwägerin neben sich; sie nahm jetzt höchstens ihre Kinder und die Wärterin mit, die alles, was sie tat, zu ertragen schien.
Aber trotzdem – gesetzt den unmöglichen Fall, wenn sie sich nun eines Tages im Bon Marché träfen, würden sie dann stehenbleiben und miteinander sprechen können? Würde dieses Zusammentreffen für Nigar so schwindelerregend sein, daß sie die tausenderlei Gefahren vergessen würde, wie zum Beispiel, daß sie genau in diesem Augenblick einem Bekannten begegnen oder den sie durchschauenden neugierigen Blicken des Geschäftspersonals ausgesetzt sein würde?
Jedoch, so kam es. Allerdings war es kein wunderbares, leichtes und verwirrendes Zusammentreffen so wie ein plötzliches Gegenüberstehen. Nigar fuhr in ihrem Wagen langsam nach Lebon hinunter. In einer großen Menschenmenge, die aus dem Tunnel herauskam, sah sie Nur Baba, und dieser Anblick machte auf Nigar fast einen so merkwürdigen Eindruck wie ein Wiedersehen nach Jahren. Zuerst machte sie ein paar unwillkürliche rasche Bewegungen, als wolle sie von ihrem Sitzplatz auf-

stehen, sich zum Fenster hinausbeugen und dem Kutscher etwas sagen. Dann verharrte sie erstarrt in einer dieser sinnlosen Bewegungen. Aber für Nur Baba, der ziemlich nachdenklich in der Menschenmenge ging, an die er nicht recht gewöhnt war, genügte diese Bewegung. Ohne den Kopf zu wenden, erkannte er mit dem Augenwinkel, wem der Wagen gehörte, der da langsam am Straßenrande vorbeifuhr, als er die darin sitzende Frau sah. Gleichzeitig spürte er, daß auch er bemerkt worden war. Deswegen ging er ganz sicher seines Weges. Aber der Wagen konnte seinen Weg nicht fortsetzen. Nachdem er etwas weiter gefahren war, hielt er an. Er wollte anscheinend in eine Straße einbiegen, konnte das aber nicht. Schnell kehrte er um und fing an, nach der anderen Richtung zu fahren, genau an dem Bürgersteig entlang, auf dem Nur Baba ging. Der junge Ordensmeister, der ganz und gar Aufmerksamkeit und Wachsamkeit war, verlor diesen Wagen nicht aus den Augen, der ihn an ein merkwürdiges Geschöpf erinnerte, das vor irgendetwas scheute. Rasch ging er hinter ihm her.

Ein wenig später, im obersten Stock des Kaufhauses Beykar, vor der Tür einer Halle, in der Herrenwäsche verkauft wurde, und eines Raumes, der für fertige Damensachen abgetrennt war, sprachen Nur Baba und Nigar, einander gegenüberstehend, leise miteinander. »Ich hätte Sie beinahe entfliehen lassen. Sie sind so schnell aus dem Wagen gestiegen und sind mir so rasch aus den Augen gekommen, als Sie plötzlich hier hineingingen. Gottseidank sagte mir etwas in meinem Innern, daß ich Sie bestimmt hier finden würde. Denn als ich vor zwei Jahren in Pera Ihnen häufig nachlief, war es hier, wo ich Ihnen am besten näherkommen konnte.«

»Merkwürdig! Es ist die Erinnerung an denselben Tag, die auch mich unbewußt hierhergetrieben hat. Sonst hätte ich wirklich nicht gewußt, was ich machen, wohin ich gehen sollte; ich wäre wohl nach Hause zurückgekehrt.«

»Wie ist mir jetzt besser geworden! Tage, Wochen sind es, daß ich mich hier hinschleppe ... allein ...«

»Um Himmelswillen! O Gott, wie aufmerksam sieht der fette Mann Sie an, der da gegenüber vor dem Haufen Sachen steht! Ist das jemand, den Sie kennen?«

»Nein, mein Licht, mich kennt hier niemand. Es ist nur meine Kleidung, die jedermanns Aufmerksamkeit auf mich zieht.«

»Die Verkäuferinnen hinter uns kennen mich allerdings alle, aber das schadet ja nichts. Wenn Sie wollen, gehen wir dort hinein; denn es gibt viele Käufer, die hier kommen und gehen. Die zudringlichen Blicke des Personals machen mich ganz nervös.«

»Wie haben Sie jederzeit Ihren Willen in der Gewalt! Wie vorsichtig sind Sie! Ich verliere mich ganz in solchen Momenten. Ich vergesse, wo ich bin, was ich tue, so berauscht und verwirrt bin ich!«

»Sagen Sie das nicht, Vater! Sie können sicher sein: das, was ich in diesem Augenblick tue, ist für eine Frau wie mich die größte Unvorsichtigkeit, ja sogar heller Wahnsinn!«

»Gott erhalte Sie, gnädige Frau! Gott erhalte Sie! Ich wollte doch nur scherzen. ... Aber Scherz beiseite: was wird aus uns, mein Augenstern?«

»Das muß ich Sie fragen ... oder Ihren Souverän, jene despotische alte Königin ...«

»Lassen Sie das doch um Gotteswillen! Sie lassen sich auch von jedermanns Gerede verführen und glauben, das sei wirklich etwas Ernsthaftes in meinem Leben. Ich schwöre, wenn Sie wollen ...«

»Ei, bitte weiter damit!«

»Was braucht's vieler Worte? Habe ich nicht mehrmals geschrieben, mehrmals gesagt, daß ich zu allem bereit bin? Aber Sie ...«

»Aber ich – schon gut, Meister. Gesetzt den Fall, ich wäre auch bereit ...«

In diesem Augenblick näherte sich ihnen eine Verkäuferin. Sie sagte zu Nigar:

»Ich bringe Ihnen einen Stuhl, gnädige Frau! Sie haben ja schon lange gestanden!«

Die junge Frau sagte, sie werde nicht mehr lange hierbleiben, hob ihre Augen vorsichtig zu Nur Baba auf und erwartete die Antwort auf ihr erstes Wort. Er dachte etwas nach und sagte dann:

»Morgen abend, und wenn nicht abends, dann am Tage, treffen wir uns in Afifes Haus. Wollen Sie?«

»Wer ist denn diese Afife?«

»Wie schnell Sie doch vergessen! Afife mit dem roten Kopfbund; sie wohnt in Sultantepe.«

»Ah, gut, sehr gut.«

Und sie sah sich um, als habe sie Angst, dieses »Sehr gut« hören zu lassen. Dann wandte sie ihre von süßer Traurigkeit überschatteten Augen wieder zu Nur Baba und lächelte jenes Lächeln mit den tausend Bedeutungen, das ihren einen Mundwinkel in die Höhe zog. Nur Baba fragte:

»Wann soll ich Sie erwarten?«

»Morgen, vormittags ... vormittags?«

*

Am nächsten Tag vormittags war Nigar im Hause Afifes mit dem roten Kopfbund. Nur Baba erwartete sie seit dem Morgen, und um die Aufregung, die in dieser Erwartung lag, zu überkommen, trank er seit dem Morgen unaufhörlich Raki. Als wäre es zum ersten Male, als wäre Nigar die erste Frau, die er erwartete, als wäre er ein zwanzigjähriger Jüngling! Mehrmals sagte er zu Afife:

»Und wenn sie nun nicht kommt, was machen wir dann? Sag, wenn sie nun nicht kommt?« und als er das sagte, zitterte seine Stimme – so, daß Nur Baba, als Nigar kam, nicht mehr die Kraft hatte, von seinem Platz aufzustehen. Er saß neben einem großen Kachelofen auf einem hohen Kissen in seinem sommerlichen rohseidenen Gewand, das Nigar so gut gefiel. Vor ihm stand ein Glas und eine Flasche.

»Nigar, Liebling, verzeih, ich kann nicht aufstehen!«

Nigar lachte, ging auf ihn zu und wollte ihm die Ehrerbietung

erweisen. Aber Nur Baba riß auf einmal alle seine Kräfte zusammen, warf sich zu Boden und umschlang die Füße der jungen Frau, die ihm gerade die Knie küssen wollte:
»Gott erhalte diese Füße! Gott erhalte sie! Laß, ich will mein Gesicht, meine Augen an sie führen ...«
Nigar war über diesen stürmischen Empfang erstaunt und befriedigt:
»Gott bewahre, Gott bewahre! Erbarmung, Meister – was macht Ihr! Ich bitte Euch, ich bitte Euch!« sagte sie und zog sich zurück. Da packte Nur Baba flink wie ein Panther die junge Frau, die ihren Überwurf noch nicht abgelegt hatte, um die Taille und zog sie so fest an sich, preßte sie mit solcher Kraft in seine Arme, daß Nigar für einen Augenblick dachte, ihr ganzer Körper sei mit dem seinen verschmolzen. Afife mit dem roten Kopfbund stand mitten im Zimmer und betrachtete dieses stürmische Rendezvous mit aus den Höhlen quellenden sonderbaren Augen. Auf ihrem verknitterten, zahnlosen, welken Mund lag ein bestialisches Grinsen.
Sie sagte zu sich:
»Wenn was passiert, dann passiert's heute! Das merkt man!«
Und wie ein Gespenst, das ein Zauberfeuer umwandelt, ging sie stolpernd, strauchelnd lautlos hinaus.

10.
Die Frau, deren Stimme nicht mehr tönt

Nigar rief wohl schon zum fünften Mal aus dem Fenster nach Derwisch Tschinari; aber sie konnte keinen Ton hervorbringen.

Der arme Derwisch Tschinari war nun ganz alt geworden. Seine Ohren waren ertaubt, sein Kreuz hatte sich gekrümmt, das Licht seiner Augen war erloschen. Sein ehemals rätselvolles Gesicht drückte jetzt überhaupt nichts mehr aus. Er unterhielt sich mit niemand mehr, und die Arbeiten, die er früher singend, Verse rezitierend verrichtet hatte, führte er nun mit immer tiefer werdendem Schweigen fort.

Nigar rief nun zum sechsten Mal aus dem Fenster. Derwisch Tschinari war nur dreißig oder vierzig Schritt von diesem Fenster entfernt. Die Luft war still, und da es Winter war, waren die

Zweige der Bäume rings um das Kloster vertrocknet. Nigar sah ihn durch diese Zweige; er war damit beschäftigt, im Garten den reifen und den unreifen Kohl zu sortieren.
Safa Efendis Enkelin wunderte sich, was die Jahre aus einem Menschen gemacht hatten. »Der arme Tschinari hört nicht mehr!« sagte sie. Aber sie merkte nicht, was die Jahre aus ihrer Stimme gemacht hatten.
Arme Nigar! Sie ist nun seit einiger Zeit eine Frau mit gebrochener Stimme. Freilich schiebt sie das teils auf einen chronischen Schnupfen, teils auf eine Nervenkrise und ist überzeugt, daß ihre Stimme eines Tages wieder vollkommen klar sein wird. Doch Nur Baba, der seit längerer Zeit begonnen hat, sie zu vernachlässigen, ist seinerseits überzeugt, daß Nigars Körper ebenso wie ihre Stimme so aufgebraucht ist, daß man nichts mehr damit anfangen kann. Was dieser Mann, der mit zunehmendem Alter einen Abscheu gegen alternde Frauen verspürt, da über Nigar denkt, ist zwar ein wenig übertrieben, aber keineswegs unrichtig. Zwar kann man Nigar keine alte Frau nennen, denn sie ist erst gerade siebenunddreißig geworden; aber das Leben, das sie seit fünf, sechs Jahren geführt hatte, diese vierundzwanzigstündigen Weingelage, die ununterbrochenen Liebesmahle und die anstrengende Liebe Nur Babas haben die arme kleine Frau vor der Zeit zusammensinken lassen, ja, sie fast unkenntlich gemacht, und ihre Stimme ist infolge ihrer Lebensweise gebrochen, mehr noch als durch die Wirkung der Jahre. Was kommt denn von so viel Alkohol, so vielen Zigaretten, so viel Schreien und Rufen, so viel Schlaflosigkeit?
Nigar öffnete noch einmal das Fenster und rief mit ihrer brüchigen Stimme nach Derwisch Tschinari; dann sank sie auf einmal müde wie jemand, der eine schwere Last trägt, auf das Sitzkissen neben dem Fenster. Ihr Mund war von Hustenanfällen verstopft, ihr Gesicht blau.
Safa Efendis Enkelin war seit einer Woche ganz allein mit Derwisch Tschinari im Kloster. Der Ordensmeister, die Badschi und die Klosterinsassen waren hinabgestiegen, um Januar,

Februar und März im Hause einer Anhängerin Nur Babas in Kadiköy zu verbringen. Sie hatten allerdings energisch darauf bestanden, daß Nigar mitkommen sollte. Aber Sibas Brudertochter hatte trotz allem ihren Stolz bewahrt. Sie konnte nicht, wie die anderen, leichthin auf lange Besuche gehen; wenn sie aber ging, war sie geradezu krank; sie glaubte dann, auf die Stufe Nuriyes und Atiyes herabgesunken zu sein. In der Tat war das, was sie am meisten fürchtete, diesen beiden alten Schützlingen des Klosters zu ähneln – jener Atiye, die ihr einmal Nur Babas Briefe gebracht hatte, und jener Nuriye, die die privilegierte Schenkin bei den Gelagen war. Mit ihnen spricht man immer nur dann, wenn sie für eine Arbeit nütze sind; sonst ist es meist lästig, daß sie überhaupt da sind. Ja, sie wurden bisweilen völlig vernachlässigt. Die eine mit ihrem von weißer Schminke abgenutzten Gesicht und die andere mit ihrer vom Alkohol geschwollenen Nase können bestenfalls Abscheu und Mitleid erwecken.
Aber Nigars Lage im Kloster unterschied sich in keiner Weise von der dieser Frauen. Auch sie waren jung, frisch und angesehen dorthin gekommen, waren eine Weile auf Händen getragen worden, hatten bei den Liebesmahlen unmittelbar neben dem Meister gesessen, und dann hatten sie nach und nach all ihr Ansehen verloren und waren in ihren jetzigen elenden Zustand geraten. Trotzdem ist Nigar davon überzeugt, daß sie noch jetzt angesehen ist, noch jetzt in Liebe gesucht wird. Wenn es auch in Wirklichkeit nicht so ist, kann Safa Efendis Enkelin doch bis an ihr Lebensende dieses Kloster als ihr eigenes Haus ansehen. Denn dank ihr, dank ihrem Vermögen, ist Nur Babas Kloster, das aus einer ziemlich baufälligen Ruine bestand, als sie als bevorzugter Gast hinkam, zu dem mächtigen Bauwerk geworden, das es jetzt darstellt. Das ganze Kloster, alle Dinge im Kloster bis hin zu den Teppichen auf dem Boden des Meydan gehören ihr – selbst wenn Nigar, die ihren Stolz, ihre Erfahrung und ihren Hochmut bewahrt hatte, an diese Dinge absolut nicht dachte und sich einzig und allein Nur Babas Liebe rühmte. Das,

was sie seit sechs Jahren in diesem Kloster hält, ist nicht dieses Dach, sind nicht diese Dinge, von denen sie weiß, daß sie ihr Eigentum sind – es ist nur ein Blick, ein Lächeln des Meisters, ein Wort von ihm.
Hatte sie nicht deshalb alles verlassen? Ihren Mann, ihre Kinder? Wo war ihre Mutter? Als diese aus Kummer um sie gestorben war – wie viele Tage hatte sie Trauer getragen? Als ihre Kinder, ohne sie nochmals zu sehen, zu ihrem Vater gegangen waren – wie viele Stunden lang hatte sie Tränen vergossen? Hatte sie nicht alles, was zu ihrem Leben gehörte, in einer einzigen Sekunde vergessen, als sei auf einmal ihr ganzes Sein geblendet, als Nur Baba ihr plötzlich in die Augen sah?
Ja, Safa Efendis Enkelin hatte alles vergessen. Sie erinnerte sich an kein Ereignis mehr, das der Vergangenheit angehörte – so, als habe sie immer hier gelebt, als sei sie hier geboren und aufgewachsen. Wer das Ende der armen Frau von ferne betrachtet, sagt, sie sei infolge ihres Alkoholkonsums von einer Art Krankheit befallen.
Alkohol? Allerdings trinkt Nigar jetzt viel, aber sie fühlt in ihren Nerven keine Spur von Ermüdung, im Kopf keine Spur von Trunkenheit. Ach, wenn sie doch berauscht sein könnte! Wenn sie nur, wie einst, mit fünf oder zehn Glas Raki dieses unaufhörliche Zucken ihrer Nerven beruhigen könnte!
Aus diesem Grunde hatte Nigar so enge Freundschaft mit Derwisch Tschinari geschlossen, der, wie er sagte, früher auch einmal an diesem Übel gelitten hatte.
Was in ihrer Kindheit die Amme für sie gewesen war, von deren Schultern sie nie herunterkommen wollte, das war jetzt Derwisch Tschinari für sie. Sie hatte allerdings schon vorher Gefallen daran gefunden, ab und zu mit diesem halb entrückten, halb wissenden Mann zu plaudern. Aber in letzter Zeit pflegte sie sich unter allen Klosterinsassen nur mit ihm zu unterhalten; denn Tschinari hatte eine Arznei gefunden, die einige ihrer Schmerzen sofort stillte: er brachte ihr ein paar Körner, die ihrem Kopf süße Schwermut schenkten und gleichzeitig den

dauernden Hustenreiz in ihrer Kehle beruhigten. Wenn Derwisch Tschinari Nigar ihr diese Körner gab, die aussahen wie von der Erde aufgelesene Pflanzensamen, vergaß er nie zu sagen:
»Nimm dich bloß in acht, daß keiner es sieht! Ich finde sie nur mit vieler Mühe!«
Nigar genoß sie auf Derwisch Tschinaris Rat entweder zwischen dem Tabak in der Zigarette oder aufgelöst im Kaffee, ohne sie jemandem zu zeigen. Diese Körner waren auch der Grund, weshalb sie so hartnäckig nach Tschinari rief. Seit zwei Tagen entbehrte sie sie heftig und konnte ihre Gier nach dem Gift auf keine Weise unterdrücken. Sie hatte keinen Appetit; ihre Nerven waren in Unordnung; sie zersprang fast vor Beklemmung, und ihr Husten war derartig stark geworden, daß sie nachts nicht hatte schlafen können. Die Nächte aber ... Die Nächte aber, in denen Nur Baba fern war – jede war ein schwarzer, grauenvoller, bodenloser Abgrund.
Nigar gab es auf, nutzlos aus dem Fenster zu rufen, und erhob sich; sie wollte zu Tschinari gehen. Er war noch an derselben Stelle zwischen den Kohlstrünken beschäftigt. Safa Efendis Enkelin legte einen von Nur Babas Pelzen um und ging in den Garten. Es war kalt. Sie hüllte sich zitternd in den dünnen Pelz und ging, mit wollenen, absatzlosen Pantoffeln an den Füßen, über den feuchten, halb aufgeweichten Boden.
Sie kam zu Tschinari:
»He Meister, du bist ja wieder ganz vertieft! Was soll das?« rief sie.
Der alte Derwisch hob den Kopf und musterte die dicht neben ihm stehende Frau mit großer Aufmerksamkeit, als sähe er sie zum ersten Mal. Dann vertiefte er sich wieder in seine Arbeit.
»Ein gesegneter Kohl ist gereift ... dieser kleine so in Essig eingelegt ... Bei meinem Meister ...« fing er an zu murmeln.
Nigar sagte: »Ach, meine Stimme hat sich durch das dauernde Rufen nach dir ganz zugesetzt. Ich dachte schon, du wärest hier eingeschlafen.«

»Wenn ich sage, ich hätte nicht geschlafen, würde ich lügen. Hier, wo ich hocke, bin ich etwas aus mir selbst gegangen.«
»Bei dieser Kälte! Bei diesem Frost!« ...
»Was hat mein Körper mit Kälte, mit Hitze zu tun! Schon gar nicht, wenn ich ein paar Körner geschluckt habe ...«
»Ach, siehst du, deswegen habe ich dich nämlich gerufen. Wirst du mir heute welche bringen?«
»Ich hatte welche, aber es sind keine mehr da ... alle hab ich geschluckt ...«
»Eh, soll ich denn jetzt ohne Medizin bleiben?«
Derwisch Tschinari zuckte die Achseln, gab keine Antwort. Und Nigar sah mit hoffnungslosen Augen umher. Diese Augen waren übermäßig geschminkt – so sehr, daß man bei keiner Bewegung mehr das Weiße sah, als seien es zwei rauchende und ringsum Hitze verbreitende Kohlenstücke.
Nigar, o Nigar, die du vor sechs Jahren eine weiße Taube warst! Du zarte und frische Frau, auf deren Gesicht zu schauen der junge Madschid nicht müde wurde – was ist mit dir passiert? Diese Runzeln rings um deine Augen, diese Falten auf deiner Stirn, diese Linien, die sich von deinen Mundwinkeln abwärts ziehen – was ist das alles? Wie unansehnlich, wie struppig ist dein Haar! Kämmst du es denn überhaupt nicht mehr? Ach, auch mit der Farbe der Haare stimmt etwas nicht, schöne Nigar! Mit was für schlechter Farbe hast du sie gefärbt? Wie hast du sie gekräuselt? Was hattest du für weiches, seidiges Haar! Jetzt ist es nichts als eine ungepflegte Mähne. Was ist das? Auch deine Lippen sind seltsam verkrampft. Ach, dein ehemals so verführerisches Lächeln, das einen Winkel deiner Lippen aufwärts zog, biegt jetzt, wie die Narbe einer alten Wunde, deinen Mund zur Seite. Tut dir etwas weh? Warum preßt du die Lippen so aufeinander? Warum beißt du die Zähne so zusammen? Ach, armes Weib, wie traurig bist du anzusehen in diesem nackten, kalten Winterpanorama!
Nigar hockte sich auf einmal, als seien ihr die Knie weich geworden, neben Tschinari. Sie ließ den Saum des Pelzes, in den sie

sich gehüllt hatte, im Schmutz schleifen. Derwisch Tschinari wandte den Kopf und blickte nochmals zu der Frau hin: »Paß auf, du machst den Pelz des Vaters schmutzig!«
Nigar zuckte, als erwache sie aus dem Schlaf, und nahm den Saum des Pelzes hoch.
»Ja, heute bin ich sehr bedrückt, Meister. Ob ich wohl aufstehe und nach Kadiköy hinuntergehe?«
Derwisch Tschinari zuckte die Achseln mit einer Bewegung, die besagte: »Tu, was du willst!« und stand auf. Er nahm den Kohl, den er gesammelt hatte, an seine Brust und ging schwerfällig dem Kloster zu, ohne ein Wort zu Nigar zu sagen. Die junge Frau blieb lange Zeit in dem Gemüsebeet allein. Aus diesem winterlichen Grün unter den vereinzelten dürren Bäumen griff ein seltsamer Gram auf ihre Seele über, so daß ihr nicht einmal der links vom Garten gelegene Friedhof allzu kummervoll erschien. Jedenfalls, als Nigar den Kopf wandte und dorthin schaute, dachte sie mit einem Gefühl der Tröstung, wie man sie nach langer Schlaflosigkeit beim Anblick eines Bettes verspürt: »Wenn ich gestorben bin, werde ich dort liegen!« Ganz langsam erhob sie sich von ihrem Platz und ging auf die Grabsteine zu, die in dieser stillen Winterhelle überaus weiß dastanden.
In Zeiten, wo sie wie heute in ihrer innerlichen Bedrückung nicht wußte, was sie machen sollte, ging Nigar meist auf diesem kleinen Friedhof spazieren. Dort fand sie tausenderlei Beschäftigungen. Manchmal bemühte sie sich, einen zerbrochenen Stein von seinem Platz zu heben und wiederaufzustellen; manchmal, eine offene Grube mit Erde zu bedecken; sie rupfte wuchernde Gräser aus, die an unpassenden Stellen wuchsen, und las die Inschriften, die sie schon lange auswendig kannte, jedesmal wieder, wenn sie sie sah. Ein großer Teil dieser Inschriften entstammte Nur Babas literarischen Aktivitäten. Manche waren in Versen, manche in Prosa. Aber in jeder war etwas, das an seine Art, seine Stimme, seine Sprechweise, seinen Plauderton erinnerte.
Hier war das Grab einer Frau namens Perestu, die, bevor Nigar

eingeweiht worden war, sich eines Nachts aus dem Fenster des Klosters gestürzt hatte, weil Nur Baba sie schlecht behandelt hatte. Lange Zeit war sie, an beiden Füßen gelähmt, in ihrem Haus geblieben, hatte aber testamentarisch bestimmt, an eben dieser Stelle begraben zu werden. Freilich hatte Sibas Brudertochter diese Frau erst in ihren letzten Augenblicken gesehen; aber sie hatte sie mehr geliebt als alle, die sie kannte. Was hatte diese Frau für tränenfeuchte, milde, süße, freundliche Augen, wenn sie einen ansah!

Dieses Opfer der Liebe, dessen Stimme, dessen Laut man jahrelang nicht gehört hatte, hatte, als der Tod ihr nahte, begonnen, täglich Nachricht auf Nachricht zu Nur Baba zu schicken und endlos zu klagen.

Die glückliche Frau hatte schließlich den Geist aufgegeben, während ihre Hand in der Hand des Meisters lag. Aus diesem Grunde war die Inschrift, die Nur Baba auf ihren Stein gesetzt hatte, einen lange, feurige Elegie.

Nigar las diese Elegie vielleicht zum hundertsten Male. Sie war allerdings kein Meisterwerk in ihrer Art, ja, im Hinblick auf Versmaß und Reim war sie von Anfang bis Ende voller Fehler. Aber für Safa Efendis Enkelin war sie das schönste Stück der türkischen Literatur. Wenn sie es las, geriet sie außer sich und fand besonders in den folgenden Versen eine Geisteshöhe von unerreichbarer Geheimnisfülle:

Perestu, Gast im Herzensgarten rein –
Von allen Herzen Herzlieb du allein!
Warum verließ sie uns und blieb nicht stehen?
Nicht glücklich sind, die bleiben – nein: die gehen.
Warum kommt von den Gehenden, o Tod,
Uns keine Nachricht, weh, in uns're Not?

Nachdem Nigar zwischen einer Anzahl großer und kleiner Steine umhergegangen war, blieb sie eine Weile vor dem Grab von Afife mit dem roten Kopfbund stehen. Diese Frau war vor

drei Jahren nachts während einer Dschem-Feier plötzlich gestorben. Sibas Bruderstochter hatte es in der ersten Zeit gar nicht ertragen können, überhaupt neben dieser Frau zu sitzen, aber nach und nach hatte sie sich so an sie gewöhnt, daß sie sich schließlich kaum noch aus ihrer Nähe entfernte. Tatsächlich hatte Afife mit dem roten Kopfbund der Enkelin Safa Efendis ja zur Zeit ihrer ersten Beziehungen zu Nur Baba alle erdenklichen Dienste geleistet. Die Nacht, da sie zum ersten Mal mit Nur Baba, fern von jedem Menschen, allein gewesen war – ach, jene erste Liebesnacht! – die hatte sie in Afifes Haus in Üsküdar verbracht. Später waren solche Nächte noch viele Male an demselben Ort wiederholt worden, und Afife hatte dankenswerterweise einer Menge Redereien, einer Menge von Gerüchten vorgebeugt. Nur Baba hatte auf dem Grabstein dieser Frau die Worte einmeißeln lassen:
»Hier ist Afife Badschi, die treue Dienerin des geliebten Ordens, begraben. In diesem edlen Kloster gab sie aus ganzem Herzen die Seele hin. O Ali! – Gott! – Er!«
Zur Seite Afifes mit dem roten Kopfbund liegt Nakib Paschas Gattin. Das ist die alte Frau, deren Villa in Üsküdar Jahr für Jahr Nur Babas Winterquartier war. Ihre Grabstätte ist aus pompösem Marmor, umgeben von Eisengittern, und darauf steht eine äußerst ehrerbietige Inschrift. Nigar verweilte nicht lange davor. Sie näherte sich dem Grabe Oberst Hamdis, etwas weiter drüben. Armer Hamdi Bey! Unter den Männern, die dauernd im Kloster lebten, war er derjenige, den sie am liebsten gehabt hatte. Was für feine Gefühle wogten unter dieser schlichten, äußerlich so groben Form! Wie zart, wie herzenskundig war er! Was hatte er doch für sonderbare Gewohnheiten, was für komische Redensarten!
Nigar sah in diesem Mann den echten Bektaschi im wahrsten Sinne des Wortes. Es war nie vorgekommen, daß der verstorbene Hamdi auch nur ein einziges Mal wegen irgendetwas, das ihn betraf, geklagt oder sich aufgeregt hätte oder auch traurig gewesen wäre. »Dankbar für das, was die Menschen machen, froh

über das, was sie tun«, das war seine Lebensregel. Im Kloster war er manchen Beleidigungen ausgesetzt gewesen; nie hatte er seine Stimme erhoben, gegen niemand hatte er je Haß gefühlt. Seine Sanftmut und Ruhe waren so groß, daß sie einen gelegentlich sogar nervös machen konnten. Sobald Nigar daran denkt, wie sie ihn manchmal an den Schultern gepackt und geschüttelt, wie sie ihn angeschrieen hatte: »Hamdi, Hamdi, sag doch etwas! Tu doch etwas, um Gotteswillen!« – sobald sie daran denkt, füllen sich ihre Augen mit Tränen. Er lächelte dann: »Eywallah, aber bei Gott, liebe Schwester, ich habe doch mit keinem Streit ...! Eywallah ...!«

Eywallah! ... Ist das nicht die ganze Philosophie des Bektaschitums? Geht das nicht ganz aus dem Sinn hervor, den dieses Wort ausdrückt? Die Hand aufs Herz legen, den Kopf vorneigen, für den seelischen Genuß von Demut und Bescheidenheit sich selbst aufgeben, auf Haß, Quälerei, Qual, Bosheit und Tadel nur »Eywallah, aber, bei Gott« sagen! Was kann das ganze Geheimnis des Ordens anders sein, als zu diesem hohem Ziel zu gelangen? Nigar fand jeden anderen Zustand außerhalb dieser Seelenhaltung gefährlich, unheilvoll und unerträglich. Was ist das – die Leute, die da in ein paar Sorgen um Eigenliebe zappeln, um persönliche Würde und Ehre zittern? Wie arm ist der Unglückliche, der, wie Tante Siba, sein ganzes Leben in den Zuckungen des Stolzes verbracht hat! Sie wollten geliebt werden, statt zu lieben. Sie waren eifersüchtig; sie haben geschrieen, gerufen und haben ein paar nichtigen Dingen geglaubt, wie etwa besiegt zu sein und zu besiegen.

Nigar sagte zu sich: »Lieben, immer lieben! Ohne von unserem Gegenüber etwas zu erwarten, immer von uns selbst geben, nichts bedauern, nichts bereuen – lieben, immer lieben!«

Noch staunen die, welche noch nicht zu diesem Mysterium gelangt sind, über Nigars Geduld und ihr Ausharren. Sie können absolut nicht verstehen, daß sie, wenn Nur Baba vor ihren Augen mit anderen feiert, eine ruhige Zuschauerin bleibt, und sie verurteilen einmütig Nigars Gefühllosigkeit und ihre Einfalt.

An der Spitze der so Urteilenden steht Siba. Sie hat sich jetzt ganz aus der Welt der Liebe zurückgezogen. Zwar beschäftigt sie sich nun mit praktischen Dingen wie Glücksspiel und Handel, doch ganz von fern befaßt sie sich noch immer mit Problemen, die die Welt ihrer ersten Herzensheimat angehen. Über Nigar meinte sie: »Das habe ich doch schon früher gesagt! Sie hat ein Herz wie Stein und einen blöden Kopf! So was von Einfalt!«

Wenn Nigar das hörte, lächelte sie mit ihrem rätselhaften Lächeln, das ihren einen Mundwinkel nach oben zog und in letzter Zeit geradezu zu einer dauernden Verkrampfung geworden war.

»Ja, ich bin ein bißchen einfältig!« sagte sie. Und während sie das sagte, dachte sie an den Vers eines Liedes, das sie früher einmal gehört hatte:

> Vollkommen sind wir aufs feinste, jedoch
> Einfältig sind wir bei Balim Sultan.

Wie konnte es Menschen geben, die sich seit Jahren mit ihrem Bektaschitum brüsteten und doch so blind und dumm waren, daß sie nicht den Weg sehen konnten, den diese beiden Zeilen wiesen! Nigar war ein sehr gereifter Geist, der zu allen Geheimnissen des inneren Lebens gelangt war – so sehr, daß sie jetzt sogar unendlichen Genuß darin fand, sich innerlich zu entzünden und zu erglühen, und daß sie die Aufregungen, die ihre Brust zerrissen, selber hegte, pflegte und wärmte. Von ihren Verwandten schickte Madschid ihr ein paarmal Nachricht und bemühte sich mehrfach, sie aus dem Unglück zu retten, in das sie geraten war, indem er sagte: »Nigar, ich bin noch immer an dem Ort, den Du verlassen hast. Ich bin allein und warte auf Dich.« Aber Nigar spürte, daß sie außerhalb dieser Erregung und dieses Unglücks an keinem Glück, an keiner Geborgenheit würde Geschmack finden können; und sie blieb.

»Lieben, immer lieben – allen Beleidigungen, aller Abweisung,

Bedrückung und Quälerei, allen Bosheiten und Schmähungen, Verleumdungen und Verspottungen zum Trotz lieben«, sagte sie.

Ach du Frau, deren Augen wie Kohlen tief innen glühen – du bist sicher Husains Schwester oder Mansur Halladschs Gefährtin!* An der Stelle, die dein Blick getroffen hat, sprossen Rosen, und in den Lüften, die dein Schatten bewegt, schwingt Ambraduft. Du bist von diesen Düften, von diesen Rosen berauscht. O du, die du seit dem Mahle des Ur-Vertrages trunken bist!**

Nigar spürte, daß sie sogar im Pelz des Scheichs zu frieren begann. Es dunkelte: sie konnte nun keine der Inschriften mehr erkennen. Ganz langsam ging sie zum Kloster. Aber das Kloster lag im Dunkel. Vor der Tür schluchzte sie:

»Tschinari, Tschinari!«

Man hörte das Geklapper von Schüsseln und Kochtöpfen, das der alte Derwisch in der ganz unten gelegenen Küche hervorbrachte. Nigar ging Schritt für Schritt vorwärts, hielt sich mit der Hand an der Wand fest und rief wieder mit einer Stimme, die in der Abendkühle ganz gebrochen klang:

»Tschinari! Tschinari ...!«

Ganz langsam wurde die Küchentür geöffnet, die ein trübes, schmutziges Licht durchließ. Derwisch Tschinari streckte eine große Lampe, die er in der Hand hielt, auf den Flur hinaus:

»Wenn wir was äßen, wär's nicht schlecht – was meinst du, Nigar?«

* Husain, der Sohn Alis und Enkel des Propheten Muhammad, ist der Erzmärtyrer des schiitischen Islam; »Mansur« Halladsch ist der »Märtyrer der Gottesliebe«, der 922 in Bagdad hingerichtet wurde.

** Der »Urvertrag« bezieht sich auf den Augenblick, da Gott die noch nicht geschaffenen Seelen vor sich rief und sie fragte: »Bin Ich nicht euer Herr?« (Sura 7/171) und sie durch ihre Antwort »Ja!« Seine Herrschaft und ihre Liebe bezeugten.

II.

Die Welt, wieder diese Welt …

Heute ist *Nauruz*, Frühlingsanfang. Nur Baba kam mit seiner ganzen Gemeinschaft wieder ins Kloster. Im Innern des Klosters herrschten seit gestern von der Küche bis zu den Schlafzimmern fieberhafte Vorbereitungen. Obgleich Nigar sich sehr schlecht fühlte, nahm auch sie an diesen Tätigkeiten teil. Die frischgewaschenen Handtücher, Bettbezüge, Kissenbezüge plättete sie allesamt. Denn Dschelile war nun so zusammengesunken, daß sie zu keiner Arbeit mehr taugte. Die Bemühungen dieses armen Weibleins, dem bei jeder Bewegung etwas weh tat, endeten entweder mit furchtbaren Nierenschmerzen oder mit eiternden Geschwülsten, von denen ihre Beine immer kränker wurden.

Nur Baba war seit dem Morgen nur damit beschäftigt, die in

Scharen herbeieilenden Gäste und Freunde zu empfangen. Während die Sitte sonst erfordert, sich an den Nauruztagen im Garten zu versammeln, vereinte das ungewöhnlich kalte Wetter diesmal alle in einem kleinen Zimmer um ein riesiges Kohlenbecken. Trotzdem hatten die Frauen dem Nauruz zu Ehren weiße und rosa Gewänder angezogen, und die Männer hatten sich Blumen der Jahreszeit an die Kragen gesteckt. Auch Nur Babas harter Körper steckte in weichen, zarten Kleidern, und sein Bart war von den verschiedensten Düften erfüllt. In seinem Gesicht, in dem sich seit sechs Jahren kein Zug verändert hatte, stand der Bart schwärzer und prächtiger denn je. Auch in seine Gesten war eine gewisse Langsamkeit gekommen, die man für Würde halten konnte. Er lachte und sprach nicht allzuviel, wie früher, und verfiel auch nicht in eine allzu vertrauliche Haltung. In seinen Augen lag der Schatten einer süßen Trauer.

Die Freunde schrieben diesen Zustand den Anzeichen einer neuen Liebe zu. Jedermann war überzeugt, daß Nur Baba diesmal ernstlich sein Herz ausgeliefert hatte; denn eine neuerblühte Schönheit, die seit sechs Monaten bei allen Liebesmahlen nicht von seiner Seite wich, umgarnte auf jede Weise diesen Ordensmeister der Leidenschaft, der die fünfundvierzig lange überschritten hatte. Dieses Mädchen – sie hieß Suheyla – schenkte in diesem Augenblick aus der kleinen rosafarbenen Flasche Raki in Nur Babas rosa Glas, und die Anwesenden, Männer wie Frauen, konnten es sich nicht versagen, ihre elfenbeinfarbenen, feinen, schöngeformten Handgelenke wenigstens einmal verstohlen anzusehen. Ihr zarter Hals, der sich in dem offenen Kragen eines Kreppkleides von der Farbe getrockneter Rosen wie eine fleischgewordene Melodie dehnte, erinnerte an den Hals von Schwänen, die in Wassern dahingleiten, welche vom letzten Licht des Tages rosig gefärbt sind. Suheyla war ein Mädchen, bei dessen Anblick man, auch wenn es noch so trocken und sengend heiß sein mag, im Herzen eine süße Frische und wunderbare Belebung verspürt, als sei man an einem Sommertag an das Ufer eines Gewässers gekommen.

Liegt nicht überhaupt in jeder unberührten Jungfrau etwas wie schimmerndes Wasser? Und sind nicht auch Jungfrauen unzuverlässig und verräterisch wie jedes Wasser?
Selbst in den Zeiten, da sie am ruhigsten sind, könnt ihr nie wissen, was ein wenig später mit ihnen los sein wird. Es kann sein, daß sie euch auf einmal wie Flammen bedecken oder wie ein Wildbach fortreißen. Sie schöpfen alle ihre Kräfte aus dem Geheimnis, das sie mit sich tragen. Ihr Körper, der auch für sie selbst nicht nackt ist, bliebe selbst dann noch verhüllt, wenn sie sich vor unseren Augen völlig entkleidet hätten; und da sie die Macht der Liebe noch nicht versucht haben, ist ihr Widerstand gegenüber dem Liebhaber furchtbar. Ist Marmor so hart wie die Brust eines jungen Mädchens?
Ach, das muß man Nur Baba fragen! Nur Baba, der die härtesten und rauhesten Herzen zu schmelzen weiß! Jetzt ist er neben Suheyla wie ein unerfahrenes Kind; er weiß nicht, von welcher Seite er sie angreifen soll. Auf einmal sagt er:
»Mädchen, wo ist dein Herz?«
Suheyla lacht:
»Ich habe kein Herz!« antwortet sie. Beim Trinken nahm ihre Nüchternheit zu, und wenn Nur Baba sie berührte, machte sie ihren Körper nur noch etwas härter.
»Laß mich, laß mich, ich bin noch nicht reif!« sagte sie, lief fort und schmiegte sich an Dscheliles Brust.
Einmal umschlang sie Nigars Hals. Die arme Frau wußte nicht, was sie machen sollte. Nur Babas Arme bemühten sich vergebens, diese beiden Körper voneinander zu trennen. Das junge Mädchen war wie angeklebt an Nigar. Nur Babas ehemalige Geliebte spürte bei dieser Berührung, daß keine Stelle am Körper des jungen Mädchens zitterte. Selbst ihr Herz schlug nicht mehr und nicht weniger als zu irgend einer anderen Zeit, und sie sagte zu sich: »Ach wie schade, sie liebt nicht, sie fühlt nichts! Seine Hände berühren sie, und ihr Körper ist noch wie Stein!« Und sie dachte, daß ein Körper, der den wahnsinnigen Angriffen der Liebe gegenüber so unbeweglich blieb, noch so frisch,

noch so zart und schön sein mochte – für die wahrhaft Liebenden würde er keine Bedeutung, keinen Wert haben. War nicht am Ende dieser Gedanke die Ursache, daß es Nigar gar nicht einfiel, auf Nur Baba eifersüchtig zu sein? Diese leidenschaftliche Neigung von Nur Baba bestand ihrer Meinung nach nur aus einem vorübergehenden Wunsch.

Aber an diesem Nauruz-Tag, in dem Augenblick, da sich alle versammelt hatten und man anfing, Süßigkeiten zu essen und die Dose mit den gewürzten Pasten von Hand zu Hand ging, sagte Nur Baba plötzlich in der ihm eigenen theatralischen Art: »Geliebte! Eine gute Nachricht! Nächste Woche wird unsere Ehe mit Suheyla geschlossen!«

In diesem Augenblick merkte die ohnehin schon kranke und schwache arme Nigar, wie ihre Seele sich verdunkelte und ihr Herz stehen blieb. Suheyla blickte zum ersten Mal mit schwerer ernster Ruhe, die auch ein wenig an Trauer denken ließ, vor sich hin. Dschelile erhob sich, erwies dem Vorsteher die Ehrerbietung und küßte dem jungen Mädchen die Hand. Alle Freunde riefen wie aus einem Munde: »Heil und Segen! Heil und Segen!« Nigar wußte nicht, was dann geschah. Sie war so betäubt und gefühllos, als sei ein schwerer Schlag auf ihr Haupt niedergegangen.

Nur Baba blickte verstohlen zu ihr:

»Nigar, was hast du?«

Die junge Frau schüttelte sich, als erwache sie aus einem Alptraum. Die Stimme des Mannes schien von ganz fern her zu kommen.

»Wer? Ich?« fragte sie.

Jedermann fing an zu lachen, Nur Baba murmelte, um den Vorfall zu überspielen einen Vers Fuzulis:*

* Fuzuli, einer der größten türkischen Dichter, der 1556 in Bagdad starb und dessen lyrische Gedichte noch immer sprichwörtlich sind. Er schrieb auch arabische und persische Werke, unter denen *Hadiqat as-suada'*. »Der Garten der Glücklichen«, in Bektaschi-Zirkeln viel gelesen wurde. Doch kann Fuzuli nicht auf eine bestimmte religiöse Doktrin festgelegt werden.

Bist du noch du, was bin dann ich, o Freund?
und sagte, zu Niyasi gewandt:
»Auf! Rühr dich ein bißchen!«

Niyasi fing eine Improvisation nach persischen Motiven an. Suheyla versah das Schenkenamt. Alles, was dann geschah – die Musik der Festgesellschaft, das Kastagnetten- und Tambouringerassel – kam Nigar wie das Wehklagen zu einem furchtbaren Weltuntergang vor. Die Dinge, die sich vor ihr abspielten: Nur Babas Blicke; wie er seinen Mund schloß; wie Suheyla überwunden wurde; wie Udi Niyasis Hand auf den Saiten tanzte; wie Dschelile sich neigte und wieder aufrichtete; wie Nesimi sich nach einer vorgetragenen Melodie hin- und herbewegte – das alles sah sie hinter einem sonderbaren Nebel. Man gab ihr Raki; sie trank. Man gab ihr die Pastendose; sie aß. Aber was sie da aß und trank, waren für sie Dinge von unbestimmtem Geschmack, von unklarer Art, so wie man sie im Traume ißt und trinkt, und genau wie im Traum konnte sie auch ihren Bewegungen keinen Tropfen von ihrem Willen einflößen.

Etwas später rief Nur Baba wieder:
»Nigar! Nigar!«

Er gab ihr ein Zeichen, an seine Seite zu kommen. Nigar erhob sich von ihrem Platz, ging hin. Sie zwängte sich zwischen Nur Baba und Dschelile. Der Ordensmeister der Liebe nahm die Hände der jungen Frau in seine Hände und fragte mit sanfter Stimme: »Was hast du? Was hast du, Kindchen?«

Sibas Brudertochter sah den Mann, der sie so merkwürdig fragte, erstaunt an. Sie kannte ihn nicht mehr. Wer war dieser Mann? Wer war dieser Mann bloß? Woher, wieso und warum war sie in sein Leben gekommen? Worauf deutete dieser schwarze Bart, diese bleiche Haut? In einem Augenblick rief sie sich die Gesichter aller Bekannten ins Gedächtnis zurück. Alle schienen ihr trotz der Länge der Zeit und der Entfernung näher als dieser Mann.

Kommt, kommt zu Hilfe, teure Gesichter der Vergangenheit! Nigar ist in einer endlosen Wüste vom Wege abgeirrt. Die

Arme, seit Jahren war sie gewandert ... Was es zu essen und zu trinken gab in ihrem Proviantsack, das hatte sie aufgebraucht. Jetzt stand sie einer an einem leeren Brunnen hockenden Sphinx gegenüber, und die Augen dieser Sphinx waren noch leerer, noch trockener als dieser Brunnen.
Ein sonderbarer Schauer ergriff ihren Körper. Nur Baba sagte:
»Du bist krank! Du mußt dich unbedingt hinlegen!«
Nigar war nicht imstande zu stehen, geschweige denn zu gehen. Zwischen den aufeinanderschlagenden Zähnen sagte sie:
»Laß mich, ich lege mich hier ganz in der Nähe hin!« und sank wie ein aufgelöstes Tuch neben dem Fell nieder, auf dem Nur Baba saß. Der Vorsteher zog sein Obergewand aus, deckte es über die junge Frau und streichelte ihren Rücken eine Zeitlang ganz zart. Alle Glieder der armen Nigar zitterten und bebten. Dschelile meinte:
»Hier kann man nicht liegen, meine Dame! Gleich ins Bett!«
Nigar klagte:
»Laßt mich um Gotteswillen in Ruhe!«
Um dem Liebesmahl, das durch diese Vorgänge unterbrochen worden war, neuen Schwung zu geben, begann Nur Baba das Nauruz-Lied zu rezitieren, das er kürzlich verfaßt hatte. Es war, wie alle anderen poetischen Erzeugnisse des Meisters, unbelastet von Reim und Versmaß. Aber die in der Versammlung Anwesenden begannen von den ersten Versen an hingebungsvoll zu lauschen. Selbst Nesimi, der lange Zeit mit Müallim Nadschi* und dessen Schülern befreundet gewesen war, schlug die Augen in einer gekünstelten Weise auf, die höchste Aufmerksamkeit und höchstes Interesse ausdrücken sollte, und Verse wie diese:

Zur Rose sprach die Nachtigall: »O komme doch zu mir!«
Die Rose sprach zur Nachtigall: »Ich komme nicht zu dir!«

* Müallim Nadschi (gest. 1893) war einer der führenden Dichter in der osmanischen Türkei, der vor allem zur Ausbildung der neoklassizistischen Prosa beitrug.

unterbrach er mit Rufen: »O Gott, um Himmelswillen – welch meisterhafte Schöpfung!« und Nedschati Bey, der vor einiger Zeit in einer von dem Dichter Andalib herausgegebenen Zeitschrift eine Reihe Gedichte veröffentlicht hatte, hob fortwährend die Hände zum Himmel und rief: »Um Himmelswillen, wiederholen Sie es noch einmal, Meister, bitte noch einmal!« Dschelile wiegte sich mit geschlossenen Augen einmal nach rechts, einmal nach links, und Udi Niyasi sagte zu seinen Nachbarn so, daß Nur Baba es hören konnte:
»Wenn wir das gleich komponierten!«
Suheyla verfolgte, den Kopf an die Schulter des Klostervorstehers gelehnt, verstohlen die Zeilen, die er las. Aber... ganz außer sich war nur Nur Baba. Er nutzte es aus, wie das junge Mädchen sich an seinen Körper schmiegte, las und faßte gleichzeitig mit der freibleibenden Hand seine Verlobte um die Taille. Nigar streckte vorsichtig den Kopf zwischen ihren Hüllen hervor und verhüllte sich wieder, als ihre Augen auf diese reine Umarmung zwischen Suheyla und Nur Baba trafen. Innerlich sagte sie: »Ach, könnte ich doch aufstehen und fortgehen!« In dieser Minute wäre es ihr am allerliebsten gewesen, zu Bett zu gehen, sich auszustrecken und schluchzend zu weinen.
Als das Neujahrsgedicht beendet war, faltete Nur Baba das Papier, das er in der Hand hielt, mit großer Sorgfalt vierfach zusammen und verstaute es in einem gebundenen Heft; dann rezitierte er, zu Suheyla gewandt, Nesimis Verse:*

> Soll ich denn Schenke sein beim Mahl, Geliebte,
> Du mit kristallnem Arm und Silberschenkeln?

Er deutete mit dem Auge auf das geleerte Glas. Suheyla füllte es und reichte es ihm. Aber Nur Baba nahm ihr den Becher nicht

* Nesimi war der bedeutendste Vertreter der Hurufi-Mystik und zog durch seine leidenschaftlichen Gedichte, in denen er sich gewissermaßen als Nachfolger Halladschs zeigte, den Zorn der Orthodoxie auf sich; er wurde 1405 in Aleppo grausam hingerichtet.

aus der Hand, sondern ergriff ihr Handgelenk so, wie wenn ein Rifai-Derwisch* in Ekstase Feuer an den Mund führt, und zog dann den Raki zugleich mit den Fingern der Schenkin an die Lippen, kostete den Genuß des Kusses und des Weines zugleich. Das junge Mädchen, in raschen Schauern erbebend, zog seinen Körper zurück, wurde überwunden, ergab sich, und alle am Tisch verteilten den Raki mit derselben Ziererei, auf dieselbe Art.
Gegen Abend begannen neue Gäste einzeln oder zu zweit zu kommen. Unter ihnen waren Offizielle und Nicht-Offizielle, und solche, die, wie Dscheliles Nichten, sozusagen schon zu den Klosterinsassen gehörten. Nigar, die spürte, daß das Gedränge größer wurde, äußerte den Wunsch, sich schlafen zu legen.
Nur Baba sprach einerseits mit den Ankommenden; auf der anderen Seite sagte er zu seiner ehemaligen Geliebten:
»Ich bringe dich hin, Liebling, ich will dich ja hinbringen. Ich lege dich ins Bett, ich decke dich zu – sonst ist es doch nicht gut.«
Wirklich gingen die beiden ein wenig später hinaus, eng umschlungen, Nigar sozusagen an Nur Babas Brust liegend.
Suheyla biß sich vor Zorn auf die Lippen. Aber wenn sie den Fortgehenden gefolgt wäre, hätte sie gemerkt, daß ihr Zorn ganz unbegründet war. Denn Nur Baba hatte diese Zärtlichkeit und Liebe nur für die dort Anwesenden auf Konto der Dankbarkeit, die er Nigar schuldete, zur Schau getragen. Doch kaum waren sie auf den Korridor gekommen, da zog er es vor, der kranken Frau nur den Arm zu bieten, und als sie vor die Tür ihres Schlafzimmers kamen, faßte er sie einfach an den Schultern und stieß sie rasch hinein. Aber Nigar ließ Nur Babas Arm nicht los. Mit plötzlich gebieterisch werdender Stimme sagte sie:
»Du gehst nicht fort! Du wirst nicht fortgehen! Du wirst bei mir bleiben!«

* Die Rifai-Derwische, im Westen meist als »Heulende Derwische« bekannt, können in Ekstase Feuer schlucken, sich Wunden versetzen, ohne es zu spüren, Glas oder lebende Schlangen essen, und ähnliche erstaunliche »Wunder« vollbringen.

In diesen Worten lag eine so scharfe Entschiedenheit, daß Nur Baba mit einer Ergebung, wie er sie zum ersten Mal in seinem Leben spürte, ruhig und gehorsam hinter der Frau herging. Nigar schloß die Tür, drehte den Schlüssel zweimal im Schloß herum und steckte ihn in die Tasche. Darauf wurde der Klostervorsteher völlig verwirrt:
»Was ist los, Nigar? Die Leute, die mich unten erwarten ...«
Ohne eine Antwort zu geben, zog Nigar ihn zu sich hin. Auf einmal fielen sie auf ein gefedertes, breites Bett. Das Zimmer war dunkel. »Laß mich die Lampe anzünden!« sagte Nur Baba. Nigar wollte im Dunkeln bleiben. Sie sagte:
»Heute nacht fürchte ich mich vor Stimmen, vor Bewegung, vor Helligkeit. Sei still, bleib neben mir sitzen, sprich nicht, rühr dich nicht... und rühr mich nicht an! Heute nacht bin ich ein anderes Wesen, ein seltsames Wesen, das Dinge gesehen hat, die Du nicht gesehen hast, Dinge gehört, die Du nicht gehört hast, und das von ganz fern her gekommen ist ... Wer bist du? Ich weiß es nicht. Wenn du sprichst, werde ich deine Sprache nicht verstehen. Aber ich will, daß du mir zur Seite bist. Denn ich fürchte mich, allein zu bleiben. Ach, niemals habe ich mein Alleinsein so gespürt wie diese Nacht. Monatelang wart ihr, ihr alle in Kadiköy, monatelang war ich hier mit Derwisch Tschinari ganz, ganz allein. Aber ich wüßte nicht, ich erinnere mich nicht, daß ich mich je so vor dem Alleinsein gefürchtet hätte wie diese Nacht.
Was soll ich machen? Wohin soll ich gehen, wo dieses Alleinsein nicht ist? Ich will ganz eng mit denen zusammenbleiben, die wissen, was ich weiß. Ohne daß ich spreche, sollen sie verstehen, ohne daß sie sprechen, will ich verstehen.«
»Liebling – du bist krank, du hast Fieber! Du phantasierst – leg dich hin! Ich schicke dir Nuriye; wenn du willst, soll Dschelile kommen und warten ...« sagte Nur Baba und dachte, Nigar damit zufriedengestellt zu haben, daß er geantwortet hatte. Er streckte seine Hand langsam nach der Tasche aus, in welcher der Schlüssel war. Die junge Frau hielt die Hand, die über sie hin-

wegglitt, fest und preßte sie so heftig, daß Nur Baba fast aufgeschrieen hätte. Nigar sagte:
»Siehst du? Ich bin nicht mehr die schwache, winzige, weiche, widerstandslose Nigar, die du kennst. Auch in mir sind ganz neue Kräfte entstanden. Seit wann? Ich weiß es nicht ... Weder kannst du danach fragen, noch kann ich es sagen. Trotzdem bist du es, der mir diese Kräfte, ja, diese Kräfte gegeben hat ... Weißt du das? In deiner Hand, in deiner Hand bin ich so geworden.«
Mit Augen, deren Glitzern man sogar in der Dunkelheit bemerkte, sah sie Nur Baba in die Augen. Ihre an sich schon gebrochene Stimme brach beim Sprechen immer mehr und klang fast wie die heisere Stimme eines Trunkenen.
Nur Baba wollte noch einmal aufstehen und fortgehen, und diesmal nahm er seine Zuflucht dazu, Nigar zu überlisten, indem er sie streichelte. Aber die junge Frau stieß die Hand zurück, die sich im Dunkel nach ihr ausstreckte.
»Habe ich nicht gesagt, du sollst mich nicht anrühren? Was bist du für ein merkwürdiger Mensch! Ich weiß, dieser Körper gehört dir; du hast ihn geschaffen. Du hast ihn vernichtet. Bevor ich dir begegnete, war er jung, zart, frisch. Nachdem ich dir begegnet war, verlor er unter deinen Händen, in deinen Armen seine ganze Jugend, seine ganze Frische. Aber zu jener Zeit war er wertlos. Er war ein törichter, fühlloser, bewußtloser Körper, der sich selbst nicht kannte. Jetzt aber weiß jede Stelle etwas, fühlt etwas, erinnert sich, denkt. Wenn meine Augen eines Tages erblindeten, würde ich dich mit den Fingerspitzen sehen können. Jetzt ist mein Fleisch, meine Haut ganz und gar Erfahrung, Wissen, Klugheit. Aber wie schade, Nur Baba, daß er in deinen Augen gar keinen Wert mehr hat! Hast du mich denn deshalb reifen lassen?«
Hier erstickte Nigars Stimme in Schluchzen. Nur Baba faßte dieses Weinen als Präludium zur Ruhe auf und gab sich den Anschein, selbst auch zu weinen, um die Tränen der kranken Frau noch reichlicher fließen zu lassen. Er nahm den Kopf zwischen die Hände.

In diesem Moment wurde an der Tür geklopft. Von draußen sagte Dscheliles Stimme:
»Meister, Redscheb Paschas Leute sind da. Der Meydan ist bis zum Rande voll. Es ist weiß Gott eine Schande; ich weiß nicht, was ich sagen soll. Alle warten auf Euch ...«
Nigar streckte Nur Baba den Schlüssel hin, ohne ein Wort zu sagen. Der Klostervorsteher blieb, den Schlüssel in der Hand, eine Weile auf seinem Platz sitzen wie jemand, der durch schreckliche Eindrücke krank gemacht ist. Dann neigte er sich zu der im Bett ausgestreckt daliegenden schluchzenden Frau:
»Wie kann ich dich in diesem Zustand verlassen? Unmöglich, unmöglich!«
Nigar stieß Nur Babas Kopf mit dem Handrücken zurück und sagte mit schwerverständlicher Stimme:
»Oh, jetzt kannst du gehn! Ob du hier bleibst oder dort bist, was tut's? Das ist doch alles eines! Verzeih, ich wußte nicht, was ich tat, verzeih!«
Und Nur Baba verschwand leise aus dem Zimmer.

12.
Der Geliebte hat die Seele gewünscht

Nach Nur Babas Hochzeit mit Suheyla war Nigars Zustand völlig rätselhaft. Sie verließ ihr Zimmer fast überhaupt nicht mehr, sprach mit niemand im Kloster und schien ständig in tiefe Meditation versunken. Jener schräge Blick, früher eine der liebenswertesten, entzückendsten Bewegungen ihres Gesichtes, war jetzt eine Grimasse, die, wie die Spur einer Messerwunde, ihren Mund mit den immer herabhängenden Winkeln zur Seite zog, und in ihrem Gesicht gab es keinen anderen Ausdruck mehr als die Trauer, die diese Grimasse hineinzeichnete. Ab und zu sagte Nur Baba, wenn er sie allein fand, zu ihr: »Nigar, Nigar, was ist mit dir? Bei Gott, du machst mein Herz bluten!«
Sie sah Nur Baba mit verständnislosen Augen an; dann neigte

sie den Kopf und schwieg. Sogar wenn niemand da war, kam sie selbst zu den Mahlzeiten nicht herunter, von den Feiern und Liebesmahlen ganz zu schweigen. Derwisch Tschinari brachte ihr auf einem Tablett erst ihren Raki, dann ihr Essen. Nigar sprach nur mit Derwisch Tschinari. Und Derwisch Tschinaris Wesen drückte nur in Nigars Nähe etwas Menschliches aus. Dieses seltsame Geschöpf, an dessen Bart seit Jahren kein Kamm, an dessen Haar seit Jahren keine Schere gekommen war, ging außerhalb von Nigars Zimmer wie ein vorgeschichtliches Schreckgespenst umher. Aber was Nigar und Derwisch Tschinari so verband, war, wie schon gesagt, nicht nur die Tatsache, daß beide durch die gleiche Anfechtung verbunden waren.

Die Freundschaft zwischen dieser Frau und diesem Mann hatte zunächst allerdings infolge einer gemeinsamen Sucht begonnen. Beide waren dem Haschisch und dem Opium verfallen. Aber später wurde diese Bindung zu einem rein geistigen Band, wie die Liebe zwischen einem Hund und seinem Herrn. Ohne daß Nigar den Mund auftat und ein Wort sagte, wußte Derwisch Tschinari, was die junge Frau sagen wollte, und die junge Frau verstand aus einem Blick von ihm, was er wollte. So wußte Derwisch Tschinari, was Nigar für Aufregungen erduldete, und Nigar fühlte, daß Derwisch Tschinari mit ihren Aufregungen vertraut war.

Nur durch dieses Gefühl fand Nigar in dieser harten Zurückgezogenheit etwas wie Trost, und ihr Elend wurde ein wenig erträglicher für sie. Was für ein nichtiges Kinderspielzeug ist das Menschenherz – und was ist es gleichzeitig für ein furchtbarer Abgrund! Manchmal vermag uns in einem großen Kummer kein Glück der Welt, kein Genuß, kein Vergnügen zu trösten; manchmal kann in einem ebenso großen Kummer ein Nichts, ein Wort, ein Blick, eine Bewegung, ein Lächeln, wenn auch nicht zu unserer Befreiung, so doch zu unserer Kraft zu geduldigem Ertragen beitragen.

Diese unglückliche Frau, die seit dem Tage, da sie ihr ganzes Sein Nur Babas Liebe geweiht, ihren Mann, ihre Mutter, ihre

Kinder vergessen hatte, die in einer nicht zu Nur Baba gehörenden Atmosphäre nicht eine Minute lang atmen konnte – als diese Frau das »Liebe« und »Zärtlichkeit« genannte Geschenk zum ersten Mal aus den Händen dieses Geschöpfes zweifelhaften Geschlechts und zweifelhafter Art empfing, ekelte sie sich nicht, zog sich nicht zurück, verfiel nicht in Staunen und Zaudern, sondern fand in ihm Gesichter, Seelen, die sich in ihre reinen, süßen Kindheitserinnerungen mischten: das Gesicht, die Seele ihrer Amme, ihrer Wärterin. Wirklich war es in diesem Hause, das ihr immer fremder wurde und dessen angenehme Seiten immer weniger wurden, einzig und allein dieser entrückte Derwisch, der an ihrem körperlichen Wohlbefinden und ihrer Herzensruhe so sehr Anteil nahm, daß er sich sogar darum kümmerte, was sie essen, trinken oder anziehen sollte.

Eines Tages machte er sich in einer noch geheimnisvolleren Art als sonst an sie heran und sagte, indem er ihr einen kleinen Briefumschlag hinreichte, den er aus der Tasche zog:

»Heute in Kadiköy, da war einer von Ihren Verwandten. Ich traf ihn zufällig. Wer war es, wie hieß er doch? Halt mal, meine Liebe, Sie sind mit ihm zusammen eingeweiht worden.«

Nigars Herz schlug höher. Ihre Stimme brach ganz und gar:

»Madschid? Sag, Madschid?«

Derwisch Tschinari wiegte den Kopf.

»Ach, Gott schütze Sie! Genau der ... Ich ging an ihm vorbei, ohne ihn zu erkennen, da faßte er mich am Arm. ›Wohin so ohne Gruß, ohne Gutenmorgen, Meister?‹ sagte er. Dann fragte er auf einmal nach dir; ich merkte es, als er deinen Namen sagte. Einmal, zweimal sagte er: ›Wie, gut? Sag, geht es ihr wirklich gut?‹ Beim Meister, ich sagte die Wahrheit. Da überlegte er und überlegte: ›Wenn ich hier etwas aufschreibe und dir gebe, bringst du es dann hin? Gibst du's ihr in die Hand?‹ sagte er. ›Schon gut,‹ sagte ich. Wir gingen irgendwohin. Er verlangte Feder, Papier, Umschlag. Das schrieb er im Stehen, machte es zu, gab es mir ...«

Als er das gesagt hatte, schaute er sich ganz dumm um. Nigar

hielt erstaunt und verwirrt den Umschlag in der Hand und schien nicht zu wagen, ihn zu öffnen, ihn zu lesen.
»Mach ihn doch um Himmelswillen auf! Vielleicht ist es eine gute Nachricht!« sagte Tschinari.
Nigar öffnete ihn. Der Inhalt des Briefes war:
»Liebe Schwester, seit einer Woche bin ich aus Europa zurück. Als ich zurückkam, sollte meine erste Handlung sein, Dich zu sehen. Aber ich konnte den richtigen Weg nicht finden. Ich konnte nicht an den Ort kommen, wo Du bist. Ich dachte, wenn ich einen Brief schickte, könnte er vielleicht nicht in Deine Hände kommen. Ich suchte Tante Siba, sah aber, daß sie jetzt in einer völlig anderen Welt lebt ... in einer noch merkwürdigeren Welt als früher ... Es war, als habe sie Nur Babas Namen vergessen, von Deinem Namen ganz zu schweigen. Eine Begegnung, die ich nicht erhofft hatte, gab mir Gelegenheit, diese Zeilen zu schreiben. Ich weiß nicht, ob dies die beste Gelegenheit ist. Ich habe nicht sehr viel Vertrauen zu diesem verrückten Derwisch. Auf alle Fälle muß ich Dich unbedingt sehen. Wo? Wann? Teile es mir sogleich an diese Adresse mit: Nischantaschi, Tschabuktschiyan-Apartement Nr. 8. Wenn Du willst, dann komm gleich selbst. Ich wohne ganz allein. Ich bin jeden Tag bis Mittag zu Hause. Jetzt küsse ich Deine Hände.«
Nigar ging am nächsten Tag in Madschids Haus. Es war seit zwei Jahren das erste Mal, daß sie in die Stadt ging. Wie sie von Üsküdar mit dem Dampfer fuhr, wie sie vom Dampfer auf die Brücke stieg – das sind Ereignisse, die eigentlich im einzelnen beschrieben werden müßten.
Nigar tat das alles in einem Atemzug, wie Bewegungen im Traum, so daß sie gar nicht merkte, wohin sie die Füße setzte, und daß ihr schwarz vor Augen wurde, als sie von der Treppe des Tschabuktschiyan-Apartements zu Madschids Wohnung kam. Ein Diener führte sie in ein Zimmer; zwei Minuten später sah sie Madschid von der Tür her auf sich zukommen und verlor das Bewußtsein. Als sie die Augen wieder aufschlug, fand sie Madschid neben sich sitzen und ihre Hände, Handgelenke und

Schläfen mit verschiedenen scharf riechenden Wassern einreiben. Sie sah ihn erstaunt an. Madschid war nicht weniger blaß als Nigar, und sein Kinn zitterte so, daß es ihn am Reden hinderte. Nigar sagte:
»Ich habe dich erschreckt ... Es ist gar nichts, es ist nichts ... Ach, ich war so abgespannt. Denk doch mal, eine Frau, die sich seit zwei Jahren nicht von der Stelle gerührt hat – und dann auf einmal Wagen, Dampfer, wieder Wagen, Lärm, Krach, die Treppen des Apartments ... und das alles auf einmal und zusammen ...«
Madschid sagte wieder nichts und blickte Nigar aufmerksam an. Nigar sagte:
»Bringst du Nachricht von meinen Kindern? Hast du sie nicht gesehen?«
Der junge Mann schwieg noch immer. Diesmal schwieg auch Nigar und blickte ihn an. Wie lange dauerte dieses Schweigen? Eine Minute? Eine Stunde? Einen ganzen Tag? Das könnte weder diese ohnmächtige, verwirrte Frau sagen noch auch dieser bleiche, zitternde junge Mann. Denn beide waren in einer Unwetterzone, die alle Stimmen, alle Worte der Empfindungswelt zerstreute. Brauchte man überhaupt noch miteinander zu sprechen? Erzählten nicht Nigars Kleidung und ihr Gesicht dem jungen Mann deutlich genug Phase um Phase das schreckliche Geschehen, das über sie dahingegangen war? Welches ihrer Worte hätte so beredt sein können wie diese schlecht geschminkten, müden und abgespannten Augen, diese ungepflegten Hände, dieses unansehnliche Haar? Schon als Madschid zur Tür hereinkam, hatte er beim ersten Blick auf die junge Frau alle ihre Geheimnisse erkannt und gewußt. Warum sonst zitterte sein Kinn? Warum war er ganz blaß geworden? Welche andere Ursache konnte das haben als die Erregung, in die ihn eine sechsjährige Tragödie versetzte, die hinter dem von Nigar gelüfteten Schleier auf einmal ganz klar zu sehen war? Wer sich daran erinnert, mit welchen Banden Madschid früher an Nigar gefesselt war, könnte diese Bestürzung vielleicht damit erklären, daß eine alte Wunde sich von neuem entzündet hatte.

Aber in dem Herzen des jungen Mannes gab es Nigar gegenüber in diesem Augenblick nichts als tiefes, grenzenloses Mitleid. Mit dem Mut, den ihm diese Schwäche einflößte, nahm er sich auf einmal zusammen und sagte befehlend und herrisch:
»Nigar, auch du wirst hierbleiben. Ich werde jetzt jemanden schicken, der deine Sachen holen wird, und wenn deine Kinder nach Istanbul kommen, werden sie dich hier, in meinem Hause, finden. Hier... hier! ...«
Die Wirkung dieses plötzlichen und unerwarteten Vorschlags auf Nigar war höchst merkwürdig. Sie wurde ganz verwirrt; stotternd fragte sie:
»Was meinst du?«
Madschid hatte gedacht, Nigar würde diesen Vorschlag mit großer Freude annehmen. Daß die junge Frau ganz im Gegensatz zu seiner Annahme mit betrübtem Gesicht sagte: »Was meinst du?«, weckte bitteres Erstaunen in ihm.
»Was ich meine?« sagte er. »Ach, Nigar, ich weiß, du bedarfst eines starken Armes, der dich rettet. Ich weiß von früher her, wie willenlos du bist. Finstere Mächte haben dich gegen deinen eigenen Wunsch dorthin geschleppt, wo sie wollten. Du fällst von Klippe zu Klippe. Aber weder machst du die kleinste Bewegung, um dich zu retten, noch nimmst du dir die Mühe, zu den Umstehenden zu sagen: ›Kommt, rettet mich!‹ Ich kenne dich, Schwester Nigar. Deshalb nehme ich diesmal, ohne dir irgendwelche Mühe zu machen, alle erforderlichen Anstrengungen auf mich und ...«
Nigar unterbrach den jungen Mann:
»Was meinst du?« fragte sie wieder und beugte niedergedrückt und bescheiden den Nacken. Madschid nahm eine ernste, entschiedene Haltung an:
»Wie ich vorhin gesagt habe, schicken wir jetzt jemand, und der bringt deine Sachen. Hier sind sechs Zimmer; zwei davon nimmst du. In ein, zwei Monaten kommen deine Kinder zurück; dann werde ich mich mit einem Zimmer begnügen. Ich überlasse euch das ganze Apartement. Deine Tochter ist groß,

sie ist ein richtiges junges Mädchen geworden, weißt du das? Sie ist jetzt dreizehn Jahre. Wenn wir allein waren, hat sie immer von dir gesprochen und mich gefragt: ›Sehe ich meiner Mutter ähnlich?‹ ›Ganz genau‹, habe ich gesagt. Ihre Augen lachten verstohlen. Dann wurde sie auf einmal traurig und hat gefragt: ›Wissen Sie, bei wem die Schuld liegt? Bei meinem Vater? Bei ihr?‹ Und ich habe gelacht: ›Nun sieh mal einer diesen Dreikäsehoch an, der sich anmaßt, Schiedsrichter zwischen Vater und Mutter zu spielen!‹«
Während Madschid das erzählte, beobachtete er aufmerksam Nigars Gesicht. Auf diesem Gesicht merkte man keine Wirkung, nur tiefe Versunkenheit. Der junge Mann sagte:
»Oder dein Junge, Nigar! Du lieber Himmel, das ist vielleicht ein Schlingel! Der ist nicht zu halten. Ich weiß nicht, aber in dieser Wohnung wird entweder er oder werden wir viel zu leiden haben. Eines Tages ...«
Nigar unterbrach Madschids Rede wieder:
»Ich muß meine Sachen unbedingt selbst holen.«
Madschid kannte Nigar nicht wieder. Auf einmal merkte er, daß es nicht nur ihre Stimme, ihr Blick, ihr Gesicht, ihre Haarfarbe und ihre Kleidung war, was sich an ihr geändert hatte, sondern daß gleichzeitig auch ihr Herz, auch dieses ehemals so weiche und strahlende Herz, so alt geworden war wie ihre Kleidung, so verbraucht wie ihre Stimme, so abgenutzt, so dornig wie ihre Stimme. Der arme Madschid konnte absolut nicht feststellen, ob man darüber Zorn oder Mitleid empfinden müsse.
»Warum hältst du das für notwendig?« fragte er.
Nigar gab ganz selbstverständlich zur Antwort:
»Ich will nicht, daß etwas Kränkendes zwischen uns vorfällt. Ich bin allerdings nicht gezwungen, bis in alle Ewigkeit dort zu bleiben. Aber es ist unbedingt erforderlich, daß ich diese Sache mit ihm zusammen beschließe. Du weißt, er ist trotz allem mein geistiger Leiter; ich habe ihm meinen Kopf überliefert. Ohne seine Erlaubnis ...«
Sie konnte ihren Satz nicht beenden und fing an, ununterbro-

chen zu husten. Madschid spürte, wie sich sein Herz, das seit vorhin zwischen Zorn und Mitleid schwankte, mit schmerzlichem Haß erfüllte. Er sah aus dem Fenster:

»Ja, du hast recht,« sagte er und erwartete, daß Nigar aufstände und ginge.

Grundsätzlich hatte Nigar auch nicht die Absicht, noch länger zu bleiben. Von dem Augenblick an, da Madschid zu ihr gesagt hatte: »Du wirst hierbleiben!« hatte sich eine gedankenvolle Schwermut auf ihr Herz gelegt, und der Ort hier fing an, ihr eng und gefährlich zu erscheinen. Sie sprach mit sich, dachte bei sich: »Gott verhüte! Wie kann ich denn hier bleiben? Von neuem die alten Gesichter, die alten Namen, die alten Worte, die alten Erinnerungen ...« und fand in dem, das Madschid zufolge ihre Rettung sein sollte, eine Katastrophe, die ihre Geduld schon jetzt erschütterte. Zugleich war es aber nicht so, daß ihr Wunsch, ihre Kinder wiederzusehen, und die Hoffnung, mit ihnen zusammen zu leben, ihr Herz nicht beschäftigt hätte. Sie fragte Madschid:

»Wann kommen sie? Ist ihr Vater auch dabei?«

Der junge Mann biß sich vor Zorn auf die Lippen:

»Wie zerstreut du bist! Hatte ich dir nicht vorhin schon gesagt, wann sie kommen?«

Nigar beugte den Hals mit einer traurigen, unschuldigen Geste.

»Brüderchen, entschuldige, ich bin – ich weiß nicht warum – sehr erschüttert. Meine Nerven sind nicht in Ordnung. Ich glaube, ich habe auch ein wenig Fieber.«

Während sie das sagte, stand sie ganz langsam auf. Madschid begleitete sie bis zur Wohnungstür, ohne ein Wort zu sagen. Als sie sich trennen wollten, sagte Nigar:

»Vergiß nicht, mir ein paar Tage, bevor sie kommen, Nachricht zu geben! Vielleicht kann ich den Ordensmeister bis dahin überreden.«

Ohne zu antworten, wiegte der junge Mann bejahend den Kopf und begnügte sich damit, Nigars Hand zu drücken.

AUS DEM GARTEN DES WEISEN

Erenlerin Bağından

Dieser Essay nimmt Gedanken auf,
die im Roman anklingen; und er versucht,
die Gefühle eines Menschen wiederzugeben, der halb
der europäischen, halb der türkischen Kultur zugehört,
dessen Gestalt aber auch, durch den Titel,
mit der Nur Babas verbunden ist: denn *erenler,*
ein ehrerbietiger Plural, ist die Anrede
an den Meister im Bektaschi-Orden.

So bleibt der Leser im ungewissen
darüber, wer der Meditierende eigentlich ist –
ein moderner Denker, ein auf dem Wege der Mystik
gereifter Scheich, oder aber der Verfasser selbst,
der die Vorgänge um Nur Baba und Nigar
nun aus der Ferne überdenkt,
in sein Leben aufnimmt.

Die Jahre sind treuloser als die Freunde, die Freunde treuloser als die Jahre. Wie ein unheilschwangerer Wirbelwind... wie schwindelerregend ist das! Nächte verfolgen die Tage, Tage die Nächte! Qualen warten auf Qualen. Die weißen Fäden in unserem Haar erzeugen weiße Fäden, die Furchen in unserer Stirn erzeugen Furchen. Gottvertrauen ist schwer, Auflehnung gefährlich. Wird sich der Himmel nicht irgendwie einmal erbarmen? Ach, lieber Freund, der Wirbelsturm des Unglücks, der ihn kreisen läßt ...

»Die Gärten sind verdorrt, die Nester zerstört, die Wege verweht. Die Welt ist wüst geworden.« Ach, altes Herz! Jetzt sprichst du so, jetzt siehst du alle Dinge, als seien sie dir gleich. Das ist auch eines dieser sinnlosen Gefühle ...

Wann war denn die Welt belebt? Wann erschlossen sich denn Rosen in den Gärten? Wann sangen denn Nachtigallen in den Nestern? Wann kamen denn Freunde die Wege entlang? Wir hofften, warteten, grübelten. Aber entsprach denn irgend etwas unseren Hoffnungen? Ähnelte das, was wir erblickten, dem, was wir gedacht hatten? Waren die Kommenden so, wie wir sie erwartet hatten? Welche Stunde war so glücklich und wundervoll, daß wir in ihr ausriefen: »Entfliehe nicht! Verweile!«? Keine einzige, lieber Freund, keine einzige! Vielleicht erwarteten wir jede von ihnen, indem wir dachten: »Wäre sie nur vorüber!« Denn es waren Stunden, von denen eine häßlicher, eine leerer war als die andere. Die eine erfüllt von einem Tropfen, einer Träne, eine von einem einzigen »Ach«, eine nur mit Gähnen, eine nur mit Schweigen – so gingen sie hin. Möchtest du, daß eine um die andere wiederkäme? Nein, nein, nein, nicht wahr? So wie wir die Rückkehr auch der liebsten Toten nicht wünschen.

Das Nichtsein hat eine zermalmende, eine magnetische Kraft. Wir alle warten, ihm zugewandt. Selbst die schöpferischsten und mächtigsten Geister verfielen ihr am Ende. Der Weise, der die Welt als Gefängnis ansieht, gefüllt mit zum Tode Verurteilten, hat recht. Uns allen wird am Ende dieses unheilvolle Morgenrot scheinen. Glaube mir, wir wandern schon jetzt inmitten der Karawane, die auf dem Wege zieht. Ein wenig weiter wird die Gerichtsstatt sichtbar. In dieser Gerichtsstatt geben wir unter jahrelang währenden Qualen den Geist auf.

Siehst du, deshalb haben wir an dem Tag, da wir geboren wurden, geweint. Du wirst darauf sagen: »Wir haben aber auch gelächelt!« Ja, dieses Lachen war die Erinnerung an das Paradies, das wir eben verlassen hatten! Aus unserer ersten Heimat blieb dieses zarte Licht noch immer auf unserem Gesicht. Wären wir auch dieses Lichtscheines beraubt, so irrten wir als Verlorene in der Finsternis unseres Weges umher, und unsere Leiden würden unerträglich. Dank dem Herrn, daß wir durch dieses Licht wenigstens manchmal Güte und Schönheit spürten. Es hat uns oftmals aus der Schlinge der Feinde befreit, und haben wir die nicht des Nachts an jeder Wendung des Weges in einem Hinterhalt getroffen?

Eines Abends, lachend, spielend, musizierend, wie eine frohe Freundesschar, umringten sie uns; eines Tages – weißt du noch? – erschienen sie uns im Freien als Quellnymphen; du liefst spielend Hand in Hand mit ihnen, entschwandest – bis mir jenes Licht aus meinem Inneren Kunde gab, daß die Quellnymphen nie geheuer sind; und ich blieb stehen. An einem anderen Tage aber lief ich dem Sang der Meermädchen nach, die gefährlicher sind als die Quellnymphen. Als wir uns heimwandten, waren wir welk und matt, du und ich; unsere Herzen waren ganz leer; kalter Schweiß bedeckte unseren Körper. So ging unsere ganze Jugend dahin. Als das Licht verlosch, das am Tage unserer Geburt auf unserem Gesicht lachte, schleppten grausame, quälende Gespenster uns von Stein zu Stein.

Genügte uns nicht unsere Illusion, wovon auch immer? Ent-

hielt sie nicht alle Schönheit, aber auch alle Wahrheit? Brauchten wir denn für die Liebe ein Weib, für die Ekstase Wein? Wir, die wir beim Mahle des Urvertrages geliebt haben, beim Mahle des Urvertrages trunken geworden sind! Alles, was wir in dieser Welt der nichtigen äußeren Dinge taten, hat nur diese himmlische Trunkenheit verdorben. Jetzt ist unser Kopf voll, aber unser Herz leer. Unser Mund ist voll Gift, unsere Augen sind voll Tränen. Wir leben in fader Ernüchterung.
Und endlich sind wir nun bis zur Mitte des Weges gekommen, und die weißen Fäden in unserem Haar erzeugen weiße Fäden, und die Furchen in unserer Stirn erzeugen Furchen. Unsere Hände, unsere Knie zittern, und vom Horizont, der vor uns liegt, weht der Hauch des Vergehens. Sag, was hast du mit deiner Jugend gemacht? Sag, was habe ich mit meiner Jugend gemacht? Ist es denn nicht möglich, einer neuen Illusion zu leben? Wollen nicht endlich einmal, nach dieser gehetzten, häßlichen Reise, nach dem Anblick so vieler abstoßender Dinge, die lautlosen, mitleidigen, duftenden, durchsichtig zarten Traumwesen unsere Seele besuchen? Diese Seele, die dahingegangen ist, bedeckt mit ungefügen, wertlosen, groben Zeichen, die den Teufels- und Tiergestalten ähneln, wie sie manchmal auf Grabsteinen eines barbarischen Landes eingehauen sind.

*

Wer ist der liebste Gast des Herzens? Ist es nicht die Reinheit? Die sie verloren haben, finden kein Glück mehr. Leidenschaft und Jugend haben mich verlassen, Hoffnung und Melancholie kommen, gehen. Nur sie bleibt. Ach, einzig Treue! Ach, einzige Freude eines traurigen Herzens! Bist du die Seele einer verwaisten Schwester? In ihren Augen schimmert ein tränenfeuchtes Lächeln, ihr Mund ist erstaunt halb geöffnet; sie hat zarte, langgliedrige, weiße Hände. Sie trägt ein weißes Gewand, ohne Kragen, ohne Ärmel. Ihre Gestalt ähnelt der zartbrüstigen Jungfrau Maria auf frommen Bildern mittelalterlicher Maler. Und ich glaube, wie Maria gebiert sie ohne Schmerz, ohne Beben.

Manchmal vernehme ich sie, wie sie aus meinem Innern zu mir sagt: »Bruder, Bruder!« Siehst du, so sehe, so empfinde ich sie. Wenn sie zu mir spricht, vergesse ich, wie alt ich bin und was ich schon erlebt habe, sehe ich das Leben ohne Hindernis, rein und leuchtend. Bedenke, wenn sie mir sagte: »Liebe!«, dann würde ich wieder lieben. Wenn sie sagte: »Warte! Suche! Strebe!«, dann würde ich wieder warten, wieder suchen, wieder streben. Aber sie befiehlt nichts. Sie lacht und weint nur. Und sie sagt: »In den Gärten wandeln die Liebenden Arm in Arm. In den Tempeln beten die Frommen. Hinter lichtgesichtigen Weisen und adlernasigen Helden ziehen singend fröhliche Karawanen einem Morgenrot zu. Das Traumbild des Dichters ist schöner als das Leben, das Leben schöner als das Traumbild des Dichters. Wer weiß, wieviel Schönes und Gutes es noch in der Welt gibt, das unsere Augen nicht gesehen, unsere Ohren nicht gehört haben! Ach, hätte ich tausend Augen, tausend Ohren, ach, könnte man den Genuß von tausend Meisterwerken auf einmal kosten!« Natürlich glaubt sie, die Menschen seien damit beschäftigt, in göttlicher Harmonie heitere Güte und Schönheit zu schaffen. Irrtum, Sünde, Unglück scheinen ihr ein Verhängnis zu sein, und deshalb weint sie manchmal. Auf ihr weißes Gewand spritzt vom Erdboden ein Tropfen Blut, ein Tropfen Schmutz. Sie hat nicht begriffen, daß das einzige Gesetz, das den Menschen treibt, Hunger und Begierde ist. Sie hat nicht erfahren, daß alle Meisterwerke nur halb vollendet sind. Sie weiß nicht, wie herzverbrennend die Sehnsucht nach dem Ideal ist. Deshalb gebiert sie alle Propheten, alle Helden, alle Genies. Sie ist die Mutter der schönsten Gedichte, der schönsten Gemälde und der weißesten Tempel, der weißesten Götterstatuen.
Ist es möglich, daß man ohne sie Glück und Sieg erringt? Morgens, abends bete ich: »Herr,« rufe ich, »gib ihr Kraft, daß sie Widerwillen und Zweifel aus meinem Innern vertreibe und daß sie allein mich beherrsche!« Was schadet es, daß sie mit ihren zarten, langgliedrigen Händen keine Peitsche zu halten weiß, daß ihrem erstaunt halb geöffneten Mund kein Tadel ziemt?

Daß sie, die doch die Mutter der Tapferkeit ist, sich vor dem Kampf scheut?
Oft schreien, mit den Füßen stampfend, vor ihren lächelnden Augen schlangenhaarige, langkrallige, wahnsinnige, erbarmungslose Geister – auch dann schweigt sie, schlägt die Augen nieder, weint. Lieber Freund, lieber Freund, sie sind stärker. Aus ihrem Zaum entkam noch niemand. Sie ahmten die Stimme des Herrn nach und täuschten so die Propheten; sie schleppten die stärksten Helden an Orten umher, die nur an einem einzigen Haar hingen. Sie zerbrachen die Schwingen des Dichters, und sie legten den Zweifel in das Herz des Liebenden. Sie sind es, die in die Städte Feuer, in die Nationen Fieber werfen. Sie beherrschen die Zeit. Sind nicht die heutige Zivilisation, die heutigen Länder mit ihren schmutzigen, finsteren Häusern, die hoch ragen wie Sternwarten, ihr Werk? Haben sie nicht das grelläugige Tier geboren, das man »experimentelle Wissenschaft« nennt? Wohin soll man gehen, was tun? Wo ist der sicherste Ort für die weißgekleidete Jungfrau in unserem Herzen? In welchem Winkel wird man nur mit ihr, nur für sie leben können? Ach, lieber Freund, auf der Welt ist kein Ort geheuer. Das Leben hat viele Gefahren. Jedes Lebensjahr ist für die Seele wie eine neue Schlinge.

*

Jede Einsamkeit ist bewohnt, und die Bewohner jeder Einsamkeit entsprechen ihrer Art. In der einen sitzen Engel, in der anderen Geister; in dieser wandeln Feen, in jener hocken Dämonen. In der von mir erkorenen Einsamkeit gibt es Quellen, Brunnen, Lauben. Deshalb begegne ich dort meist Feen und Geistern.
Von klein auf lernte ich Ehrfurcht vor ihnen, denn mein Geburtshaus war nicht geheuer, und meine Mutter kannte ihre Namen. Sie sprach davon, wer von ihnen männlich, wer weiblich war. Sie sagte, jeder habe ein besonderes Gesicht, einen besondere Aufgabe, einen besonderen Rang. Wenn man nachts

Wasser auf die Erde goß, hörte man sie »Achtung!« rufen, damit sie nicht naß würden. Eines Abends lag ich an einem Quell; da wurde süßer Trank für sie ausgegossen. Aber etwas, was ich noch jetzt nicht weiß, ist, ob unsere Beziehungen zu ihnen sich auf Liebe oder auf Furcht gründen.
In einer Hinsicht kann ich sagen, daß diese Beziehung freundschaftlich ist. Denn wir sind gewohnt, jedesmal, wenn wir ihnen etwas hinwerfen, »zum Wohle« zu wünschen. In anderer Hinsicht kann ich sagen, daß es eine gefährliche und heuchlerische Beziehung ist, denn manches Mal habe ich selbst aus dem Munde meiner Mutter die Verwünschung: »Blei in die Ohren des Teufels« vernommen; die Religion lehrte mich, daß man sich vor ihnen zu hüten habe, und man sagte mir, sie seien Feinde der Menschenkinder. Den Samen aller gemeinen Habgier, aller Extreme, aller Fieberschauer und Sünden haben sie in unsere Seele gesät; Nachspüren, Zweifel, Auflehnung, ausdörrende Logik und rauhe Analyse haben wir von ihnen gelernt. Sie sind es, die unser Leben, das nach göttlichen Gesetzen süß wie Gottesdienst ist, bitter wie Auflehnung machen. Auch meine eigenen Erfahrungen sagten mir das. Und deshalb, sooft ich diese Wesen aus Wind und Flamme traf, fürchtete ich mich, zog mich zurück und entfloh.
Das erste Mal war es oberhalb eines Quells, da zeigte es sich mir als ein Jüngling. Über mein Erschrecken verzog er die Lippe, zuckte mit der Schulter und ging, wie weggewischt. Das zweite Mal war es oberhalb eines Brunnens; da zeigte es sich mir als zartes Mädchen. Als sie merkte, wie ich mich zurückzog, lachte sie laut und verschwand tanzend in den Blättern. Das dritte Mal war es unter einem Weinstock. Da erschien es in seiner eigentlichen Gestalt und wollte, scherzend und lächelnd, mir den Weg abschneiden. Als es mein Erbleichen sah, entfernte es sich, versank.
Ich erinnere mich noch an andere Begegnungen. Jedesmal erschienen sie in anderer Tracht, mit anderem Gesicht, nie aber waren sie furchterregend und schrecklich. Unter verschiedenen

Schleiern her spürte ich ihre lustigen, jungen, kecken Augen.
Die letzte Begegnung war so:
Eines Abends saß ich im Schatten eines Weinstocks. In das kühle Gefäß, von mir gerade am Brunnen gefüllt, hatte ich frische Trauben gelegt. Der Duft von Thymian und Majoran erfüllte die Luft. Der Augenblick war wie eine süße Musik. Ich sah in das rötliche Abendlicht, das durch die Blätter sickerte. In mir war eine grundlose Freude. Ich sprach zu mir: »Warum genügen uns solche Augenblicke nicht? Ist das nicht Glück? Was ist es, was in uns schläft und selbst im vollkommensten Genuß ›Mehr, mehr!‹ ruft?«
Eine Stimme neben mir sagte: »Siehe, das ist dein bester Schicksalsteil!«
Ich wandte den Kopf, schaute, schaute: ein alter Bekannter. Er lachte, als er mein Erstaunen sah. »Du warst sehr in Gedanken versunken. Ich bin gekommen, habe mich neben dich gesetzt – du hast es nicht bemerkt!« sagte er und fuhr, starr geradeausblickend, fort: »Es ist schlecht und gewöhnlich, in Gedanken versunken zu sein. Es bedeutet, sich selbst zu vergraben und seinen Geist auf das Nichtsein zu richten. Jeder in Gedanken Versunkene ist ein lebendig Toter. Ist das Sterben nicht auch ein Abbrechen unserer bewußten Beziehungen zu den äußeren und inneren Dingen? Liegt im Versunkensein etwas anderes als dies? Meiner Meinung nach sind aus diesem Grunde die Worte ›versunken sein‹ und ›sterben‹ völlig sinnverwandt. Besteht ein Unterschied zwischen einem Gedanken, der unser ganzes Bewußtsein in sich gefangenhält, und einem Grab?«
Ich sagte: »Ein Gedanke? Als ob jede Versunkenheit ein Zeichen für ein tiefes Nachdenken wäre!« –
»Jedoch sind die am tiefsten Versunkenen diejenigen, die keines Gedankens mehr mächtig sind. Was soll der Gedanke an einem Ort, der von allen vier Seiten abgeschlossen ist? Der Gedanke ist wie das Feuer; an einem verschlossenen Ort erlischt er. Wache Seele, wache Seele du! Dieser Zustand steht dir nicht an, denn du bist kein Sufi, kein Heuchler! Bemühe dich nicht, deinen

Körper von allen Seiten nutzlos zu verhüllen. Er ist ein Käfig, und was in ihm ist, ist ein verliebter Vogel. Von allen Seiten muß Licht herankommen, und die Lüfte müssen auf ihn einwirken. Ist dieses Etwas in dir – nenne es Herz, nenne es Seele – nicht ein dir anvertrautes Pfand? Mit welchem Recht sperrst du es ein, das doch ein Kind der Luft und des Lichtes ist?

Schau, rieche, taste, höre, schmecke; jedes Ding hat einen anderen Wohlgeschmack. Ein Dichter sagt: »Jede Minute ist ein Goldklumpen, o Vergänglicher! Unterlasse es nicht, das Gold aus jedem Klumpen herauszuholen!«

Ich weiß, es gibt auch schlechte Minuten. Wie vom Himmel Blumen über die Wiesen geschüttet werden, so fallen manchmal auch Blitze herab. Manchmal läuft Hand in Hand mit dem Unglück das Glück. Auf die Jugend folgt das Alter, die Krankheit, der Tod. Die Weiber üben Verrat, die Freunde vergessen. Ich weiß, ich weiß das alles. Aber in einem wachen, fröhlichen, heiteren Herzen hat auch das Unglück einen besonderen Wohlgeschmack; solche Herzen sind wie zauberhafte Retorten. Aus den schlechtesten Elementen holen sie die schönsten Elixiere hervor. Nur die Freude, nur die fröhlichen Herzen erzeugen die schönsten Dinge auf der Welt: die Künste, die Zivilisation.

In alter Zeit waren die Menschen wie berauschte Bienen. In letzter Zeit sind sie alle zu Eulen geworden. Sie haben eine Plage erfunden, die ›traurige Stimmung‹ heißt. Sie haben sich in einen häßlichen Schleier gekleidet, den man Ernsthaftigkeit, Würde nennt. Über ihren Köpfen haben sie schwere Kuppeln aus tausenderlei schwarzen Einbildungen und tausenderlei furchterregenden Verboten errichtet. Sieh, auch in dieser Minute lastet noch eine solche Kuppel auf deinem Scheitel. Im Schatten dieser schweren Bedeckung wird es sich nicht ergeben, daß du das Licht der wirklichen Sonne wiederfindest und von ihm geblendet wirst.

Unfroher Jahre unfrohes Kind! Warum sperrst du diese schönen Früchte in dieses häßliche Gefäß? Und wozu sitzest du hier ganz allein? Glaubst du, es liege Weisheit darin, das bittere Wasser mühsam hinunterzuschlucken, das du durch immerwährendes Wiederkäuen einiger wertloser Gedanken und eines Haufens finsterer Reue hervorgebracht hast? Töricht! Wisse, daß nur das Jetzt einen Wert hat. Gestern und morgen sind nicht einmal vorhanden. Zum schönsten Augenblick zu sagen: Verweile!, ihn zu verlängern – sieh, das ist das einzige Geheimnis des Glücks!

Aber sei sicher, daß dieser Augenblick nicht von solcher Art ist! Das, was dich vorhin ›Ach, wie glücklich bin ich!‹ sagen ließ, war nur eine grobe, organische Erholung. Auf die Hitze eines langen Sommertages folgte ein kühler Abend; das Licht wurde milde; du dachtest daran, daß du ein wenig später von den gekühlten Trauben essen würdest – sieh, deshalb verspürtest du Freude. Diese Freude hat keine Beziehung zum ›Herzen‹. Sie kommt vom Magen. Diejenigen, die dem Herzen dienen, essen die Trauben nicht so; und ihre Augen erwarten auf den Wegen eine Geliebte. Dir jedoch genügt ein wenig Thymianduft in der Luft, ein Stück rosigen Lichtes zwischen den Blättern. Du bist eine ausgedörrte, erschöpfte, arme Seele!«

So sprach er und verschwand in der ersten Dunkelheit der Nacht. Bei den letzten Sätzen wurde seine Stimme drohend; ich konnte den Kopf nicht wenden und hinschauen. Lieber Freund, ohne Zweifel war das einer von ihnen! Denn er sprach von Retorten, vom Elixier und vom Herzen, und er hinterließ in mir eine seltsame Schwüle.

*

»Ich floh, entfernte mich und fand in der
Einsamkeit Ruhe.« Aus »Turan«

Lieber Freund, frage nicht, warum ich in der Einsamkeit bin. Die Einsamkeit ist für den Starken Heimat, für den Schwachen Fremde. Du hieltest mich für schwach; deshalb mußt du darüber erstaunt sein, daß ich es dort so lange behaglich finde.

Frag mich nicht, ob ich mir hier selbst genüge. Die Einöde ist mir wie eine Vorhalle ohne Fenster: strauchelnd, strauchelnd gehe ich dort unter tausend Schwierigkeiten. Die Stille ermüdet noch mehr als der Lärm der verwirrtesten Sitzungen. Auf den weitesten Feldern spürte ich meine menschliche Gefangenschaft.
Gibt es seit dem Tage, da der natürliche Glaube gestorben ist, einen schlimmeren Feind für den Menschen als seine eigene Natur? In meine Augen, unter halbdunkler Kuppel geöffnet, bohrt sich das rohe Licht des Himmels wie ein Dolch. Inmitten der fühllosen, gedankenlosen Natur erscheinen mir das Pochen meines Herzens, mein Wille, meine Gefühle, meine Gedanken wie furchterregende Wunderbarkeiten. Mein Alleinsein und meine Unfähigkeit fühle ich, davor zurückschreckend, zwiefach. Kein Schmerz ist mein Gefährte. Wie eine höllische Mühle mahle ich selbst meine eigenen Schmerzen. Aber in den Städten, inmitten der Menschen, war ich noch unglücklicher. Du weißt, daß ich es selbst gewollt habe, selbst geflohen bin. Die Straßen, gefüllt mit einem aufgeregten, freudlosen Volk, die gestaltlosen, ungefügen, schattendunklen, bedrückenden Häuser, die leeren, ungepflegten Gotteshäuser, die groben und lärmenden, die hindämmernden und trägen Sitzungen – ist es nicht dies, dies alles? Ich bin längst mit jeder Ungerechtigkeit der Natur, mit jedem Gram der Einsamkeit zufrieden. Nur von den Städten, nur von den Menschen will ich fern sein. Jede Stadt ist wie eine künstliche Hölle, jeder Mensch wie ein künstlicher Höllenwächter …
Glaube, daß ich euch alle in der Gestalt müder Mitspieler bei einem groben und häßlichen Schwank sehe. Eure Liebe ähnelt weder der Liebe, noch gleicht eure Gier der Gier; euer Kummer ähnelt weder dem Kummer, noch gleicht eure Freude der Freude. In der Freundschaft seid ihr anmaßend, im Haß feige, im Opfer unaufrichtig. Euer Leben dreht sich gleich einem rostigen Reifen zwischen zwei niedrigen Polen: dem Weib und dem Geld. Aber Weib und Geld wollt ihr nur um des äußeren

Scheines willen. Doch selbst in diesem Glauben, der euch zuletzt bleibt, seid ihr nicht aufrichtig, nicht begeistert.
Sind nicht Verschwendung, Neid, Aufruhr, List, Hochmut, Eitelkeit Ausgeburten der Städte? Jedes dieser Schattenwesen wartet, nachdem es an einer Straßenecke, vor einem Hause eine Schlinge aufgestellt hat. In der Ungerechtigkeit eurer Richter liegt Feigheit, in der Auflehnung eurer Verurteilten Grobheit. Grobheit, lieber Freund, jawohl Grobheit ... Dieses schrecklichste und größte Unglück, das aus der Anhäufung von Menschen auf einem Platz geboren ist – das wenigstens gibt es in der Ruhe und Einsamkeit nicht.
In der Ruhe und Einsamkeit gibt es nichts. Keine der hungrigen, gierigen, herumspionierenden Seelen möge in ihr haltmachen. Denn die Einsamkeit ist entweder ein Schloß oder ein Garten, sogar ein Gotteshaus. Werde ich bis zu diesen Mysterien gelangen? Wann wird sich mir die Einsamkeit wie ein Zauberland öffnen? Ich weiß es nicht. Vorläufig warte ich vertrauensvoll vor ihrem goldenen Tor. Wie süß ist das Schweigen, das ich in mir verspüre – nach dem leeren Lärm, den ich hinter mir gelassen habe!
Sage ja nicht zu mir: »Ich will kommen!« ... Der Weg ist lang, steil und beschwerlich, und ein Umkehren ist nicht möglich. Ich kam barfuß hierher, mit blutigen Knien, die Hände zerrissen; denn die Gefahren, vor denen ich zurückschreckte, waren größer als die Leiden, die ich erduldete. Wenn dich diese Gefahren nicht verfolgen, dann ist es unnütz, dann kannst du nicht hierher gelangen; bleibe dort, es ist besser ... Wenn dein Herz furchtlos ist und deine Feinde wenig sind, was droht dir dann »von den Wellen des Volkes, vom Geschrei, von Prüfungen und Sorgen«! Bleibe bis zum letzten Pfeil, den du im Köcher hast, bewaffnet und lächelnd inmitten der Menge aufrecht stehen!

*

»O Erinnnerung, bist du eine Wohltat des Himmels oder eine Qual der Hölle?« Lamartine

O Ceylon, Insel von Adam und Eva! – Warum lebt noch immer das Heimweh nach dir in unserem Herzen? Abertausend Jahre Tränen, abertausend Jahre Ach und Weh, abertausend Jahre tausenderlei Plagen, tausenderlei Strafen, Reue, Gebete: war alles nur ein Hauch? Wird jene erste Wunde, die erste Wunde unseres Herzens, trotz allem immer schmerzen? Wird sie immer Schmerz bereiten? Seit jenem Tag haben wir tausenderlei Sünden begangen, und Tausende von Evas haben, mit Tausenden von Teufeln Hand in Hand, von Tausenden von Bäumen Tausende von Früchten gegessen – die Strafe für keine dieser Sünden währte so lange.

Unterscheidet sich diese Erde vom Paradies? Auf unserem Weg strecken uns zahllose Gefährtinnen ihre Arme entgegen; von jedem Ast hängt eine andere Frucht herab, aber unsere Augen bemerken keine einzige ... Noch jetzt leiden wir im Innersten Sehnsucht nach der ersten Heimat, der ersten Frucht, der ersten Gefährtin. Wohin wir gehen, wohin wir schauen, was wir tun: unser Herz ist voll Trauer, unsere Augen sind voll Tränen.

Was tat der Barmherzige nicht, um uns zu trösten! Er sandte Moses und versprach einen goldenen Stier; Er sandte den Sohn und gab uns vom Honig der Liebe und Milde zu essen; Er sandte Muhammed, seinen Geliebten, und zeigte jedem unserer Wünsche den Weg zu einem anderen Paradies. Es nützte nichts, es nützte nichts. Jeder von uns ist noch jetzt ein Mensch, der sich auf diesem unheilvollen Felsen das Herz zermartert.

O Herr, o Herr, warum hast Du nicht das Gedächtnis ausgelöscht? Du hast vergessen; warum hast Du nicht vergessen lassen? Das Feuer dieses schmerzvollen Gedächtnisses hat nicht einmal – Du weißt – die Sintflut auslöschen können; von Geschlecht zu Geschlecht, von Herz zu Herz hat es gebrannt, ist es angewachsen. Ist es ein Funken aus der Hölle? Es gleicht der Strafe für ein entsetzliches Verbrechen. Vielleicht ist es auch

Reue, vielleicht die ewige Reue für eine urewige Sünde; sie blieb uns als Erbschaft von jenseits der Jahrhunderte. Wir werden sie nach jenseits der Jahrhunderte als Erbschaft weitergeben. Mein Vater hatte unter diesem Schmerz gestöhnt, meine Kinder werden unter diesem Schmerz stöhnen: Sehnsucht und Reue!
Sieh, unsere Seele, schwer vom Mysterium der Schöpfung, steht auf diesen beiden schneidenden, glühenden Fundamenten und wälzt sich, gleich einem Kranken, der Ruhe auf seinem Lager sucht, von rechts nach links, von links nach rechts. O Seele, o Seele, was du auch tust, ist nutzlos! Du kannst keine Ruhe finden; denn deine Rechte ist Unglaube, deine Linke ist irdischer Tand und dein Lager ist dir zu eng; das hat ein rachsüchtiges Wesen aufgeschlagen, das um deinetwillen straffällig wurde.
Lieber Freund, als hätte ich Abels Blut getrunken, so übel ist mir. Als wäre ich in der Sintflut geschwommen, so keucht meine Brust. Als hätte ich mit Hiob auf einem Lager geschlafen, so krank bin ich. Als wäre ich jahrelang hinter Moses hergezogen, so verdrießlich bin ich. Als wäre ich der Knecht, der mit Isaak betet, so hilflos bin ich. Als wäre ich an Jesu Statt ans Kreuz geschlagen worden, so bin ich von Wunden bedeckt. An jedem Punkte meines Körpers, in jedem Winkel meiner Seele schmerzt die Spur eines anderen Unglücks. Aber die schmerzhafteste von allen ist wieder die Spur des ersten Unglücks. Im Blut ist Leben, in der Sintflut ist Kraft, in der Krankheit ist Fieber, im Märtyrertum ist Sehnsucht, und in Deinen Blitzen ist Licht, o Herr! Aber die Qual, die im Fernsein von Dir liegt, in der Sehnsucht, die Du uns durch Dein Fernsein aufgetan hast, ist so unendlich, daß sie dieses enge Herz sprengen muß. Eva zu finden, vom Teufel gerettet zu werden, über alles, was Lebensgeist hat, Herr zu werden – was nützt es, wenn man doch fern von Dir ist …
Freilich, Er hat seinen Anblick versprochen; freilich, in dieser Hoffnung leben wir, und in dem Gedanken: »Der Tod liegt auf dem Weg, der zu Ihm führt!«, fürchten wir uns nicht vor dem Vergehen, schämen wir uns nicht der Vergänglichkeit.

Dieses Fernsein wird auch dort fortdauern, dieses Fernsein wird auch dort fortdauern. Wenn wir endlich Seine Schönheit erschauen, werden wir weinen: »Wie haben wir einst fern von ihr gelebt?« Und wir werden uns der Sehnsucht erinnern, die wir auf dieser Erde erlitten haben. Die Seele, die Erinnerung ist, wird sich ihrer erinnern; die Seele, die Gedanke ist, wird an sie denken. Sie wird daran denken, daß sie einst verbannt war, daß sie inmitten grober, unvollkommener, vergänglicher Formen lebte, daß begrenzte und leere Schönheiten sie widerspiegelten, daß Blut, Knochen und Fleisch sie belasteten, und daß – als Kinder von Hochmut und Sinnlichkeit – scharenweise Begierden kamen und sich in ihr einnisteten.

Sag, lieber Freund, wird diese Seele ganz nackt in die Gegenwart des Herrn treten können? Selbst wenn sie vor alledem gerettet wäre, vor Selbstgefälligkeit und Unaufrichtigkeit kann sie nicht gerettet werden. Sie wird bestimmt verschleiert kommen, und wird sie lieben können, ohne eifersüchtig zu sein? Ach nein, nein, auch dort wird sie Ihn eifersüchtig, weinend, quälend lieben.

*

Die Einsamkeit ist, sagte ich, für manche Seelen ein Schloß, ein Garten, auch ein Gotteshaus. Ja, die Einsamkeit ist ein Schloß, ein Garten und ein Gotteshaus. Aber dieses Schloß müssen wir ausstatten, diesen Garten müssen wir bepflanzen, und die Gebetsnische dieses Gotteshauses müssen wir ausmeißeln; deshalb müssen wir sehr reich, sehr geduldig, sehr geschickt sein. In einem kalten Schloß zu sitzen, in einem Garten ohne Schatten und ohne Frucht zu wandeln und in einem Gotteshaus ohne Gebetsnische zu beten, das wären sonst die armen und traurigen Genüsse, die unserer dort warten. Schrecken nicht deshalb so viele zurück, als seien sie allein in einer Wüste geblieben, und strömen in die Städte, als sei jede eine Oase?

Wie dem auch sein mag: Wüste, Oase – ich werde in der Einsamkeit bleiben.

Ich habe sie mit unsichtbaren und unmöglichen Dingen bevölkert. In jede Ecke streute ich Funken vom göttlichen Feuer, und ihr Schweigen vertonte ich mit einer melancholischen Weise. In ihr streichele ich Schönheiten, die keine Hand wird berühren können, und ich fühle Liebe, die kein Herz wird erreichen können. Ohne zu trinken, bin ich berauscht; ohne zu sehen, bin ich verliebt.

Schon gut, es mögen in der Welt, die ich hinter mir gelassen habe, an klopfende Herzen braune, blonde und schwarze Köpfe gedrückt werden, es mögen sich in zuckenden Armen reife und weiche, widerstrebende und nachgiebige Körper winden, es mögen weiße, edle Hände, bedeckt mit Rubinen, Smaragden, Perlen und Diamanten, über verwirrte und glühende Köpfe streicheln; schon recht; es mögen zitternde Nüstern den Duft des frischen und vibrierenden, kühlen und feuchten Fleisches scheu blickender junger Mädchen einsaugen; schon gut; es mögen, gegen Morgen, am Ufer von Teichen, Tische, voll von rubinfarbenen Bechern, vielfarbigen Blumen und duftenden Früchten, unter Gelächter und Liederklang umstürzen. Die Gierigen mögen Schätze finden. Die Stolzen mögen auf Thronen Platz nehmen – mir genügt es, im Schatten eines Baumes die Stimme eines Gewässers zu hören.

Glaube nicht, daß ich aus Haß und Neid menschenscheu bin! Glaube nicht, daß es in meiner Einsamkeit Stolz und Verachtung gibt! Nein, lieber Freund, mein Einsiedlerleben ist ein liebender Gottesdienst. Selbst der Enthaltsamkeit und dem Gottvertrauen habe ich Glück und Freude zugefügt und bin, um die Menschen noch mehr zu lieben, den Menschen entflohen. Hier strömt mein Herz zu jeder Stunde über; zu jeder Stunde werden meine Augen feucht, und es ist, als nähme mein Leben zu jeder Stunde zu. Das Leben der Gräser, der Erde, der Gewässer und der Tiere scheint in mich zu fließen, in mir zur Vollkommenheit zu gelangen und in meinem Herzen sein brausendes Lied zu finden. »O Herr, verbirg Dich nicht! Sieh, dieses brausende Lied bist Du!« So rufe ich immerfort aus meinem Innern, und so bete ich; und Ihn suche ich, ohne das Knie zu beugen, ohne meine Hände zu heben, ohne Fasten, ohne Buße. Ist nicht für alle, die den Schlüssel des Schweigens gefunden haben, jeder Schrei Unglaube, jede Bewegung Sünde? Was gibt es Höheres und Tieferes im Menschen als die Versenkung in sich selbst? Eines Nachts – es war spät – dachte ich, während ich von den ins Dunkel getauchten Hügeln in die Himmel schaute, daß es für eine Seele, die zur Verzückung gelangt, nicht Nähe noch Ferne, nicht Schwer noch Leicht, nicht Schmerz noch Freude gibt. Während ich mir ferner war als die Sterne, waren die Sterne mir näher als ich selbst. In einem Augenblick durchmaß ich alle Entfernungen; ich durchschritt die Meere von Blut und Tränen auf der Erde. Ich vernahm die Stimme der Waisenkinder. Ich seufzte mit den Liebenden. Ich wimmerte mit den Hungernden. Ich gab den Nackten von meiner Haut. Dann sprang ich mit einem wilden, bitteren Sprung von Stern zu Stern. Ich suchte, fragte. Ich schrie. Aber, lieber Freund, in dem Gebiet, das ich erreicht hatte, war alles Schweigen, alles Ruhe. Dort löste meine Stimme sich auf. Und kein Atem regte sich. Ich glaubte, daß mein Wesen in einem strahlenden Element trunken schmelze. Ist dieses ruhende, schweigende Gebiet nicht die Quelle der Wahrheit und Schönheit – wo ist sie dann? Diejenigen, die im Mark Männlichkeit, im Worte Göttlichkeit suchen, sollen dorthin gehen. Weder der donnernde Zeus noch der trunkene Dionysos noch der furchtbare Moloch noch der strenge und rächende Jehova sind uns Freunde. Mein Herz ist mir Weggenosse, ich bin meinem Herzen Weggenosse. Und in einer Welt, welche die Phantasie erbaut hat, trete ich an das Lager der Göttinnen, speise ich mit den Göttern Seite an Seite.

*

Der Dichter Horaz besaß ein Haus in Rom und zwei Gartenhäuser: eins in Utica, ein anderes in Tivoli. Zusammen mit seinen Freunden trank er von einem alten, noch aus der Zeit des Konsuls Tuvilius stammenden Wein. Seine Anrichte war voll von silbernem Geschirr, und manchmal sagte er zu dem Minister des Weltherrschers: »Von den Sorgen der Armut und Bedrängnis bin ich frei, und selbst wenn ich von dir, o Mäcen, noch mehr wünschte, so würdest du es bestimmt nicht abschlagen!« Dabei gehörte es zu seinen beliebtesten Unterhaltungen, in Gesellschaft der Freunde traurige Lieder zu singen, sich aus kurzlebigen Blumen Kränze für das Haupt zu winden, beim Kosten des Falernerweins über den Tod zu sprechen und die Sorgen in die Lüfte zu werfen.

Ich habe auf der Welt keinen Ort, keine Heimat. Wenn mich dürstet, trinke ich aus der Höhlung meiner Hand Wasser aus jedem Quell; ich sehe Silber und Gold in der Hand der anderen; ich bin weder der Freund der Minister noch der Meister der Dichter. Keins der traurigen Lieder ist so traurig wie mein Herz. Mein Haupt fand ich keiner Blume würdig. Meine Sorgen sind sehr schwer; sie können sich nicht im Winde auflösen.

O Dichter, denn nach deiner Zeit geschahen viele Dinge!

Freilich, auf dem Gebiet des Wortes war es keinem Menschen gegeben, dich und deine Vorgänger zu überflügeln. Aber an der Stelle Roms wehen die Winde. Aus nebligen und eisstarrenden Zonen stiegen in Wolfspelze gehüllte fremde Scharen herab, breiteten sich bis an die Küste des Mittelmeeres aus. Sie zerbrachen eure lächelnden weißen Götterbilder und stürzten die Throne der Cäsaren. Gebrandmarkte Kriegsgefangene gaben Gesetze, mischblütige, übelriechende Fremde, die sich im Forum, unter den Mauern, lausten, schliefen im Bett der Patrizier und umarmten ihre Frauen. Und in der Ferne, im Osten, trat in einem Dorf ein wunderbarer junger Gottmensch hervor: mit blassem Gesicht, dunklen Augen, nackter Brust, barfuß. Dieser junge Gottmensch war nicht Römer, noch nicht einmal Freigelassener; aber er überwand die Götter, die der Cäsar anbetete, einen nach dem anderen und gab sich selbst den Menschen zum Opfer!

Seit jener Zeit wissen die Menschen nicht mehr, was Fröhlichkeit ist. Sie gehen von Trauer zu Trauer. Die Erde bedeckten

Städte, die Wäldern gleichen, in denen der Sturm heult. In diesen Städten sind wir wie vom Weg abgeirrte Herden; manchmal nimmt ein Hirt diese Herden mit sich. Nachdem er sie eine Weile von hier nach dort, von dort nach hier geschleppt hat, läßt er sie in der Dunkelheit eines Abends am Rand eines Abgrunds allein. In den Gotteshäusern nehmen grollende Götter Platz, auf den Thronen feige Herrscher und auf den Richterstühlen gewissenlose Richter. Niedrigkeit, Unwissenheit, Schande bedecken die Erde wie ein finsteres Meer. In diesem Meer treiben Bestien namens Begierde, Hochmut, Gier; Niedrigkeit erzeugt Begierde, Begierde erzeugt Niedrigkeit.

Wir errichteten verkrampfte Gebilde von Gotteshäusern, welche die Himmel herausfordern. Wir fühlten uns groß in Häusern, deren Höhe schwindeln läßt. Wir wandelten in Gärten, die sich von Horizont zu Horizont erstrecken. Mit Schiffen aus Eisen und Stahl, fast so groß wie Inseln, füllten wir den Ozean. Mit Flügeln, stärker als die Flügel von hundert Adlern, stießen wir über die Wolken empor. Um unsere Melancholie zu beruhigen, erfanden wir tausenderlei Vergnügungen, tausenderlei Genüsse. In vierundzwanzig Tagen, schneller als Merkur, der schnellste der Götter, steigen wir an einem Ende der Welt ein und am anderen aus. Während wir jetzt eben noch in Indiens Wäldern hinter flinken Panthern herjagten, gleiten wir jetzt auf den Eisschollen am Pol. Mit den verschiedensten Seetieren schwimmen wir um die Wette. Heute im Winter, fliehen wir morgen in den Sommer. Wie die Götter des Olymps leben wir jenseits von Entfernung, Zeit und Klima.

Bei jedem Schritt auf unserem Wege gibt es neue Arten und Rassen von Frauen. Sie alle, angefangen von den hochgewachsenen, schlankbeinigen, goldfarbenen Frauen des Nordens bis zu Afrikas sinnlichen Geschöpfen mit kräuseligem Haar, weicher Haut und fleischigen Lippen, in einem Augenblick vor uns zu bringen, bereitet uns keine Mühe. Nach euren rundlichen, starkbrauigen griechischen Sklavinnen, die von Syriens Küste und den Mittelmeerinseln gekommen sind, wenden wir uns nicht einmal um, schauen sie nicht einmal an ... An den Ufern der Seine wuchsen wunderbarere Frauen mit matter Haut, welche die Liebesspiele mit göttlicher Kunst ausüben, deren Gang Musik, deren Blick Märchen, deren Lächeln Zauber ist. Seit dem Tag, da sich ihre Arme um unseren Hals schlangen, finden wir die mächtige Geliebte des Antonius unfähig und niedrig. Roms Macht erschreckt uns nicht mehr. Die Legende eurer Siege, eurer Niederlagen lesen wir wie eine ergötzliche Fabel: denn Hannibals Elefanten sind neben der kleinsten Kanone eines modernen Heeres Ameisen, und Cäsars Schloß ist im Vergleich zu dem Hause eines französischen Weinhändlers eine Hütte.

Und, o Dichter, wer ist der, den du Mäcen nanntest? In jeder Stadt gibt es Hunderte seiner Art. Das Vergnügen eines wilden Amerikaners, das eine Stunde dauert, ist kostspieliger als eins seiner Gastmahle, das fünf Nächte währte.

Aber er und du, ihr waret glücklicher. Aus diesem Aufruhr des Pompes und der Liederlichkeit denke ich an dein zurückgezogenes Leben am Ufer des Tibers, und da es mir nicht vergönnt ist, zwei Gartenhäuser, eins in Utica, eins in Tivoli, zu besitzen, zusammen mit meinen Freunden von einem alten, noch aus der Zeit des Konsuls Tuvilius stammenden Wein zu trinken, manchmal zu dem Minister des Weltherrschers zu sagen: »Von den Sorgen der Armut und der Bedrängnis bin ich frei, und selbst wenn ich von dir, o Mäcen, noch mehr wünschte, so würdest du es bestimmt nicht abschlagen!«, in Gesellschaft der Freunde traurige Lieder zu singen, aus kurzlebigen Blumen Kränze für das Haupt zu winden, beim Kosten des Falernerweins über den Tod zu sprechen und die Sorgen in die Lüfte zu werfen, sage ich: »Wozu sind die übriggebliebenen Genüsse nütze?«, und deshalb trinke ich, wenn mich dürstet, aus der Höhlung meiner Hand Wasser aus jedem Quell, deshalb lasse ich Silber und Gold den anderen, und deshalb will ich weder ein Freund der Minister noch ein Meister der Dichter sein.

*

Wer war geschützt vor dem Pfeil der Liebe? In wessen Herz brennt seine Wunde nicht? Die Götter selbst wurden von ihm getroffen. Denn der, der ihn hält, ist ein kleines Kind mit verbundenen Augen! Es steht in der Mitte der Welt und schießt, ohne das Ziel zu kennen, immerfort nach rechts, nach links, nach vorn, nach hinten. Niemand kann es bestrafen, denn es ist unschuldig. Niemand kann die Binde von seinen Augen abnehmen, denn sie ist verzaubert. Ohnehin ist es den Vergänglichen nicht vergönnt, es zu sehen ... Denn es ist, wie Schicksal und Bestimmung, von einem göttlichen Vater und einer teuflischen Mutter erzeugt worden. Um vor seiner Bosheit gerettet zu werden und sich aus seiner Nähe zu entfernen, braucht man Gelübde, Bußen, Fasten, Gebete, Weihrauch und Opfer.
Tue das alles, lieber Freund, alles! ... Gelobe dein kostbarstes Gut, verharre tagelang auf den Knien, faste monatelang, bete in den Nächten bis zum Morgen, verbrenne Rauchopfer von deinen Zähnen, deinen Nägeln, opfere von deinem Fleisch, nur, damit du nicht von ihm verwundet wirst. Wenn sie dir sagen, das Feuer der Liebe sei süß – glaube es nicht!
Denke an Laila und Madschnun, denke an Romeo und Julia! Denke an Abälard und Héloise; wessen Gesicht lächelte? Wer von ihnen sagte nur einen Augenblick: »Ah!«? Fanden sie in der Sehnsucht Vergnügen? Gelangten sie in der Vereinigung zum Ziel? Nein, für sie war die Vereinigung bitterer als die Sehnsucht, die Sehnsucht bitterer als die Vereinigung. Für Madschnun war das eine das Grab, das andere das Siechenhaus. Julia weinte an der Brust des Freundes, während die Nachtigall sang. Jahrelang floh Abälard vor Héloise, floh Héloise vor Abälard. Wer in der Liebe Vergnügen erhofft, kennt die Liebe nicht.
Warum weinte die Königin von Saba bitterlich, kurz bevor sie den jahrelang geliebten Salomo traf? Warum gelobte Psyche, während sie die vollkommene Liebe auskostete: »Ich liebe nicht noch einmal!« Warum löschte Hero in dem Wunsche, ihr geliebter Leander soll die Küste nicht schauen und in den Wassern versinken, auf dem Festland die Fackel, die sie in der Hand

hielt? Warum ließ Salome das Haupt des Johannes, des Propheten von Kanaan, abschlagen?
Wer in der Liebe Vergnügen erhofft, kennt diese Mysterien nicht.
Für ein einmal brennendes Herz ist das kühlste Wasser der Welt Flamme, und der unglückliche Liebende hat keine Heimat auf dem Erdboden. Jedes Haus ist ihm Gefängnis, jede Heimat ist ihm Verbannung. Lieber Freund, lieber Freund, glaube mir! Wer sie nicht erleidet, weiß es nicht: das Verbrechen ist neben ihr eine makellose weiße Taube.
Wahnsinn ist im Vergleich zu ihr Weisheit, und der Tod ist nach ihrem Erleben für uns kein schreckendes Mysterium mehr. Manchmal sind wir lächelnd an ihm vorbeigegangen. Er sprach mit uns, wir sprachen mit ihm. Wir sagten: »Ist deine Klaue stärker als die Klaue des Zweifels? Dauern deine Zuckungen länger als die Zuckungen des Wunsches? Bist du bitterer als die Sehnsucht? Bist du gefährlicher als die Vereinigung? Gibt es einen entsetzlicheren Zustand als manchmal an der Brust der Freundin die erstickende Macht des Meeres? Manchmal, wenn Auge in Auge blickt, spüren wir, wie wir dahinschmelzen; ist das Dahinschmelzen in dem letzten Bett, das du uns bereitest, auch so?«
»Nein,« sagte er, »sie ist stärker als ich. Ich bin neben ihr nur ein traurig blickendes kleines Geschöpf. Wer sich vor ihr scheut, sucht bei mir Zuflucht. Wie viele Liebende haben mit ihrer Hand meinen Kopf gestreichelt. Wie viele Liebende haben für ihre glühenden Lippen Kühlung an meinen Lippen gesucht! Wie viele Herzen haben aus dem unlöschbaren Brand des Wunsches mir ›Hilfe‹ zugerufen! Diejenigen, die sich auf dem Lager der Vereinigung in meinen Schoß werfen, sind ohne Zahl und Grenze. Nicht ich bin es, der die Tragödien erzeugt – sie ist es. Ich kam später in die Welt als sie.«
Ja, lieber Freund, die Liebe ist gewaltiger als der Tod, und sie ist älter als der Tod. Adam weinte nicht, weil er aus dem Paradies vertrieben wurde, sondern bei dem Gedanken, von Eva

getrennt zu ein; und das erste Blut floß um der Liebe willen auf die Erde. Auch der letzte Tropfen wird um der Liebe willen fließen. Ist nicht tatsächlich ihr einziges Ziel Blut? Wenn aus den Adern Tropfen für Tropfen die heilige Flüssigkeit sickert, dann lacht der ungerechte Jäger, dann wird er trunken. Um ihm zu gefallen, mußt du entweder Henker sein oder Opfer ... Reue, Weinen, Flehen, Sichwinden, Fliehen, Verjagen – nichts wird nützen. Du wirst ihm unbedingt zu jeder Minute von deinem Blut oder vom Blut deiner Geliebten den Tribut zahlen müssen, zu dem du verpflichtet bist.

Du mit Pfeilen spielendes kleines Kind mit verbundenen Augen! Gnade, berühre mich nicht noch einmal! Ehre mein Alter, hab Mitleid mit mir! Meine Haare sind ergraut, meine Stirn hat sich gefurcht. Meine Knie zittern. Ich ähnele nicht den Helden, die du erkoren hast. Das Meer der Menschheit hat mich seit langem auf den Strand geworfen. Ich bin wie eine innerlich leere Hülse; für dich kann ich nicht als ruhmreiche Beute gelten. Freilich, ich weiß, an der Stelle, die dein Pfeil berührt, läßt du aus einem Zwerg einen Riesen entstehen, erschaffst du aus einem Gerippe die schönste Gestalt und schenkst erloschenen Augen neuen Glanz. Ich weiß, du bist der wunderbarste der Götter. Aber verzeih mir: ich habe mich dem barmherzigsten der Götter geweiht.

*

Wenn ab und zu einmal aus dem Jenseits eine Nachricht gekommen wäre, dann wäre der Tod nicht so furchtbar. Wer geht, geht hinweg, kehrt nicht mehr um und ruft nicht von dort, wohin er gegangen ist. Er soll ja nicht umkehren, er soll bleiben. Aber warum dieses schwere, dieses undurchdringliche, dieses schreckliche Schweigen?

Wissen die Fortgegangenen nicht, wieviel wir hinter ihnen her geweint haben, geschrien haben? Kennen sie nicht die tiefe Leere, die sie in unseren Herzen aufgerissen haben? Wir haben, bevor sie ihre Augen schlossen, neben ihnen geschluchzt; wir haben, bevor ihr Körper erkaltete, ihre Hände gedrückt, und wir haben, bevor ihr Kinn herabfiel, ihre Lippen geküßt; haben sie uns, haben sie dies alles vergessen? Wenn dort auch der Freund nicht des Freundes, der Bruder nicht des Bruders gedenken kann, ist es denn möglich, daß sich Mütter ihrer Kinder, Liebende ihrer Geliebten nicht mehr erinnern? Aber so viele Mütter gingen dahin, so viele Liebende gingen dahin, und von keinem kam Nachricht. Lieber Freund, darin liegt wahrhaftig ein grauenvolles Geheimnis ...

Sieh, vor diesem grauenvollen Geheimnis zittert unser ganzes Sein. Noch vor einem Jahr, noch vor einem Tag bewegte er sich unter uns. Schaute, plauderte, weinte, lachte und grübelte. Auf einmal wurde er zu nichts, wurde, ohne noch einmal umzukehren, vollkommen zu nichts. Wie kann man das für möglich halten? Wie paßt das in den Verstand? Es kommt uns wohltuender, menschlicher vor, uns vorzustellen, die Verstorbenen lebten noch in einem unerreichbaren, fernen und unbestimmten Land. Nicht Leichentuch noch Bahre, nicht jene finstere Grube noch das stinkende, faulende Fleisch, nicht die sich auflösend abfallenden Knochen noch der Blick und das Grinsen des Gerippes – keine dieser Erscheinungsformen des Nichtseins, die unsere Augen an der Schwelle des Jenseits gesehen, unsere Hände gefühlt haben, kann diesen süßen Glauben verwischen. In den ersten Tagen jeder Trauer ist mein Herz voll Erwartung. Ich glaube, daß der Tote unbedingt umkehren wird; tagelang warte ich an den Türen und Fenstern, und ich möchte, ehe meine Geduld zu ermüden beginnt, hingehen, das frische Grab öffnen, den Toten herausnehmen, ihn an der Hand fassen und sachte ins Haus bringen. Und es dauert lange, bis sich der Begriff »Tod« aus meinem Innern heraus wie das Zerbrechen eines Gliedes in mir festsetzt, und dann beginne ich, über meine Ohnmacht zu weinen. Es gibt auch teure Tote, um deretwillen ich seit Jahren nicht eine einzige Träne vergießen konnte; denn auf sie warte ich noch jetzt. Mir ist nicht anders, als hätte ich mich erst gestern von ihnen getrennt.

Des Toten Stirn glich einem kleinen Stück Marmor, seine Hände zarten und seltenen Kunstwerken, die aus Elfenbein gemeißelt sind; die fein gewordenen Glieder und der gestreckte Körper boten die gebieterischen Züge gesundeten Stoffes, und sein Mund lächelte. Seitdem halte ich den Tod für den Beginn eines andersartigen, längeren und festeren Daseins.
Wer weiß, vielleicht ist es auch so. Wäre es nicht Unglaube gegen den Schöpfer, das Gegenteil zu denken? Ist der Schöpfer etwa ein wahnsinniger Künstler, der seine in jahrelanger Arbeit geschaffenen Werke in einem Nu vernichtet?
Lieber Freund, ich möchte sagen, die halbfertigen, verdorbenen, häßlichen und gewöhnlichen Werke, das mag hingehen ... Aber auch die Wesen, welche die Seele Anbetung, das Herz Erregung gelehrt haben, verfaulen, auch die Augen, in denen etwas von der urewigen Flamme glänzte, verlöschen. Auch der Mund, dessen Lächeln so wunderbar war wie die Geburt einer neuen Welt, verdorrt. Auch die Propheten, die Träger tausendfältigen Lebens, die Künstler, die dem Marmor Seele einhauchten, in das Wort Schauer aus der Ewigkeit legten, in der Welt eine andere Welt schufen, auch die Helden, die sich Feuer, Wasser, Geschick und Fortuna unterwarfen – sie alle finden wie jeder Vergängliche Vergänglichkeit. Aspasia, Kleopatra, Lucretia, Isabella und gestern noch die so zarte Madame Récamier – warum starben sie? Der erhabene Sokrates, der göttliche Platon, der melancholische Seneca – warum starben sie? Homer, der älter als die Welt ist, und sein »Sohn« Virgil und der bitter grollende Horaz und der erhabene Dante und Michelangelo, der gewaltiger als die Schöpfung war – warum starben sie? Der schwarzhaarige junge makedonische Heerführer, der harthändige römische Cäsar, der furchtbare einäugige Hannibal, der adlernasige Mehmed II., der Eroberer von Byzanz, und der Eroberer von Ägypten, der blitzäugige Selim – wie paßten sie in die schmale Grube?
O Freund, alle diese großen Toten, deren Namen ich eben aufzählte, haben bewirkt, daß ich seit langer Zeit die Furcht vor

dem Tode von meinem Herzen abgestreift habe. Warum sollte ich mich fürchten, dorthin zu ziehen, wo sie hingegangen sind? Warum sollte es dort bedrückender, schmerzvoller und schrecklicher sein als hier, vor allem, weil diejenigen, die dem Leben noch Wert verliehen, das Leben schon verlassen haben?

*

Die Dichtung ist die Stimme des reinen und staunenden Herzens. Feste und schwere Elemente können ihr nicht vertraut sein. Welcher Mensch, der teuflische und niedrige Gefühle gestaltete, wurde unter den Menschen Bote des Dichtertums? Wie dem auch sei, die Menschenkinder haben trotz der tausenderlei häßlichen und abscheulichen Erlebnisse seit der ersten Sünde doch die Ehrfurcht vor dem in ihnen verborgenen göttlichen Pfand nicht vergessen und erinnern sich noch, daß der, der sie Liebe und Anbetung lehrte, ihnen das Kleinod des Wortes schenkte und mit dem Wort die Musik verschwisterte.
Ist das nicht der Grund dafür, daß selbst in diesen bösen Zeiten, in denen satanische und höllische Elemente im größten Ausmaß herrschen, das Volk, das die Gattung der Frommen und der Dichter zwar merkwürdig, unnütz und lächerlich findet, sie doch nicht in seiner Achtung sinken läßt, gegen sie eine eingeborene Scheu, eine eingeborene Ehrerbietung hegt, und daß deshalb noch Beter in den Gotteshäusern, noch Dichter in der Natur Schönheit und Güte im Leben erhalten?
Ja, lieber Freund, die Menschen schaffen noch tausenderlei schöne Dinge. Aber in all diesen Schönheiten liegt eine teuflische Anziehungskraft und Zauberei. Sie schenken dem Herzen anstatt der Freude ein Beben. In der Musik des Komponisten liegt ein phantasierendes Fieber, in den Göttern des Bildhauers eine erschlaffende Bewegtheit, in dem Bau des Architekten eine erdrückende Wucht. Denn diese Künstler haben jene göttliche, jene ursprüngliche Heiterkeit verloren. Die letzten Meisterwerke bringt entweder die Wut eines zertretenen Stolzes oder das Sieden eines wahnsinnigen Hochmutes hervor.

Die dem Satan eigene Arroganz, dieser grenzenlose Hochmut, haben den Künstler von dem Frommen und dem Diener Gottes getrennt; der Erbauer des Gotteshauses glaubt nicht an Gott; in der Brust dessen, der eine Hymne komponiert, schreien Zweifel. O Herz! Selbst in die Dichtung haben sich fremde Götter gedrängt. All diese schönen Dinge, die seit altersher eine hohe und göttliche Trunkenheit schenkten, taugen jetzt nur noch dazu, in den Weibern die Gier zu prunken, in den Männern die Gier nach Besitz anzufachen.

Die Weisen des Jahrhunderts sagen, die Quelle aller unserer ästhetischen Begeisterung und der Schaffenskraft, die wir vom Schöpfer erhalten haben, läge in der Hölle unseres Geschlechts. Lieber Freund, kann man diese haarsträubende Wahrheit glauben und die Süße des Bechers, der uns gereicht wurde, vergessen? Das Wasser dieses Bechers, das süß und kühl war und nicht flüssigem Feuer ähnelte? Er schenkte unserem Herzen ewige Jugend, er gab unserem Herzen ewige Heiterkeit. Im Rausch dieses Trankes geschah es, daß wir vergaßen, daß unser Grundstoff Lehm ist, und seit jenem Augenblick gibt es für uns weder den Körper der Geliebten noch die äußere Gestalt der Schönheit.

Ja, es gibt weder den Körper der Geliebten noch die äußere Gestalt der Schönheit. Die Geliebte ist ein Symbol, und die Schönheit ist ein Mysterium. Wer zur Vereinigung mit jener Geliebten und zu dem Mysterium jener Schönheit gelangte, kehrte von dort staunend zurück und wußte nicht, was er sagte; er sprach, wie ein Kind, dessen Zunge noch nicht gelöst ist, mit einer jenseitigen Sprache.

O staunende Liebende des urewigen Geliebten! Die schönsten Worte kommen aus eurem Mund, und die rauschendsten Ströme quollen aus eurer Brust. Die Verstehenden verstanden euch, die Nichtverstehenden verstanden euch nicht, und die, welche später kommen werden, werden euch überhaupt nicht mehr verstehen. Denn jedes hinschwindende Jahrhundert entfernt uns ein wenig mehr von dem Garten, wo der Geliebte wandelte, von dem Spiegel, in dem sich die Schönheit offenbarte; die Augen verlöschen, die Herzen werden stumpf. Alle Wege der Welt führen in ein fremdes Land. Dieses fremde Land ist dürr. Wir werden es mit unseren Tränen bewässern, damit dort die Ölbäume, in deren Schatten Jesus gesessen hat, die Pflaumenbäume, von deren Frucht unser Meister Junus gegessen hat,* die Granatapfelgärten und die Weinberge, der schönduftende Thymian und die über die Wasser gebeugten Weiden hervorsprießen ... und damit in das Herz des Dichters, dessen Zunge der Kummer lähmt, ein wenig Freude komme.

*

Ist das Glück etwas anderes als die Ruhe der Seele? Manche nennen die Geldmacht, manche den Pomp der Schicksalsgunst, manche den Genuß der Vereinigung Glück. Lieber Freund, alles dieses zusammen hat nicht die Macht, uns glücklich zu machen. Wie Seneca sagte, liegen die irdischen Freuden außerhalb von uns. Weder Besitz noch Schicksalsgunst noch auch körperliche Vereinigung haben eine Beziehung zu unserer Seele.
Sie sind nur vergängliche Erscheinungsformen dieser äußeren Welt, deren Widerschein wir im Spiegel des Zeitenlaufes gesehen haben, Erscheinungsformen, die, aus dem Nichts kommend, ins Nichts gehen, die uns nicht froh noch betrübt machen können. Ihre Wirkung erstreckt sich nur auf das Fleisch, auf dieses Fleisch, mit dem wir nur zeitlich verbunden sind. Es entstand aus einer Handvoll Lehm, und morgen wird es sich in ein Stück Erde zurückverwandeln ... O Seele, die du in diesem Gefäß liegst, ob du in ein Schloß kommst, ob du in eine Hütte fällst, dir ist es gleich: denn was hineinkommt, ist dieses Gefäß, was hineinfällt, ist dieses Gefäß, und du bist die Gefangene dieses Gefäßes.

* Anspielung auf ein Gedicht des mystischen Dichters Junus Emre (gest. 1321), dessen Verse im Bektaschi-Orden besonders beliebt waren und zum Modell für alle spätere Dichtung dieser Art wurden.

Die Stürme Begierde, Wunsch, Gier und Neid, die der Teufel anbläst, werfen uns von hier nach dort, von dort nach hier, rollen uns umher, und unsere Seele wogt immerfort. Wenn sie wogt, wird ihr übel. Wir sind wie das Glas in der Hand eines Trunkenen und gleich der Flüssigkeit in jenem Glas. Manchmal werden wir gefüllt, manchmal geleert, manchmal fließen wir in einen Mund, in dem alles einerlei schmeckt. Und schließlich, gegen Morgen, sind wir wie ein Rückstand am Boden eines schmutzigen Bechers in der Mitte eines verwüsteten Tisches: dieses Tisches, zu dem wir gekommen waren, um Freude zu schenken, um Freude zu finden. Wer hat sich amüsiert, wer ist auf andere Gedanken gekommen? In wem war das Brausen der Ekstase? Wo blieb denn der Sänger? Was war mit dem Geliebten? Ach, was ist mit diesem leichenfarbenen Morgen, der sachte, wie ein Dieb, heranschleicht? Der Trunkene, der uns in der Hand hielt, uns füllte und leerte, uns schüttelte und umgoß, der schnarcht jetzt unter seinem schwindelnden Schädel.
Lieber Freund, ist es denn in Ordnung, daß wir in seiner Hand so, zu einem solchen Labetrank werden sollen?
Wir haben weder den Sänger gesehen noch das Antlitz erschaut. Aus einem Wehklagen kamen wir und gingen. Das Gelage verwandelten wir in eine Verwüstung. Schließlich befiel uns an der Brust des leichenfarbenen Morgens ein bitterer Katzenjammer. War jener Genuß diesen Katzenjammer wert? Ganz gewiß nicht, ganz gewiß nicht! ...
Was hatten wir in dieser Gesellschaft von Trunkenbolden zu tun, während unsere erste Geliebte unser schweigend im Garten harrt und auf strahlendes Wasser der Saft süßer Früchte tropft? Die Stürme der Begierde, des Wunsches, der Gier und des Neides waren es, die uns aus jenem schweigenden, duftenden, schattigen Ort in dieses Feuerhaus warfen. Wenn wir wenigstens bis zu Ende gebrannt hätten, bis zum Ende verbrannt wären – vielleicht wäre uns ein unheilvolles Glück vergönnt worden, und unsere Seele hätte eine Stelle gefunden, an der sie unserem als Asche zu Boden sinkenden Leib entfliehen könnte.

Wir konnten nicht dies, nicht jenes tun. Wir warteten, daß uns das blinde Glück einen Weg zeige. Der Weg aber, den das blinde Glück zeigt, ist entweder der Weg der Qual oder der Weg des Lasters. Die Hand, die dem Wunsch die Schlinge überwirft, die die Gier bindet, die die Klaue des Neides ausreißt und die irdischen Dinge in der Erde vergräbt, das ist die Hand des Helden, der sich das Glück unterwirft. Wenn du dieser Held nicht bist, so erwarte deine Rettung nicht von Teufel noch Engel. Den Weg zum Paradies kennst nur du, denn das Paradies liegt in dir, in deiner Seele, in der Ruhe deiner Seele.

*

O Seele, die du heimatloser bist als eine Nachtigall ohne Nest, sage: wo ist dein Zufluchtsort? Wo und wann wirst du ausruhen? Jahre gingen dahin. Was du gesucht hast, fandest du nicht; du zappeltest, schriest, niemand wußte es. Manchmal wolltest du auf diesem Zweig, manchmal auf jenem Zweig rasten; es wollte dir nicht gelingen. Du wolltest die Erregung, die du in dir trugst, weggeben; niemand nahm sie. Schweifende Nachtigall, die nichts kann, als ihre Qual zu singen, sage: wo ist dein Nest? Sage: wer ist dein Gefährte?

Sie sagen, du seiest herzwund vor Sehnsucht nach der Rose. Ich glaube es nicht, schweifende Nachtigall ... Welche Rose erträgt dich, welche Rose erbleicht nicht welkend bei deinem Laut? Wenn es solch eine Rose gibt, so wisse, daß sie deiner Liebe nicht würdig ist.

Welche Geliebte, welcher Freund ist unserer Liebe würdig? Welche kann ein Heilmittel für das Brandmal dieses schweifenden Herzens finden? Werden sie wissen, was unser Schmerz ist?! Wenn wir wimmern: »Wir klagen in Sehnsucht!«, werden sie sagen: »Sieh unsere Lippen, sieh unsere Augen, sieh unser Haar, sieh unsere Hände, sieh unsere Brust!« Und wenn unsere Glut durch den Kuß, den wir von diesen Lippen nahmen, und wenn unser Sehnen durch den Blick, den wir von diesen Augen nahmen, noch stärker wird, wenn unsere Schmerzen zunehmen, je

mehr die Flut dieses Haares uns überströmt, wenn unser ohnmächtiger Körper zwischen diesen Händen, diesen Armen sich in noch stärkeren Zuckungen windet und wenn unser Haupt an dieser Brust, von einem noch entsetzlicheren Fieber geschüttelt, glüht – dann werden sie ihre Körper, die uns statt Heilung Gift und Feuer gaben, zurückziehen und fragen: »Was willst du noch? Was willst du, daß wir noch tun?«
Wie könnten wir ihnen sagen, was wir wünschen? Was du wünschst, was wir wünschen, wissen wir es denn selbst, so daß wir es ihnen sagen können? An welcher Stelle des Landes der Vereinigung findet die Sehnsucht ein Ende? An welcher Stelle des Landes der Vereinigung liegt der Quell, der unseren Durst löschen wird? Der Geliebte, der sich selbst für diesen Quell hält, der so töricht ist, zu sagen: »Ich bin der Quell!« obgleich er selbst wie wir nur ein hilfloser Falter ist, der die Qual der Flamme erfahren hat, wie kann er uns, bei dieser Torheit, in jenem unbekannten Lande den Weg zeigen?
Lieber Freund, wenn die Nachtigall liebeskrank ist, so ist die Rose zerblättert. Wer wird mit wem Mitleid haben?
O Herr, auch sie, auch ich, wir bedürfen Deines Geschenkes. Es ist derselbe Schmerz, der uns herzwund macht; wir rufen zu Dir aus der Tiefe derselben Hölle mit derselben Stimme. Wir sind wie zwei einander umschlingende, einander stechende Schlangen zu Seiten der Feuersäule, die Dein Ratschluß, uns zu strafen, errichtet hat und deren Strafe wir erleiden; aber wir haben nicht vergessen, daß wir vorzeiten in der Welt, die Deine Schönheit erleuchtete, zwei trunkene Tauben waren. O Herr, verwandle dieses unfruchtbare Land in jenes Paradies, oder lösche diese Erinnerung aus unserem Herzen, denn wir sind elend!